用途と規模で

逆引き！

一戸建て　長屋　共同住宅　寄宿舎

住宅設計のための

建築法規

そぞろ 著

学芸出版社

はじめに

「令和はSNS時代」と言われていますが、本当にSNSの力は凄いと感じています。なぜなら、私がこうして出版社を通して本を出すことができたからです。

私は、指定確認検査機関で勤務していたにも関わらず、建築法規に関する多くの失敗を繰り返し、大変苦労をしました。だからこそ、**建築法規に苦労している人を助けたい**と思い、ブログやSNSを使って発信をすることにしました。

発信をしてみると、従来の建築法規の解説と違い、「会話形式で建築法規について深掘りしていく形がわかりやすい」「法文の切り口と見方が面白い」とのお声をたくさんいただき、多くの方に見ていただけるようになりました。中には「わかりやすいから本を出してほしい」という声があり、そんな声に後押しされて、本書の執筆に踏み切ることとなりました。

いつも応援してくださる皆様、ありがとうございます。

本書はSNS上の私の発信でわかりやすいと言っていただけていた要素を盛り込んで、過去に発売されている建築法規の書籍と差別化をしています。

1点目、**適度に会話形式で建築法規を深掘りしていく構成**にしています。建築法規の解説は、法律なので取っつきづらく、読みにくいです。そこで、会話形式を適度に盛り込み、話を深掘りしていくことにより、建築法規をわかりやすく解説する工夫をしています。

2点目、あえて法文の順番や見方を変えることによって、**本当に必要な情報が探しやすいように工夫**しています。目次を見ていただくとわかりますが、本書は2階建てだったら読むべき項目、特殊建築物だったら読むべき項目など一目瞭然です。一方、他の書籍だと、法文の順番通りに解説しているので、必要な情報や読むべき項目にたどりつくのに慣れや知識を要します。さらに、冒頭に付録として掲載している**逆引き表**の活用により、用途と規模によって適用を受ける規制を網羅しやすくしています。

会話形式や、見方を変えた構成により、難解な建築法規を理解し、「建築基準法って実は簡単なんじゃないの？」と思っていただけると考えています。

最後に、本書をお手に取った方の日頃の業務等のお力になれることを願っています。

2022年7月　そぞろ

Contents 目次

▼大まかには、用途と規模により下記の章を確認してください（詳細は逆引き表参照）。
1～3章はすべてに共通です。

	2階建て以下	3階建て
一戸建て住宅	3章	3章、4章
長屋	3章、5章1	3章、4章、5章1
共同住宅	3章、4章、5章1、5章2	3章、4章、5章1、5章2
寄宿舎	3章、4章、5章2、5章3	3章、4章、5章2、5章3

●本文中の略称について
根拠となる法令等について、本書では以下の略語を用いています。

法…建築基準法　令…建築基準法施行令　規則…建築基準法施行規則　告示…国土交通省告示
住指発…建設省住指発　士法…建築士法　消防法令…消防法施行令　都計法…都市計画法　都計法令…都市計画法施行令

●主要参考文献
・日本建築行政会議 編集『建築確認のための基準総則・集団規定の適用事例 2017年度版』（一般財団法人建築行政情報センター、2017）
・日本建築行政会議 編集『建築物の防火避難規定の解説 2016（第2版）』（ぎょうせい、2021）
・建築申請実務研究会編『建築申請memo 2021』（新日本法規出版、2021）

●免責事項

※本書は令和4年1月1日時点の法令に基づいて作成しています。

ここは、とある建築設計事務所 ……

先輩！ちょっといいですか？

どうしたの？新人ちゃん。

この建築物の法規チェックをしたいんですけど、何をチェックすれば良いのか教えてください。

その説明は骨が折れるなぁ…。

どうしてですか？

それは、**建築基準法のすべてを読まないと、その建築物にどの法規がかかるかってわからない**んだよ。

あの分厚い建築基準法を全部読まなきゃいけないんですか？

法文が用途ごと規模ごとに並べて書いてあれば良いんだけど、バラバラだし…。だからいつもと少し違う規模になったら、全然予想していないところから法規がかかったりして…。**結局は法文を全部読まなきゃ、その建築物にどの法規がかかるかってわからないんだよね…。**

え～！そんな時間ないですよ！なんとかしてください！

そうは言ってもなぁ…。僕も、これから共同住宅の設計をやるんだけど、今まで一戸建て住宅しかやったことないから、どの規制がかかるのかわからなくて困ってるんだよ…。

そうなんですか、どうしましょう…。

どうしようか…。なんか、**その建築物がどの法文の規制を受けるか、すぐわかるもの**があれば良いんだけどねぇ…。

ありますよ！

え!? 誰!?

そぞろ
指定確認検査機関にて、過去に5000件以上の物件の相談や審査業務を行っていた経験を生かし、ブログやSNSで建築法規に関する発信活動を行っている。難解な建築基準法をわかりやすく解説して「実は簡単なんじゃないの？」と多くの人に思ってもらうことを目標にしている。

確かに建築基準法のすべてを読まないと、その建築物にどの法規がかかるかわかりません。だから、**建築物の階数・面積などから、適用を受ける規制を逆引きできる、「逆引き表」**を作成しました！

逆引き表！？何それすごい！

それなら、**効率的に法規のチェック**ができるね！

ただし、建築基準法は難解です。だから、すべての建築物に対応した逆引き表の作成は困難なので、**用途や規模、高さに条件**があります。

逆引き表が使える建築物（本書で扱う建築物）
- 住宅用途（一戸建て住宅・長屋・共同住宅・寄宿舎）
- 階数３階以下
- 延べ面積1000㎡以下
- 最高高さ13m以下、最高軒高9m以下

これ以外の建築物には使えないのでご注意ください。

うちは住宅メインで、そこまで大きなものは設計しないから、問題ないね！

逆引き表（p.11 ～）を見てみましょう！

えっと…。そしたら、僕が計画している建築物は「共同住宅・２階建て・延べ面積は800㎡」だから…。

●共同住宅（2階建て以下）に適用される法規

		面積（㎡）▶	延べ面積500以下				延べ面積500超			
			住戸の床面積100以下	住戸の床面積100超			住戸の床面積100以下	住戸の床面積100超		
				居室の床面積100以下	居室の床面積100超	居室の床面積200超		居室の床面積100以下	居室の床面積100超	居室の床面積200超
法27条	耐火建築物等の要求	p.197	×	△ 2階の床面積300㎡以上	△	△	△	△	△	△
法30条	界壁（令114）	p.194	○	○	○	○	○	○	○	○
	廊下の幅（令119）	p.204	×	○	○	○	×	○	○	○
	直通階段（令120）	p.168	○	○	○	○	○	○	○	○

あれ？住戸の床面積と、居室の床面積も計算しないといけないの？

はい。住戸の床面積と居室の床面積、寄宿舎の場合は寝室の床面積も法規が適用になるかどうかという点で重要なんです。

なるほど。ちなみに、この「住戸の床面積」と「居室の床面積」と「寝室の床面積」は、各階の合算？それとも、各階ごとに求めるの？

いい質問です！「住戸の床面積」と「居室の床面積」と「寝室の床面積」は、**各階ごとに求めて、一番大きな階が逆引き表に該当した場合**、念のため所定のページを確認してください。

なるほどね。そしたら、今回は最大の階が「住戸の床面積300㎡」で「居室の床面積が180㎡」だから…。

共同住宅（2階建て以下）に適用される法規

	面積（㎡）▶		延べ面積500以下				延べ面積500超			
			住戸の床面積100以下	住戸の床面積100超			住戸の床面積100以下	住戸の床面積100超		
				居室の床面積100以下	居室の床面積100超	居室の床面積200超		居室の床面積100以下	居室の床面積100超	居室の床面積200超
法27条	耐火建築物等の要求	p.197	×	△	△	△	△	△	△	△
				2階の床面積300㎡以上						
法30条	界壁（令114）	p.194	○	○	○				○	○
	廊下の幅（令119）	p.204	×	○	○	○	×	○	○	○
	直通階段（令120）	p.168	○	○	○	○	○	○	○	○

適用される法規

ん？△っていうのは？

△は、場合によっては適用を受ける規制です。不安なら所定のページを読みに行ってもいいし、逆引き表にも小さく適用を受ける条件を載せているので、そちらでも確認できます。

なるほど。それだったら引けそうな気がする！

良かったです！あと、「住宅すべてに適用される法規」（第3章）の項目も必ず確認しましょう！

逆引き表を活用するポイント

1. 「住戸の床面積」と「居室の床面積」と「寝室の床面積」は各階の合計で計算すること
2. △の部分は適用を受ける可能性がある規制。注意書きの内容を確認して、規制を受けるかどうか判断をすること

とにかく、これで読み進められそう！
でも、建築基準法って奥が深いから、こういった参考書を読んでも答えに辿りつかないことがよくあるんだけど、何かヒントをもらえないかな？

もちろんです！
もし本書を読んでもわからない場合には、読んでいただきたい参考書とそのページ数を記載しています。
ご紹介している参考書は、出所がしっかりしているものなので、行政協議などの際にも根拠として十分使えるものです。ぜひ活用してください。

●参考書の記載例

参考ページ	建築物の防火避難規定の解説 2016（第2版）	160　建築物の屋根をポリカーボネート板等でふく場合 200、202　質問と回答（番号133、149）
	建築確認のための基準総則・集団規定の適用事例 2017年度版	116　22条区域の屋根の構造の適用除外を受ける物置、納屋その他これらに類する建築物

↑参考書名　↑参考書内のページ数　↑参考書内の項目名

用途と規模からわかる!

逆引き表

・対象：3階以下、延べ面積1000㎡以下、最高高さ13m以下、最高軒高9m以下の住宅
・令和4年1月1日時点

住宅の用途、階数、床面積をもとに、適用される法規を確認しましょう（○：適用される、△：条件により適用される、×：適用されない)。詳細は表中のページをご覧ください。

●住宅すべてに適用される法規

単体規定		本書のページ
法19条	敷地の安全性	p.123
法20条	構造耐力	p.125
法28条	採光義務	p.129
法28、35条、35条の2、35条の3	無窓検討	p.132
法28条の2	シックハウス	p.136
令21、22条	居室の高さ	p.140
令23条	階段寸法	p.141
令28～35条	便所	p.144
法28条	火気使用室の換気検討	p.147
法35条の2	内装制限	p.149
令22条の2	地階の居室	p.155

集団規定（都市計画区域及び準都市計画区域内に限る）		本書のページ
法43条	接道義務	p.86
法48条	用途地域	p.92
法52条	容積率	p.96
法53条	建ぺい率	p.99
法55条、法56条、法56条の2、法58条	高さ制限	p.102
法61条、法22条、法23条	防火指定	p.116
法53条の2	最低敷地面積	p.119
法54条	外壁後退	p.121

●一戸建て住宅に適用される法規

		階数▶	2階以下		3階		
		延べ面積（㎡）▶	500以下	500超	200以下	200超	500超
法35条	廊下の幅（令119）	p.204	×	×	×	△ 居室の床面積200㎡超	△
法35条	直通階段（令120）	p.168	×	×	○	○	○
法35条	2以上の直通階段（令121）	p.206	×	×	×	△ 2階の居室の床面積200㎡超え※ 3階の居室の床面積100㎡超え※ ※主要構造部を準耐火構造又は不燃材料にした場合、床面積倍読み	△
法35条	屋外階段（令121の2）	p.172	×	×	○	○	○
法35条	手すりの高さ（令126）	p.173	×	×	○	○	○
法35条	排煙設備（令126の2）	p.208	×	×	×	×	○
法35条	代替進入口（令126の6）	p.174	×	×	○	○	○
法35条	敷地内通路（令128）	p.180	×	×	○	○	○
法36条	層間変形角の検討（令109の2の2）	p.157	△ 主要構造部が準耐火構造	△	△	△	△
法36条	竪穴区画（令112）	p.182	×	×	×	○	○
法36条	面積区画（令112）	p.221	×	△ 法61条の規制により主要構造部を準耐火構造（1時間を除く）又はロ-1準耐火構造にした場合	×	×	△ 法61条の規制により主要構造部を準耐火構造（1時間を除く）又はロ-1準耐火構造にした場合
法36条	隔壁（令114）	p.219	△ 建築面積300㎡超	△	×	△ 建築面積300㎡超	△

●長屋に適用される法規

		階数▶	2階以下		3階		
		延べ面積（㎡）▶	500以下	500超	200以下	200超	500超
法30条	界壁（令114）	p.194	○	○	○	○	○
法35条	廊下の幅（令119）	p.204	×	×	×	△ 居室の床面積200㎡超え	△
法35条	直通階段（令120）	p.168	×	×	○	○	○
法35条	2以上の直通階段（令121）	p.206	×	×	×	△ 2階の居室の床面積200㎡超え※ 3階の居室の床面積100㎡超え※ ※主要構造部を準耐火構造又は不燃材料にした場合、床面積倍読み	△
法35条	屋外階段（令121の2）	p.172	×	×	○	○	○
法35条	手すりの高さ（令126）	p.173	×	×	○	○	○
法35条	排煙設備（令126の2）	p.208	×	×	×	×	○
法35条	代替進入口（令126の6）	p.174	×	×	○	○	○
法35条	敷地内通路（令128）	p.180	×	×	○	○	○
法36条	層間変形角の検討（令109の2の2）	p.157	△ 主要構造部が準耐火構造	△	△	△	△
法36条	竪穴区画（令112）	p.182	×	×	×	○	○
法36条	面積区画（令112）	p.221	×	△ 法61条の規制により主要構造部を準耐火構造（1時間を除く）又はロ-1準耐火構造にした場合	×	×	△ 法61条の規制により主要構造部を準耐火構造（1時間を除く）又はロ-1準耐火構造にした場合
法36条	隔壁（令114）	p.219	△ 建築面積300㎡超え	△	×	△ 建築面積300㎡超え	△

●共同住宅（2階建て以下）に適用される法規

	面積（㎡）▶		延べ面積500以下				延べ面積500超			
			住戸の床面積100以下	住戸の床面積100超			住戸の床面積100以下	住戸の床面積100超		
				居室の床面積100以下	居室の床面積100超	居室の床面積200超		居室の床面積100以下	居室の床面積100超	居室の床面積200超
法27条	耐火建築物等の要求	p.197	×	△	△	△	△	△	△	△
				2階の床面積300㎡以上						
法30条	界壁（令114）	p.194	○	○	○	○	○	○	○	○
法35条	廊下の幅（令119）	p.204	×	○	○	○	×	○	○	○
	直通階段（令120）	p.168	○	○	○	○	○	○	○	○
	2以上の直通階段（令121）	p.206	×	×	△ 主要構造部が準耐火構造又は不燃材料以外の場合	○	×	×	△ 主要構造部が準耐火構造又は不燃材料以外の場合	○
	屋外階段（令121の2）	p.172	○	○	○	○	○	○	○	○
	手すりの高さ（令126）	p.173	○	○	○	○	○	○	○	○
	排煙設備（令126の2）	p.208	×	×	×	×	○	○	○	○
	非常用照明（令126の4）	p.215	○	○	○	○	○	○	○	○
	敷地内通路（令128）	p.180	○	○	○	○	○	○	○	○
法36条	層間変形角の検討（令109の2の2）	p.157	△	△	△	△	△	△	△	△
			主要構造部が準耐火構造							
	面積区画（令112）	p.221	×	×	×	×	△	△	△	△
							法27条、法61条の規制により主要構造部を準耐火構造（1時間を除く）又はロ-1準耐火構造にした場合			
	異種用途区画（令112）	p.223	×	△	△	△	△	△	△	△
				法27条の適用を受け、かつ他の用途がある場合						
	隔壁（令114）	p.219	△	△	△	△	△	△	△	△
			建築面積300㎡超え							

●共同住宅（3階建て）に適用される法規

	面積（㎡）▶		延べ面積500以下				延べ面積500超			
			住戸の床面積100以下	住戸の床面積100超			住戸の床面積100以下	住戸の床面積100超		
				居室の床面積100以下	居室の床面積100超	居室の床面積200超		居室の床面積100以下	居室の床面積100超	居室の床面積200超
法27条	耐火建築物等の要求	p.197	○	○	○	○	○	○	○	○
法30条	界壁（令114条1項）	p.194	○	○	○	○	○	○	○	○
法35条	廊下の幅（令119）	p.204	×	○	○	○	×	○	○	○
	直通階段（令120）	p.168	○	○	○	○	○	○	○	○
	2以上の直通階段（令121）	p.206	×	×	△ 主要構造部が準耐火構造又は不燃材料以外の場合	○	×	×	△ 主要構造部が準耐火構造又は不燃材料以外の場合	○
	屋外階段（令121の2）	p.172	○	○	○	○	○	○	○	○
	手すりの高さ（令126）	p.173	○	○	○	○	○	○	○	○
	排煙設備（令126の2）	p.208	×	×	×	×	○	○	○	○
	非常用照明（令126の4）	p.215	○	○	○	○	○	○	○	○
	代替進入口（令126の6）	p.174	○	○	○	○	○	○	○	○
	敷地内通路（令128）	p.180	○	○	○	○	○	○	○	○
法36条	異種用途区画（令112）	p.223	△	△	△	△	△	△	△	△
			他の用途がある場合							
	層間変形角の検討（令109の2の2）	p.157	△	△	△	△	△	△	△	△
			主要構造部が準耐火構造							
	竪穴区画（令112）	p.182	○	○	○	○	○	○	○	○
	面積区画（令112）	p.221	×	×	×	×	×	×	×	×
	隔壁（令114）	p.219	△	△	△	△	△	△	△	△
			建築面積300㎡超え							

●寄宿舎（2階建て以下）に適用される法規

	面積（㎡）▶		延べ面積500以下			延べ面積500超		
			居室の床面積200以下		居室の床面積200超	居室の床面積200以下		居室の床面積200超
			寝室の床面積100以下	寝室の床面積100超		寝室の床面積100以下	寝室の床面積100超	
法27条	耐火建築物等の要求	p.197	△	△	△	△	△	△
			2階の床面積300㎡以上					
法35条	廊下の幅（令119）	p.204	×	×	○	×	×	○
	直通階段（令120）	p.168	○	○	○	○	○	○
	2以上の直通階段（令121）	p.206	×	△ 主要構造部が準耐火構造又は不燃材料以外の場合	○	×	△ 主要構造部が準耐火構造又は不燃材料以外の場合	○
	屋外階段（令121の2）	p.172	○	○	○	○	○	○
	手すりの高さ（令126）	p.173	○	○	○	○	○	○
	排煙設備（令126の2）	p.208	×	×	×	○	○	○
	非常用照明（令126の4）	p.215	○	○	○	○	○	○
	敷地内通路（令128）	p.180	○	○	○	○	○	○
法36条	防火上主要な間仕切壁（令114）	p.225	○	○	○	○	○	○
	層間変形角の検討（令109の2の2）	p.157	△	△	△	△	△	△
			主要構造部が準耐火構造					
	面積区画（令112）	p.221	×	×	△	△	△	△
					法27条、法61条の規制により主要構造部を準耐火構造（1時間を除く）又はロ-1準耐火構造にした場合			
	異種用途区画（令112）	p.223	△	△	△	△	△	△
			法27条の適用を受け、かつ他の用途がある場合					
	隔壁（令114）	p.219	△	△	△	△	△	△
			建築面積300㎡超え					

●寄宿舎（3階建て）に適用される法規

	面積（㎡）▶		延べ面積500以下			延べ面積500超		
			居室の床面積200以下		居室の床面積200超	居室の床面積200以下		居室の床面積200超
			寝室の床面積100以下	寝室の床面積100超		寝室の床面積100以下	寝室の床面積100超	
法27条	耐火建築物等の要求	p.197	○	○	○	○	○	○
法35条	廊下の幅（令119）	p.204	×	×	○	×	×	○
	直通階段（令120）	p.168	○	○	○	○	○	○
	2以上の直通階段（令121）	p.206	×	△ 主要構造部が準耐火構造又は不燃材料以外の場合	○	×	△ 主要構造部が準耐火構造又は不燃材料以外の場合	○
	屋外階段（令121の2）	p.172	○	○	○	○	○	○
	手すりの高さ（令126）	p.173	○	○	○	○	○	○
	排煙設備（令126の2）	p.208	×	×	×	○	○	○
	非常用照明（令126の4）	p.215	○	○	○	○	○	○
	代替進入口（令126の6）	p.174	○	○	○	○	○	○
	敷地内通路（令128）	p.180	○	○	○	○	○	○
法36条	防火上主要な間仕切壁（令114）	p.225	○	○	○	○	○	○
	異種用途区画（令112）	p.223	△	△	△	△	△	△
			他の用途がある場合					
	層間変形角の検討（令109の2の2）	p.157	△	△	△	△	△	△
			主要構造部が準耐火構造					
	面積区画（令112）	p.221	×	×	×	×	×	×
	竪穴区画（令112）	p.182	○	○	○	○	○	○
	隔壁（令114）	p.219	△	△	△	△	△	△
			建築面積300㎡超え					

第1章

適用される法規を見つけるためのキーワード

早速逆引き表を引いて、適用を受ける法規を確認しようと思ったけど、用途とか面積とか階数とか…。まだよくわかってないんだよね…。

確かに、逆引き表を引くためにもある程度の建築基準法の知識が必要です。この章を読めば、逆引き表を引けるくらいの知識は身につきますよ！

1 用途

一戸建て住宅、長屋、共同住宅、寄宿舎の違いとは

関連 法2条二号、令1条一号

住宅とは、簡単に言うと人が住むための建築物です。一戸建て住宅だけでなく、二世帯住宅、集合住宅、共同生活を営むシェアハウスなどかなり多様化されてきました。

住宅は、建築基準法において①一戸建て住宅、②長屋、③共同住宅、④寄宿舎の4つに分類されます。これらは形態によって概ね判断することが可能です。

この4つのどれに分類されるかによって、適用される規制が大きく異なりますので、しっかり確認しましょう。

住宅用途の判断方法

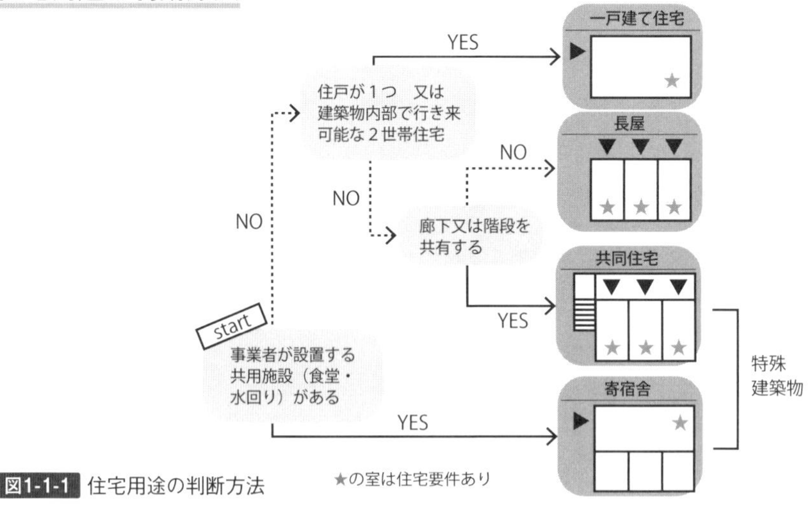

図1-1-1 住宅用途の判断方法

4つの中でも、共同住宅と寄宿舎は**特殊建築物**（法2条二号）に分類されます。特殊建築物とは、不特定多数の者が利用したり、周囲に及ぼす公害その他の影響が大きいという理由で、建築基準法の規制が厳しくなる建築物です。逆引き表を見ていただくとわかると思いますが、共同住宅と寄宿舎は特殊建築物なので、他の用途よりも適用される規制が多いです。

ところで、さっきの図1-1-1で「★の室は住宅要件あり」って書いてあるけど、住宅要件って何？

住宅要件とは、**寝室＋水回り3点セット（トイレ、台所、浴室）**です！

住宅として独立するために、最低限上記の室や設備が必要になります。これがないと、住宅としてみなされないこともあります。ただし、申請先※に確認は必要ですが、浴室だけは不要となる可能性があります。

※確認申請を行う建築主事又は指定確認検査機関を示す（p.56）

どうして浴室だけは不要なの？

理由は、浴室がなくても住宅として成立することが可能だからです。例えば、住人が毎日銭湯に行くかもしれませんよね。

また、浴室は浴槽ではなく、シャワーでも原則として認められます。しかし、あくまで建築基準法上の話です。住宅金融支援機構のフラット35※の住宅要件では、シャワーは認められず、浴槽の設置まで必要なので注意しましょう。

※フラット35 ➡ 住宅金融支援機構と民間金融機関が提携して扱っている住宅ローンの名称。融資を受けるためには、住宅の床面積や断熱性能などの「住宅金融支援機構が定めた技術基準」に適合させなければならない。フラット35の住宅要件は「原則として2以上の居住室（家具等で仕切れる場合でも可）ならびに炊事室、便所及び浴室の設置」。

水回り3点セットから考える、用途上可分／用途上不可分

建築基準法には、**一敷地一建築物**（令1条一号）という原則があります。1つの敷地に対して、建築物は1棟しか建てられません。ただし、**用途上不可分**の関係にある2以上の建築物がある一団の敷地は、例外として認められます。

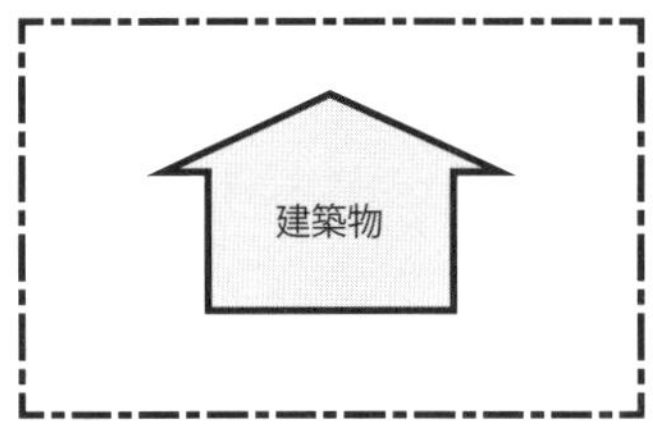

原則：一敷地に建築物は１棟

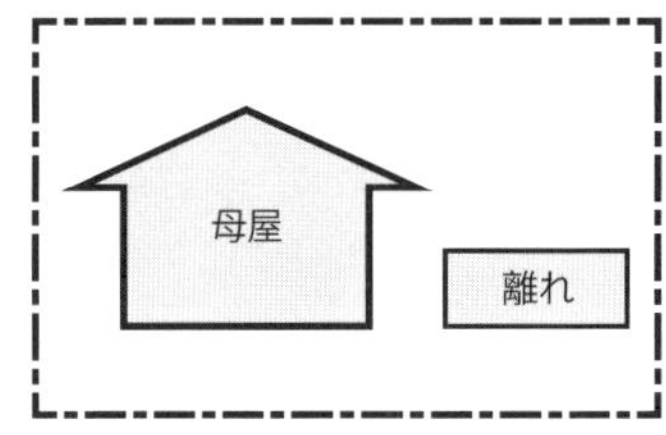

例外：２棟であっても、用途上不可分ならば一敷地に計画可能

図1-1-2 一敷地一建築物の原則と例外

用途上不可分とは、敷地分割することにより、建築物の機能を満たすことができなくなる建築物群のことです。例えば、一敷地に対して、住宅と住宅用物置、この2棟の建築物を計画する場合、用途上不可分と判断できるので、同じ敷地内に建てることが可能です。住宅用物置単体では、建築物本来の機能を満たすことができないからです。

物置以外でも、母屋と離れという関係であれば、同じ敷地内に計画可能です。用途上不可分と考えることができるからです。

ただし、母家と離れの用途上不可分の考え方には一癖あります。

一癖ってどういうこと？

それは、**水回り3点セット**がポイントになっていることです。

住宅として成立するためには、住宅要件である水回り3点セットが必要です。水回り3点セットをそれぞれ備えた2つの建築物があった場合、用途上不可分

にはなりません。敷地を分割しても、それぞれ住宅として独立できてしまうからです。

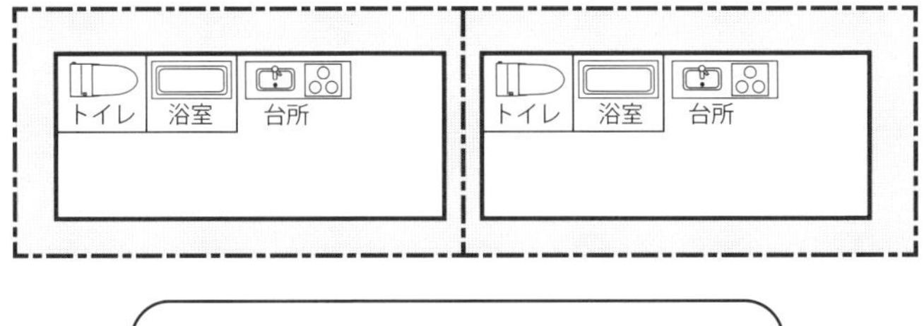

図1-1-3 用途上可分の例

では、片方の建築物に水回り3点セットが欠けていた場合はどうでしょうか？片方の建築物は、住宅としての機能を満たすことができなくなります。よって、用途上不可分の扱いになるのです。この場合は、敷地を分割せずに同じ敷地内に建築が可能です。

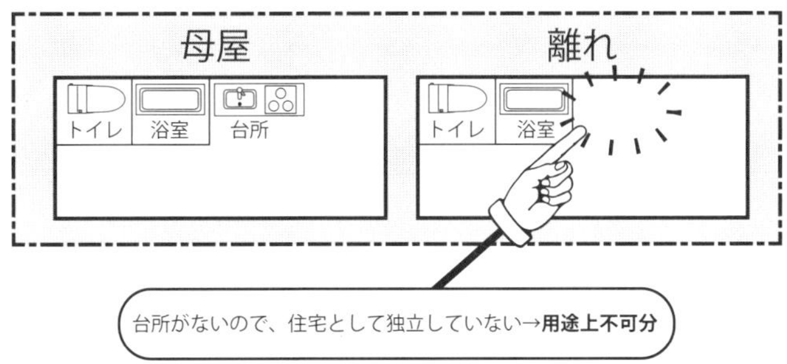

図1-1-4 用途上不可分の例

まとめ 住宅用途は、「形態」と「水回り3点セット」から判断できる

参考ページ	建築確認のための基準総則・集団規定の適用事例 2017年度版	28 一の建築物 42 長屋、共同住宅 126 ソーホー（SOHO）

2 面積

建築面積、延べ面積、居室の床面積、住戸の床面積とは

関連 法2条四号、令2条1項二号～四号

建築基準法では、①建築面積、②延べ面積、③居室の床面積、④住戸の床面積の4つの面積によって、適用される規制が変わります。それぞれの算定方法を確認していきましょう。

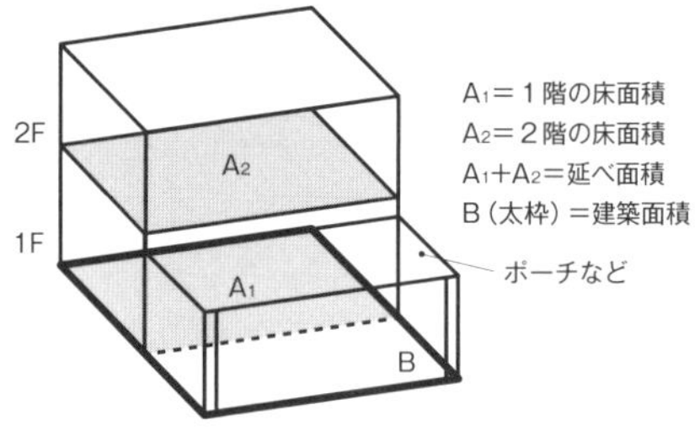

図1-2-1 面積の考え方

建築面積と延べ面積は、基本的に全ての建築物において計算をします。なぜなら、適用される規制の判断に必要なだけでなく、容積率（p.96）や建ぺい率（p.99）の計算にも必要な値だからです。

建築面積と延べ面積は全く別物ですが、違いがわかりにくいです。そこで、算定方法などの違いを下表にまとめました。

建築面積（令２条１項二号）	**床面積**（令２条１項三号） **【各階の床面積の合計＝延べ面積】** （令２条１項四号）
建築物の**外壁や柱の中心線**で囲まれた部分の水平投影面積	建築物の**壁その他の区画の中心線**で囲まれた部分の水平投影面積
ただし、以下の場合は算入されない。 ①地階で、地盤面上１m以下にある部分 ②壁等から突き出た軒、庇、バルコニーなどの、先端から１mまでの部分	各部分の具体的な算定方法は旧建設省の通達（住指発115号）による。

はっきり言って、法文を読んでも違いがさっぱりわからない…。

法文で確認すると、建築面積と床面積の違いは、ほとんどないように感じます。なぜなら、**床面積の算定の詳細な方法は、法文ではなく、通達に記載があるから**です。通達では、床面積の算定方法が細かく記載されています。

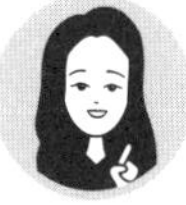

ざっくり言うと、**建築面積は形態**で決まります（図1-2-2）。
一方、**床面積**は原則としては壁の中心線で囲まれた部分の面積ですが、外部空間でも屋内的用途※が発生する部分は算定するので、**屋内的用途の有無**で決まります（図1-2-3）。

屋内的用途 居住、執務、作業、集会、娯楽、物品の保管、格納等の用途をいう。（住指発115号）

では、それぞれの算定方法を確認していきましょう。

建築面積 壁等から突き出た軒、庇、バルコニーなどは先端から1mまでは算入されない

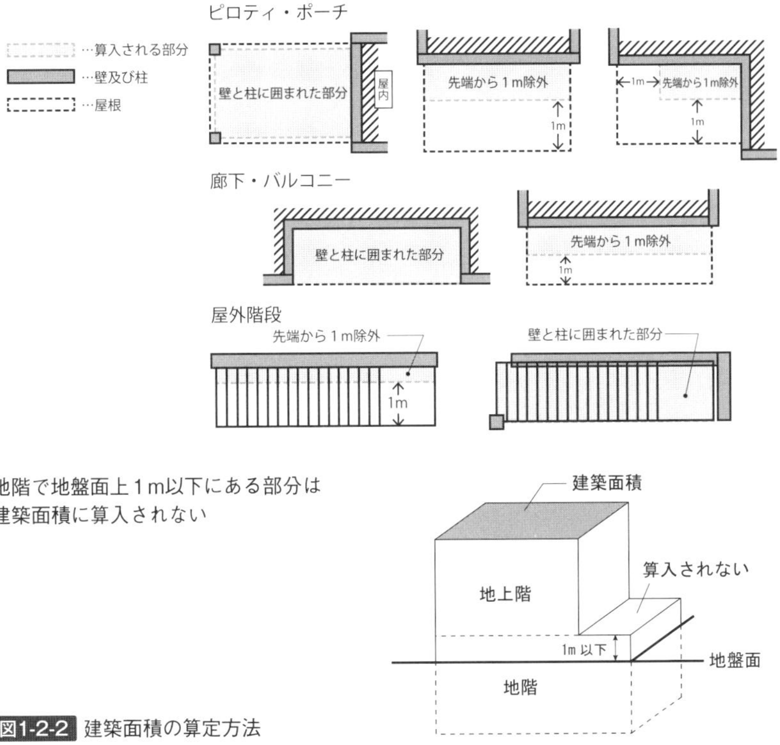

図1-2-2 建築面積の算定方法

床面積

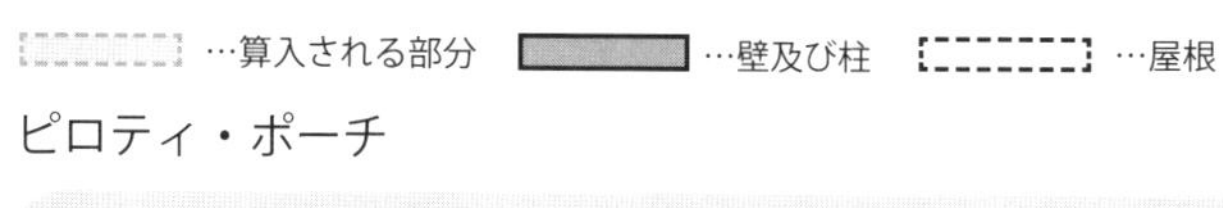
…算入される部分
…壁及び柱
…屋根

ピロティ・ポーチ

ピロティ：十分に外気に開放され、かつ、屋内的用途に供しない部分は、床面積に算入しない。
ポーチ：原則として床面積に算入しない。ただし、屋内的用途に供する部分は、床面積に算入する。

（建設省住指発第 115 号より）

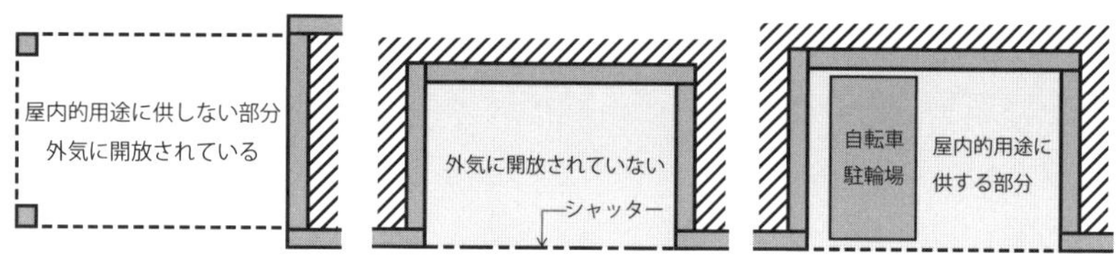
屋内的用途に供しない部分
外気に開放されている
外気に開放されていない
シャッター
自転車
駐輪場
屋内的用途に
供する部分

廊下・バルコニー

吹きさらしの廊下：
外気に有効に開放されている部分の高さが、1.1m以上であり、かつ、天井の高さの 1/2 以上である廊下については、幅 2 m までの部分を床面積に算入しない。
バルコニー・ベランダ：
吹きさらしの廊下に準じる。

（建設省住指発第 115 号より）

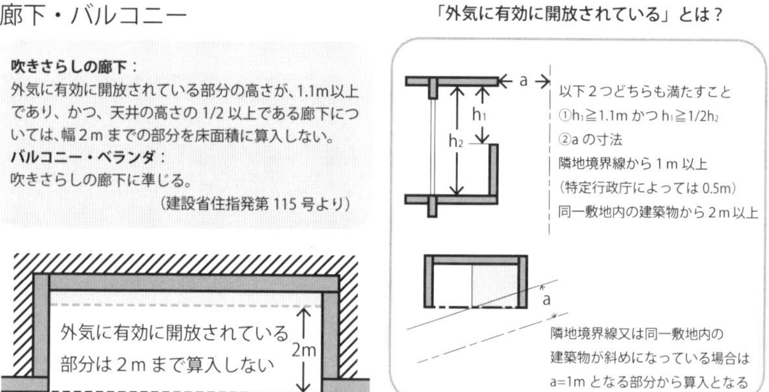
「外気に有効に開放されている」とは？
a
h₁
h₂
以下 2 つどちらも満たすこと
①h₁≧1.1m かつ h₁≧1/2h₂
②a の寸法
隣地境界線から 1 m 以上
（特定行政庁によっては 0.5m）
同一敷地内の建築物から 2 m 以上
a
隣地境界線又は同一敷地内の
建築物が斜めになっている場合は
a=1m となる部分から算入となる
外気に有効に開放されている
部分は 2 m まで算入しない
2m

（『建築確認のための基準総則・集団規定の適用事例 2017年度版』p.79より）

屋外階段

屋外階段：次の各号に該当する外気に有効に開放されている部分を有する階段については、床面積に算入しない。
イ 長さが、当該階段の周長の 1/2 以上であること。
ロ 高さが、1.1m 以上、かつ、当該階段の天井の高さの 1/2 以上であること。

（建設省住指発第 115 号より）

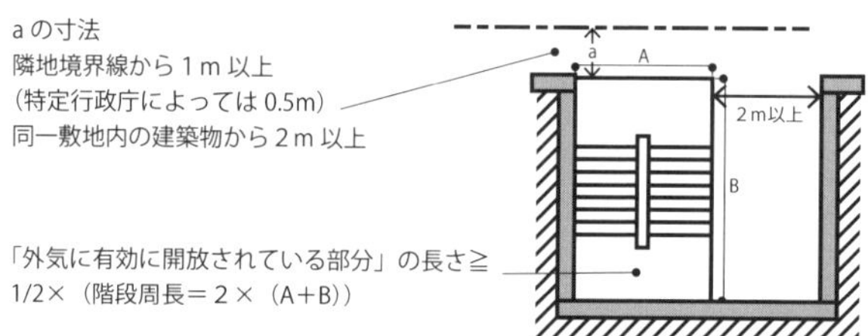
a の寸法
隣地境界線から 1 m 以上
（特定行政庁によっては 0.5m）
同一敷地内の建築物から 2 m 以上
a
A
2 m以上
B
「外気に有効に開放されている部分」の長さ≧
1/2×（階段周長＝2×（A＋B））

小屋裏物置 （図の出典：『建築確認のための基準総則・集団規定の適用事例 2017年度版』p.110）

以下の４つ全てに該当した場合、「階」と「床面積」に算入されない
①余剰空間であること
②1 の階にある小屋裏物置等の部分の水平投影面積の合計（共同住宅等は住戸単位で計算）が、その小屋裏物置のある階の床面積の 1/2 以下であること。階の中間に設ける場合、上下階の床面積の 1/2 以下であること。
③小屋裏物置等の最高の内法高さが 1.4m 以下であること。
④階の中間に設ける小屋裏物置等は、その部分の直下の天井高さが 2.1m 以上であること。
※小屋裏物置は、行政によって取り扱いが分かれるので注意すること

階とみなさない小屋裏物置等の条件

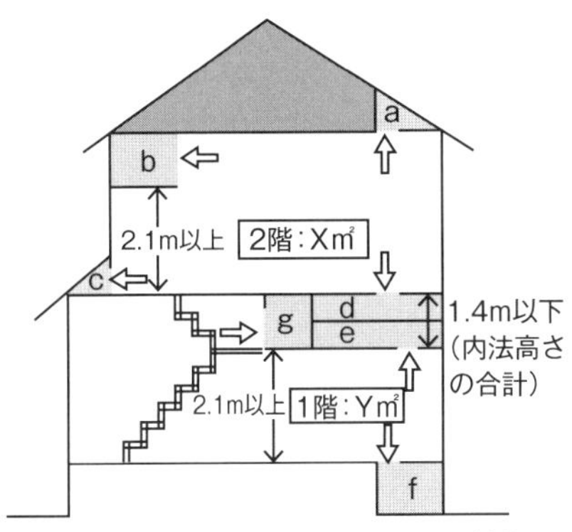

※個々具体の事例における余剰空間や適用の判断については、申請する審査機関に確認が必要である。

a+b+c+d<X/2
e+f+g<Y/2
c+d+e+g<X/2かつY/2

a：2階小屋裏物置の水平投影面積
b：2階物置の水平投影面積
c：2階から利用する1階小屋裏物置の水平投影面積
d：2階床下物置の水平投影面積
e：1階天井裏物置の水平投影面積
f：1階床下物置の水平投影面積
g：階段等から利用する1階天井裏物置の水平投影面積
X：2階の床面積
Y：1階の床面積
→：物の出し入れ方向

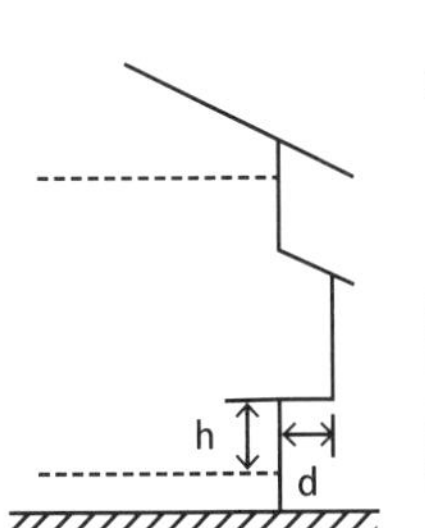

出窓

（図の出典：『建築確認のための基準総則・集団規定の適用事例 2017年度版』p.86）

次に定める構造の出窓については、床面積に算入しない。
(イ) 下端の床面からの高さ h が、30cm 以上であること。
(ロ) 周囲の外壁等から水平距離 d=50cm 以上突き出ていないこと。
(ハ) 見付け面積の 2 分の 1 以上が窓であること。
（建設省住指発第 115 号より）

図1-2-3 床面積の算定方法

壁その他の区画の中心線について

面積を計算する際の中心線の取り方は、構造によって考え方が異なります。

建築物		中心線の取り方
木造の建築物		主要な構造部材の中心線
鉄筋コンクリート造、鉄骨鉄筋コンクリート造等の建築物		外壁の主要な構造躯体の中心線
鉄骨造の建築物	金属板、サイディングボード、石膏ボード等の薄い材料を張った場合	胴縁等の中心線
	PC板、ALC板等を取り付けた場合	パネルの中心線
組積造又は補強コンクリートブロック造の建築物		外壁の主要な構造躯体の中心線

『建築確認のための基準総則・集団規定の適用事例 2017年度版』p.94より

床面積は、屋内的用途が発生する箇所を原則として算入するので、住指発115号の内容に記載はありませんが、**吹抜け部分は算定から除くことができます**。なぜなら、床がない部分は屋内的用途が発生しないからです。

あれ？車庫とか備蓄倉庫とかにも、床面積から除外できる緩和があったはず…。

ありますよ！でも、それはあくまで容積率の計算（p.96）の緩和です。逆引き表の確認を行うときの面積は、車庫や備蓄倉庫も全てカウントしてください。

居室の床面積

適用される規制の判断において**居室**（法2条四号）**の床面積**を算定することは非常に重要です。居室の床面積が広いということは、在館者が多いと推定されるので、避難規定（p.190）と階段寸法（p.141）が厳しくなります。

100㎡を超えたら、黄色信号。200㎡を超えたら、赤信号です（詳しくは逆引き表参照）。これらの値は要チェックです。**居室の床面積は階ごとにカウント**することが基本です。全ての階の居室の合計ではありません。間違いがないように注意しましょう。

ところで、居室ってどんな室？

居住、執務、作業、集会、娯楽その他これらに類する目的のために継続的に使用する室のことです。

住宅用途の場合の、居室、非居室の別をまとめました。以下の場合であっても、室の形状等によっては判断が異なる可能性があります。迷ったら申請先に相談をしましょう。

居室	非居室
・居間、寝室、応接室、書斎	・住宅の玄関、廊下、階段室、便所、手洗所、浴室、物置、納戸等 ・住宅の台所・家事室で小規模なもの（他の部屋と間仕切壁等で明確に区画されているもの）

（『建築確認のための基準総則・集団規定の適用事例 2017年度版』p.44より）

ここまでは、住宅全てで算定すべき面積でした。これ以降の住戸面積は、共同住宅のみで算定してください。

住戸の床面積

住戸の床面積は、共用の廊下や階段を除いた住戸部分の合計面積です。共同住宅で、100㎡を超えた場合、廊下の幅（p.204）の規制を受けることになります。

住戸の床面積は、居室の床面積と同様に**階ごとにカウント**します。全ての階の合計ではありませんので注意してください。

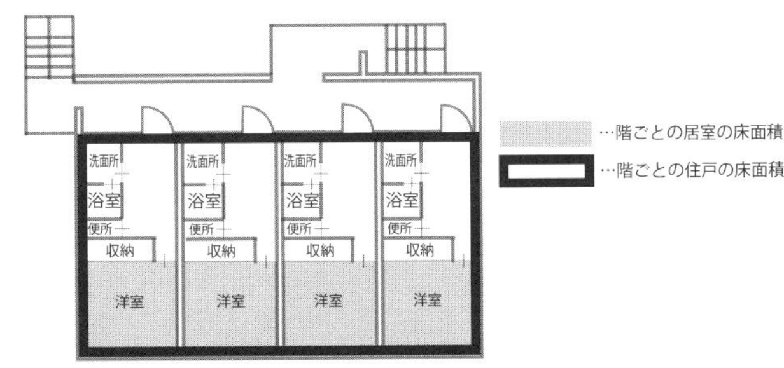

図1-2-4 住戸と居室の床面積

メゾネット住戸の床面積、居室の床面積の注意点

メゾネット住戸とは、共同住宅の一住戸のうち、住戸内部に階段があり、2階以上の階層で構成されているものです。

面積の算定において、居室の床面積と住戸の床面積は、階ごとにカウントすると説明しました。しかし、メゾネット住戸は例外として、**出入口のない階の床面積を出入口のある階に含めた床面積**となります。（令123条の2、『建築物の防火避難規定の解説 2016（第2版）』p.117）

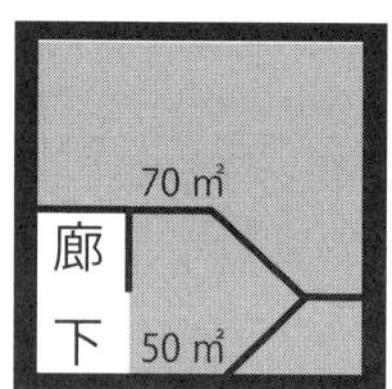

メゾネット住戸の場合
上階部分の面積が下階にあるとみなされるので
70＋50＝120 ㎡となる。

図1-2-5 メゾネット住戸の床面積

まとめ 建築面積は「形態」、延べ面積は「屋内的用途の有無」が算定のポイントになる。居室の床面積は「居室に該当するかどうか」を判断し、算定する。
住戸の床面積は「共同住宅のみ」検討するもので、住戸面積を合算して算定する。

参考ページ		
参考ページ	建築物の防火避難規定の解説 2016（第2版）	1 サウナ室及び住宅の台所に関する防火避難規定上の非居室扱い 138 簡易な構造の建築物の指定について 139 簡易な構造の建築物の基準について 176 質問と回答（番号1）
	建築確認のための基準総則・集団規定の適用事例 2017年度版	**44 居住、執務等その他これらに類する目的のために継続的に使用する室** 60~94 面積の算定 110 小屋裏物置等

3 高さ

下にも上にも原則の考え方と例外の考え方がある

関連 令2条1項六号、七号、2項

建築基準法において、高さを考えるときは「**どこから（下）**」と「**どこまで（上）**」が重要です。考え方が統一されていれば良かったのですが、残念ながら、下にも上にも規制によって例外の考え方があります。

そこで、ここでは原則の考え方を示した上で、例外の考え方についても紹介します。

建築物の高さ算定の原則の考え方

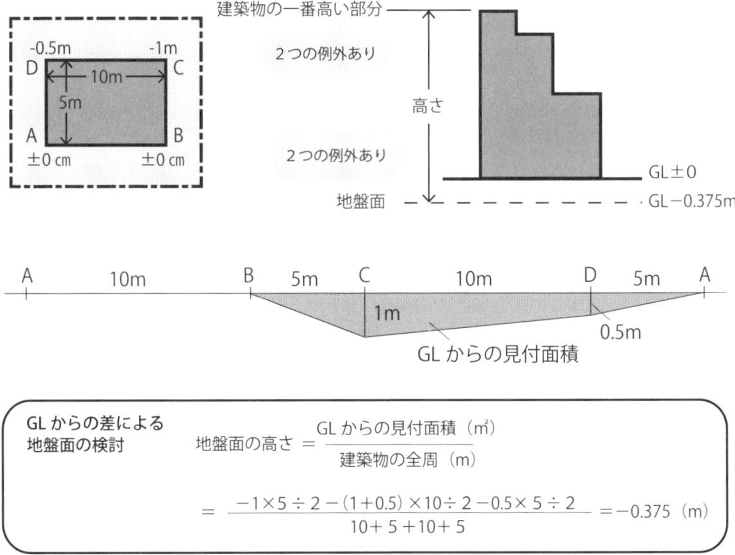

図1-3-1 高さ算定の原則

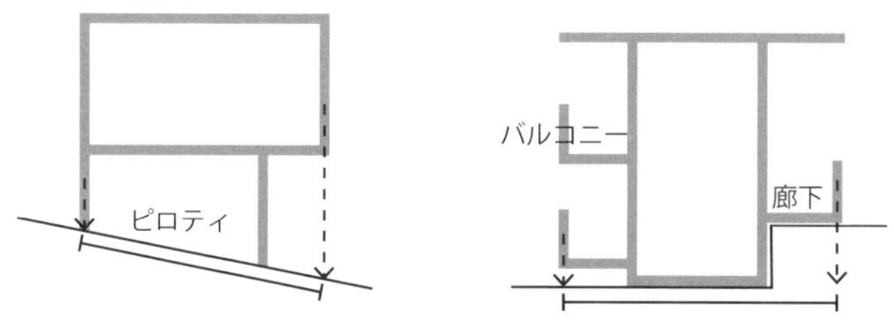

図1-3-2 建築物が周囲の地盤と接する位置の考え方

（『建築確認のための基準総則・集団規定の適用事例 2017年度版』p.113より）

建築物の高さの原則は、「**地盤面（下）**」から「**建築物の一番高い部分（上）**」です。地盤面（令2条2項）とは、建築物が周囲の地面と接する位置の平均の高さのことです。もし高低差が3mを超えた場合は、3m以内ごとに算定します(図1-3-4)。

本書で扱う建築物は、この高さが13m以下の建築物です。
しっかり確認しましょう。

どこから（下）の例外の考え方

原則は地盤面からの高さです。ただし、例外が2つあります。

例外① 一部規制（道路からの高さ関係）は、前面道路の路面の中心からの高さ

令2条1項六号イにより、以下の法文における高さは、前面道路の路面の中心からの高さになります。

- 道路斜線制限（法56条1項一号）
- 道路斜線制限の後退距離の算定の特例（令130条の12）
- 容積率の算定にあたり建築物から除かれる部分（令135条の19）

高さ制限（p.102）のうち、道路斜線制限では、建築可能範囲の斜線は前面

道路の路面の中心からになっています。

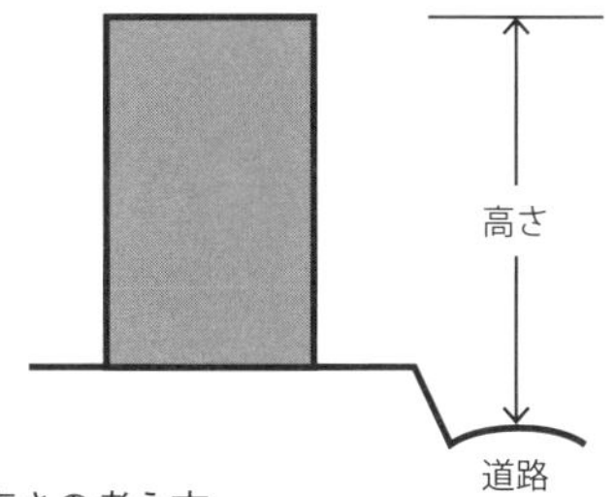

図1-3-3 道路斜線制限の高さの考え方

例外② 日影規制は、平均地盤面からの高さ

法別表4により、日影規制 (p.113) の算定における高さは、平均地盤面からの高さです。

地盤面と平均地盤面って何が違うの？

地盤面は建築物ごとに、3m以内ごとに算定するので、敷地内で複数発生することもあります。一方、平均地盤面は敷地に対して1つしか発生しません。

日影規制は建築物ごとではなく、敷地全体で算定を行います。だから、敷地に対して1つの地盤面を設定しなければならないのです。

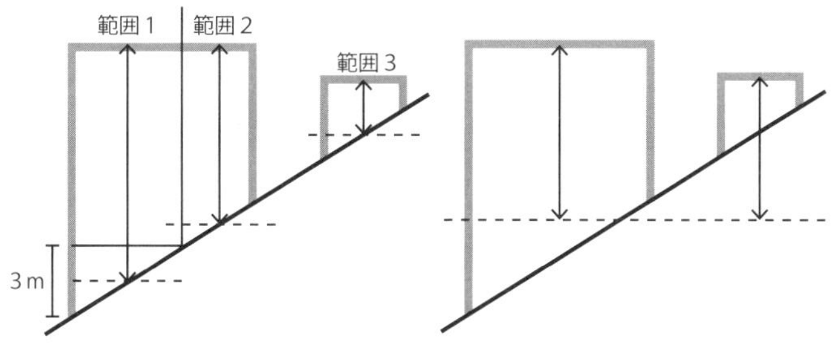

図1-3-4 地盤面と平均地盤面の考え方の比較

どこまで（上）の例外の考え方

原則は建築物の一番高い部分までの高さです。ここでも、例外が2つあります。

例外① 全ての規制で高さに算入しなくてもよい建築物の屋上部分

令2条1項六号ハにより、以下のいずれの条件も満たした場合、全ての規制において建築物の高さから除くことが可能です。

・建築物の躯体の軽微な突出部
　ー採光・換気窓等の立ち上がり部分
　ーパイプ、ダクトスペース等の立ち上がり部分
　ー箱棟
・部分的かつ小規模な外装等
　ー鬼瓦、装飾用工作物等（装飾塔に類する物を除く。）
　ー手すり（開放性が大きいもの。）
・部分的かつ小規模な建築設備
　ー避雷針、アンテナ等
・建築物と一体的な煙突
（『建築確認のための基準総則・集団規定の適用事例 2017年度版』p.107より）

じゃあ、屋上部分に開放性が大きい手すりがあっても、高さに含めなくていいんだね！

はい！その通りです！

例外② 一部規制で高さに算入しなくてもよい建築物の屋上部分

令2条1項六号ロにより、一部規制に限りますが、建築物の高さから除くことが可能です。

以下2つ両方の条件を満たした建築物の屋上部分
①以下のいずれかに該当する屋上部分であること
　・**階段室（ペントハウス）**、昇降機塔、装飾塔、物見塔、屋窓
　・その他これらに類するもの

ー昇降機の乗降ロビー（通常の乗降に必要な規模程度のものに限る。）
ー時計塔、教会の塔状部分
ー高架水槽（周囲の目隠し部分を含む。）
ーキュービクル等の電気設備機器（周囲の目隠し部分を含む。）
ークーリングタワー等の空調設備機器（周囲の目隠し部分を含む。）
②屋上突出部分の水平投影面積の合計が建築面積の1/8以内であること
（『建築確認のための基準総則・集団規定の適用事例 2017年度版』p.99より）

住宅で計画されるとしたら、屋上に設ける階段室（ペントハウス）が考えられます！

屋上に設ける階段室（ペントハウス）は、建築面積の1/8以内の場合、一部規制の高さから除かれます。ただし、除かれない規制もあります。特に注意していただきたいのは、北側斜線です。道路斜線などの高さ検討からは除くことができますが、北側斜線からは除くことができません。

▼高さに算入する規制と算入しない規制（主なもの）

高さに算入する規制	高さに算入しない規制	
・**北側斜線（法56条1項三号）** ・高度地区（法58条） ・避雷針の設置義務（法33条）	・第一種低層住居専用地域等内における建築物の高さの限度（法55条1項及び2項） ・日影規制（法56条の2第4項）	5mまで
	・**道路斜線（法56条1項一号）** ・**隣地斜線（法56条1項二号）**	12mまで

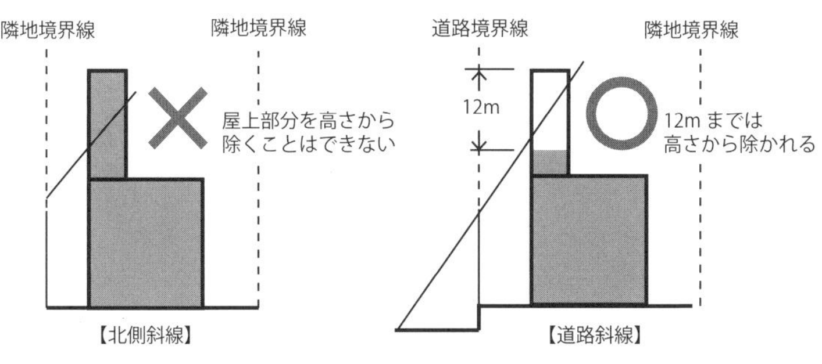

図1-3-5 高さに算入しない部分の例

軒の高さの考え方

高さについては、最高高さの他に、軒の高さ（令2条1項七号）も重要です。軒の高さは、地盤面から「建築物の小屋組又はこれに代わる横架材を支持する壁、敷げた、又は柱の上端」までの高さです（図1-3-6）。

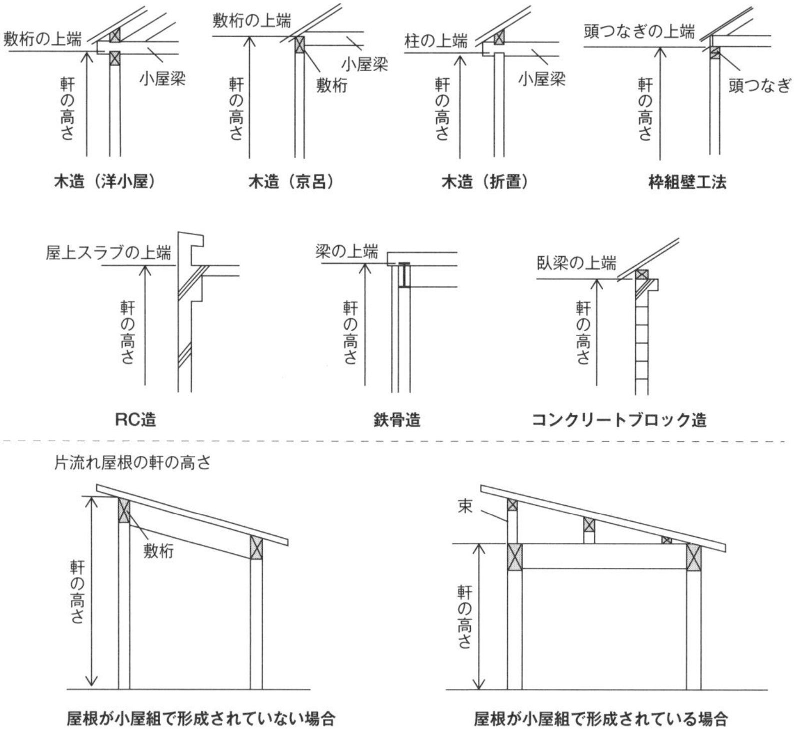

木造（洋小屋）　**木造（京呂）**　**木造（折置）**　**枠組壁工法**

RC造　**鉄骨造**　**コンクリートブロック造**

片流れ屋根の軒の高さ

屋根が小屋組で形成されていない場合　**屋根が小屋組で形成されている場合**

図1-3-6 軒の高さの考え方

（出典：『建築確認のための基準総則・集団規定の適用事例 2017年度版』p.108）

本書で扱う建築物は、この軒の高さが9m以下の建築物です。

まとめ 建築物の高さは、原則として「地盤面」から「建築物の一番高い部分」。ただし、例外もあるので注意すること。

point 高さ・階数に算入しなくてもよい屋上突出物の注意点

屋上に階段室を設けたとしても、水平投影面積の合計が建築面積の1/8以内であれば、建築物の高さから除くことができます。さらに、次節でご説明しますが、階数から除くこともできます。これは大きなメリットです。

ここで、水平投影面積についての注意点をお伝えします。そもそも、ここで示す**水平投影面積とは何でしょうか？** 面積 (p.22) では、「建築面積」と「床面積」のご説明をしましたが、それぞれ算定方法が異なります。この高さ・階数に算入しなくてもよい屋上突出物の水平投影面積はどちらの算定方法で求めるのでしょうか。**答えは「建築面積」です**（令2条4項）。

つまり、もし微妙に水平投影面積の合計が建築面積の1/8以内にならず、面積を減らすために吹抜けなどを計画しても意味がないということです。なぜなら、吹抜けを計画しても、床面積を減らすことはできますが、建築面積を減らすことはできないからです。

どちらも水平投影面積は変わらない

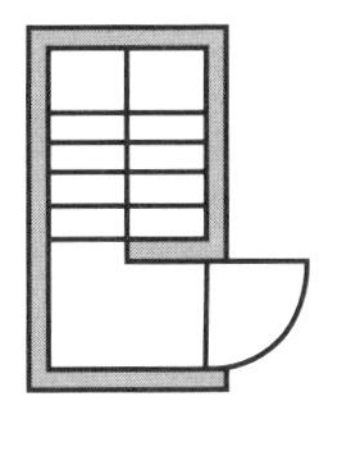

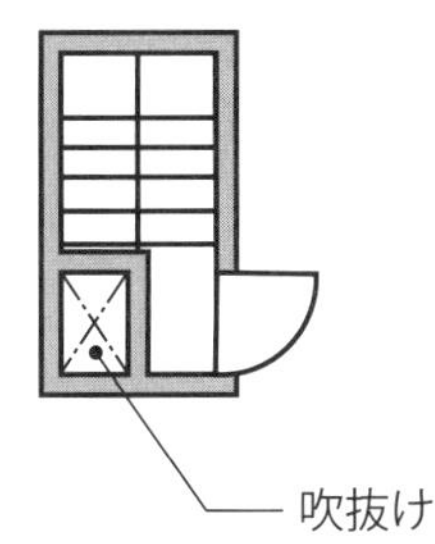

図1-3-7 屋上突出物の水平投影面積

参考ページ 建築確認のための基準総則・集団規定の適用事例 2017年度版

99 **高さに算入しない屋上部分**
107 **屋上突出物**
108 **軒の高さ**
113 **地盤面**
114 3mを超える場合の地盤面

4 階数

基本的な階数の算定方法と例外

関連 令1条二号、令2条1項八号、令13条一号

階数は原則として、同一断面の地階の数と地上階の数の合計です。

吹抜けなどがあった場合は断面ごとに階数が異なる場合もあります。その場合、階数が最大となる部分が建築物の階数です。

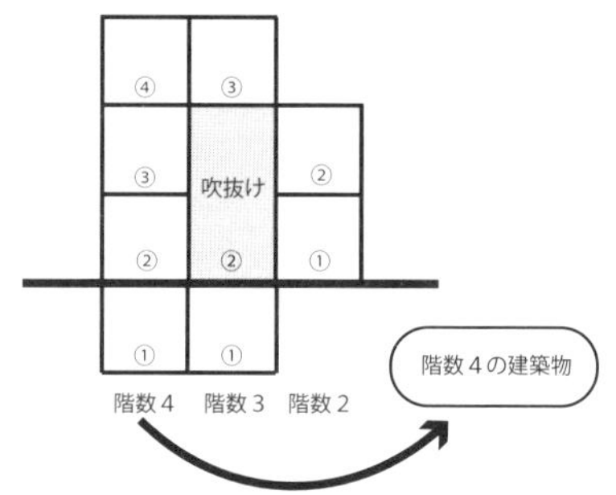

図1-4-1 階数の考え方

しかし、2つ例外があるので、確認していきましょう。

例外① 小屋裏物置

「面積」(p.22) で解説した小屋裏物置に該当する部分は、床面積だけでなく、階数にも算入しません。

例外② 階数に算入しない屋上部分

令2条1項八号により、所定の条件を満たす場合、階数に算入されません。

以下2つ両方の条件を満たした建築物の部分は階数に算入されない（令2条1項八号）
①以下のいずれかに該当する**屋上部分**であること
- 昇降機塔、装飾塔、物見塔
- 屋上部分の利用のための階段室
- 昇降機の利用のための昇降ロビー
- 用途上、機能上及び構造上、屋上に設けることが適当な各種機械室
- 上記に付属する階段室等

または、以下のいずれかに該当する**地階**であること
- 倉庫

・機械室
・その他これらに類する建築物の部分
②これらの建築物の部分で水平投影面積の合計が建築面積の1/8以下であること
（『建築確認のための基準総則・集団規定の適用事例 2017年度版』p.109）

この条件、なんだか**高さに算入しない条件**の②（p.32）に似ている！

いいところに気がつきましたね！
法文や根拠となる資料が微妙に異なりますが、内容としてはほとんど一緒です。例えば、屋上への階段室は水平投影面積を建築面積の1/8以下にすることによって、**高さと階数**から除くことができます！

しかし、階段室等の水平投影面積を建築面積の1/8以下にしても、床面積には算入されます。小屋裏物置と整理がつかず、床面積から除かれると勘違いしてしまう場合もありますので、注意しましょう。

建築物の部分	床面積	高さ	階数
階段室等で水平投影面積が建築面積の1/8以下	**算入する**	算入しない	算入しない
小屋裏物置	算入しない	**算入する**	算入しない

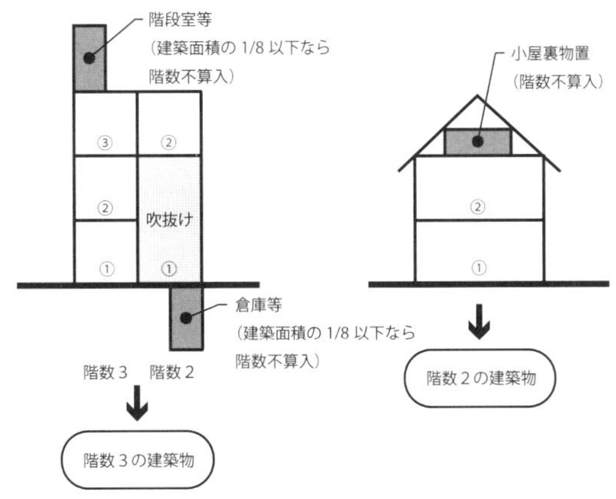

図1-4-2 階数から除くことができる建築物の部分

地階の判定について

地上階に該当するか、地階（令1条二号）に該当するかで受ける規制内容は大きく異なります。しっかり確認しましょう。

地階の条件は、以下2つ両方に該当することです。

①床が地盤面※下にある階であること
②床面から地盤面までの高さ≧階の天井の高さ/3
（『建築確認のための基準総則・集団規定の適用事例 2017年度版』p.97より）

※高さの地盤面（p.30）の定義と異なり、地階を判定する場合の地盤面は、高低差が3mを超えた場合であっても、分けて算定しない。

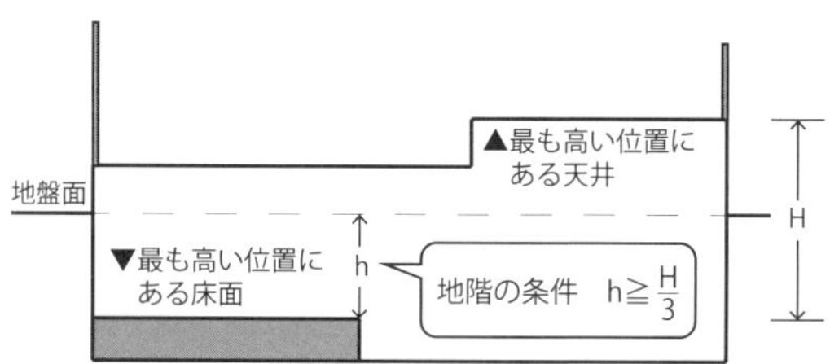

図1-4-3 地階の判定方法

地階に該当した場合、第3章2-11「地階」（p.155）を確認するようにしましょう。

避難階について

建築物には、必ず避難階が存在します。避難階とは、地上への出口を有する階のことです（令13条一号）。避難階は基本的には1階になることがほとんどですが、高低差が大きい敷地の建築物などは避難階が2階や地下1階になることもあります。

避難階は、避難規定（p.190）の中でも登場するので、把握しておきましょう。

まとめ　原則は同一断面の地階と地上階の数の合計だが、「小屋裏物置」や「階数に算入しない屋上部分」は階数から除ける。地階は地上階とは異なる規制を受けるのでよく確認すること。

参考ページ	建築確認のための基準総則・集団規定の適用事例 2017年度版
97	**地階**
109	**階数に算入しない屋上部分**
110	小屋裏物置等

5 防火性能

「耐火・準耐火建築物」と「主要構造部が耐火・準耐火構造」の違いについて

関連 法2条五号、六号、七号、七号の二、八号、九号の二、九号の三

規制を受けるかどうかの判断では、建築物が「耐火・準耐火**建築物**」なのか、それとも「**主要構造部**が耐火・準耐火**構造**」なのかが重要になってきます。

耐火・準耐火建築物？主要構造部が耐火・準耐火構造？どちらも似たようなものじゃないの？

用語が似ているので、2つの違いはややこしく感じてしまいます。両者の違いについて解説します。

耐火・準耐火建築物の定義について

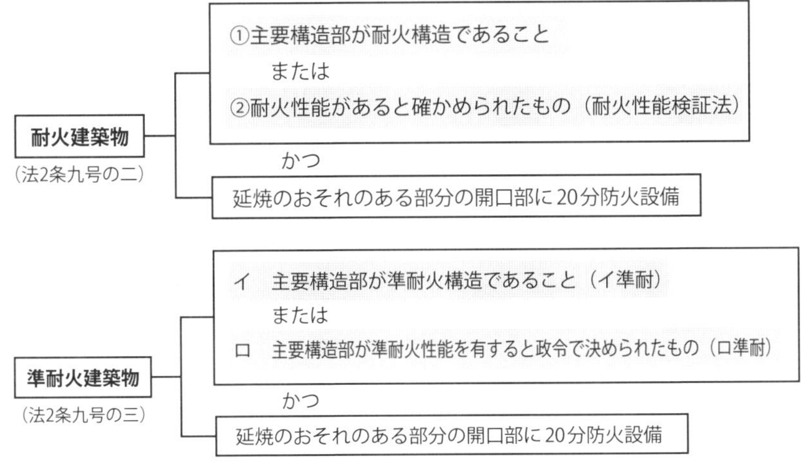

耐火建築物
（法2条九号の二）
①主要構造部が耐火構造であること
または
②耐火性能があると確かめられたもの（耐火性能検証法）
かつ
延焼のおそれのある部分の開口部に20分防火設備
準耐火建築物
（法2条九号の三）
イ　主要構造部が準耐火構造であること（イ準耐）
または
ロ　主要構造部が準耐火性能を有すると政令で決められたもの（ロ準耐）
かつ
延焼のおそれのある部分の開口部に20分防火設備

なるほど！**耐火･準耐火建築物の要件の1つ**に「**主要構造部が耐火･準耐火構造**」が入っているんだね。

その通りです。「**主要構造部が耐火・準耐火構造**」＋「**延焼のおそれのある部分の開口部に20分防火設備**」でやっと耐火・準耐火建築物になります。

主要構造部の定義について

主要構造部は、壁、柱、床、はり、屋根、階段のことです（法2条五号）。

ただし、その中でも一部分は除かれています。まとめると、以下のようになります。

主要構造部	除外部分（構造上重要でない部分に限る）
壁	間仕切壁
柱	間柱、付け柱
床	揚げ床、**最下階の床**、回り舞台の床
はり	小ばり
屋根	ひさし
階段	局部的な小階段、屋外階段

例えば、「最下階の床」を耐火・準耐火構造にしなくても、「主要構造部が耐火・準耐火構造」に該当するってことだね。

その通りです！「最下階の床」は主要構造部ではないからです。その代わり、主要構造部とされている構造上重要な壁、柱、2階以上の床などは全て耐火・準耐火構造にしてくださいね。

耐火・準耐火構造の定義について

耐火・準耐火構造は、耐火・準耐火性能を有するものとして、
①国土交通省が定めた**構造**方法
②国土交通省の**認定**を受けたもの
以上2つのいずれかに適合するものです（法2条七号、七号の二）。

また、耐火・準耐火構造の他に主要構造部に求められる性能に「防火構造（法2条八号）」もあります。防火構造は、耐火・準耐火構造の下位の性能です。この後解説する規制の中で防火構造についての知識も必要になるので、合わせて整理しておきましょう。

耐火構造、準耐火構造、防火構造。この3つがあるのはわかったけど、どんな違いがあるの？

簡単に言うと、火災に対して「耐えられる時間」と「耐えられる性能」が異なります。

		耐えられる性能	耐えられる時間	以下のいずれかに適合しているもの	
				①告示構造	②大臣認定
耐火構造		耐火性能（令107条）	1～3時間（本書で扱う建築物は1時間※）	告示1399号	FP-(060～180)-##
準耐火構造	45分	準耐火性能（令107条の2、令112条2項）	45分	告示1358号	QF-045-##
	1時間		1時間	告示195号	QF-060-##
防火構造		防火性能（令108条）	30分	告示1359号	PC-030-##
準防火構造		準防火性能（令109条の9）	20分	告示1362号	QP-020-##

##…外壁、屋根など部位によって表記が異なる部分
※3階建ての建築物は1時間でよいとされるため

ここで注意していただきたいのが、耐火構造は準耐火構造に含まれるということです（図1-5-1）。例えば、法文で「主要構造部が準耐火構造」と書いている内容は、「主要構造部が耐火構造」の建築物も規制を受けます。

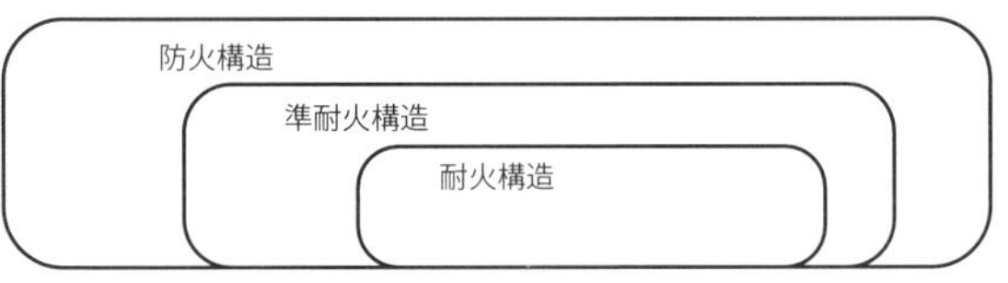

図1-5-1 耐火・準耐火・防火構造の関係

（出典：『建築物の防火避難規定の解説 2016（第2版）』p.18）

例えば、準耐火構造（45分）にしたい場合、主要構造部を全て45分間耐えられるようにしなくてはならないの？

ほとんどの部位は45分間耐えられるようにしなくてはならないですが、一部の部位は30分でも認められています！

▼耐火構造の各部位が火災に対して耐えられる時間

主要構造部				時間 （本書で扱う建築物の場合）
壁	間仕切壁			1時間
	外壁	耐力壁		1時間
		非耐力壁	延焼のおそれのある部分	1時間
			延焼のおそれのある部分以外	**30分**
柱				1時間
床				1時間
はり				1時間
屋根				**30分**
階段				**30分**

▼準耐火構造の各部位が火災に対して耐えられる時間

主要構造部				時間	
				45分準耐火	**1時間準耐火**
壁	間仕切壁			45分	1時間
	外壁	耐力壁		45分	1時間
		非耐力壁	延焼のおそれのある部分	45分	1時間
			延焼のおそれのある部分以外	**30分**	**30分**
柱				45分	1時間
床				45分	1時間
はり				45分	1時間
屋根				**30分**	**30分**
階段				**30分**	**30分**
軒裏	延焼のおそれのある部分			45分	1時間
	延焼のおそれのある部分以外			**30分**	**30分**

材料について

建築基準法では、内装材や屋根材に特定の**材料**を用いなければならない規制があります。ここで、登場する主な材料を整理しておきます。

	求められる性能		以下のいずれかに適合しているもの		性能
		耐えられる時間	①告示材料	②大臣認定	
不燃材料（法2条九号）	不燃性能（令108条の2）	20分	告示1400号	NM-##（外部仕上用：NE-##）	高 ↑
準不燃材料（令1条五号）		10分	告示1401号	QM-##（外部仕上用：QE-##）	↕
難燃材料（令1条六号）		5分	告示1402号	RM-##（外部仕上用：RE-##）	↓ 低
防火地域又は準防火地域における屋根	市街地における通常の火災による火の粉防止性能（令136条の2の2）		告示1365号	DR-##（不燃性の物品を保管する倉庫等：DW-##）	高 ↑
法22条区域※における屋根	通常の火災による火の粉防止性能（令109条の8）		告示1361号	UR-##（不燃性の物品を保管する倉庫等：UW-##）	↓ 低

##…認定番号　※法22条区域についてはp.116参照。

燃えにくい材料や、火の粉に強い材料ってことだね。でも、さっきの耐火・準耐火構造と似ているけど、何が違うの？

耐火・準耐火構造は、外壁や床など特定の部位の話。だから、表側と裏側に所定の材料の組み合わせで被覆などをしてやっと耐火・準耐火構造になります。でも、材料はあくまで材料単体の話。似ているようで、全く別物です！

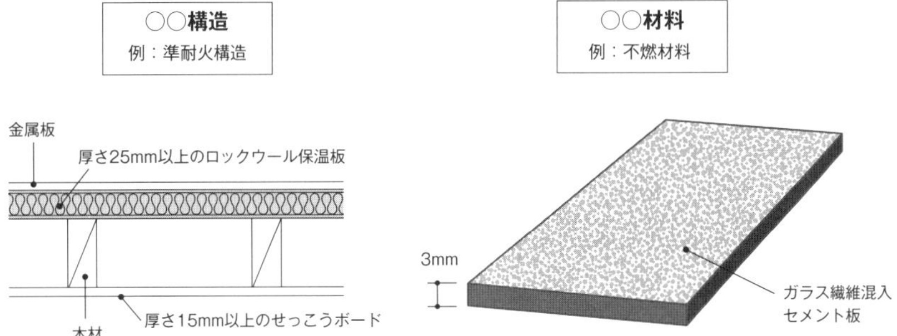

図1-5-2「構造」と「材料」の比較

主要構造部について耐火・準耐火構造にする以外の方法

耐火・準耐火建築物にするためには、主要構造部を耐火・準耐火構造にする以外の方法もあります。

それは、耐火建築物であれば、耐火性能があると確かめること（令108条の3）。

準耐火建築物であれば、「準耐火性能を有するものとして政令で定める構造」（令109条の3）に適合させることです。

本書で扱う建築物は、耐火性能があると確かめる可能性は極めて低いので、詳細な内容は省略しますが、「準耐火性能を有するものとして政令で定める構造」はしっかり理解しておく必要があります。

「準耐火性能を有するものとして政令で定める構造」により準耐火建築物にした建築物のことを「ロ準耐火構造（ロ準耐）」といいます。こう呼ばれるのは、法2条九号の三の“**ロ**”に定義されていることに由来します（これに対して、法2条九号の三の“イ”に定義される主要構造部を準耐火構造にした建築物をイ準耐火構造（イ準耐）といいます）。

ロ準耐は大きく分けて一号と二号の2つあります。どちらかに適合させればよいです。以下、内容をまとめました。

主要構造部			ロ準耐（令109条の3）	
			一号（ロ-1準耐）	二号（ロ-2準耐）
壁	間仕切壁	耐力壁	—	準不燃材料で造る
	外壁	延焼ライン内	耐火構造	準不燃材料で造り、さらに防火構造とする
		上記以外		準不燃材料で造る
屋根	延焼ライン内		不燃材料で造るかふき、さらに準耐火構造等※1とする	不燃材料でふき、その他の部分は準不燃材料で造る
	上記以外		不燃材料で造るかふく	
床	3階以上の床		—	準不燃材料で造り、さらに準耐火構造等※2とする
	2階以下の床（最下階を除く）		—	準不燃材料で造る
柱・はり			—	不燃材料で造る
階段			—	準不燃材料で造る

※1…告示1367号に定める構造　※2…告示1368号に定める構造

延焼のおそれのある部分の定義について

耐火・準耐火建築物の要件として、外部の**開口部**で隣地境界線及び道路中心線からの延焼のおそれのある部分は、20分防火設備を設置しなければなりません。

延焼のおそれのある部分（法2条六号）とは、隣地境界線、道路中心線、建築物相互の外壁間の中心線（延べ面積の合計が500㎡以内を除く）から1階では3m以下、2階以上では5m以下の距離にある建築物の部分です。

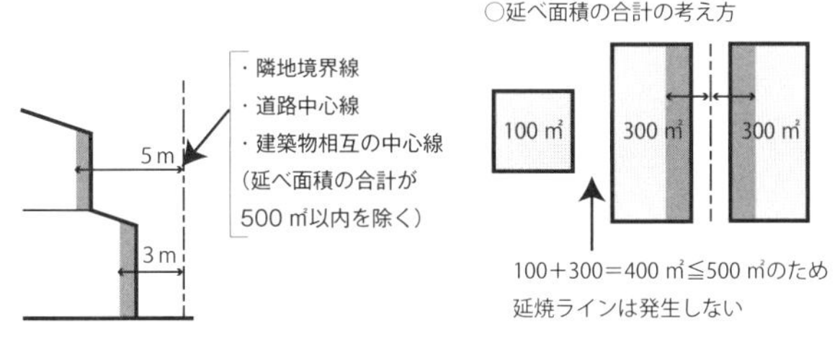

図1-5-3 延焼のおそれのある部分

防火設備の定義について

防火設備は、厳密には1つではありません。規制によって、求められている性能が異なるからです。

防火設備は火災に対して「**耐えられる時間**」と「**両面用か片面用か**」、この2つによって区分されています。

		耐えられる時間	両面用か片面用か	以下のいずれかに適合しているもの	
				①告示構造	②大臣認定
特定防火設備		60分	両面	告示1369号	EA - ####
防火設備	20分防火設備	20分	両面	告示1360号	EB - ####
	20分片面防火設備	20分	片面	告示196号	EC - ####

####…認定によって異なる部分

複雑だね…。それで、耐火・準耐火建築物にするために必要な性能はどの防火設備なの？

それは、上から2つ目の「20分防火設備」です！

規制で用いる防火設備は20分防火設備が多いです。しかし、他の防火設備を用いる規制もあります。そこで、本書では表に示している防火設備名称を用いて説明をしていきます。

ところで開口部って表現、曖昧だよね…。窓とかが開口部なのはわかるけど、換気のための給気口や排気口も、壁に穴を開けるよね。あれは、開口部？

非常に鋭い、素晴らしい気づきです！給気口や排気口も、開口部です。ただし、開口が小さいので、特別な扱いがあります。

本来であれば、給気口であろうと、排気口であろうと、開口部扱いなので防火設備が必要です。しかし、以下の場合においては、「特定防火設備」とされます（告示1369号第1第十号）。

- 開口面積が100cm^{2}以内の換気孔で、鉄板モルタル板その他これらに類する材料で作られた防火覆いを設けたもの
- 地面からの高さ1m以下の換気孔に設ける網目2mm以下の金網

関連：規制によって防火設備に求められる＋αの性能

耐火・準耐火建築物にするための防火設備には関係ありませんが、規制によって、防火設備に＋αの性能が求められる場合があるので、先に整理をしておきます。

主に、竪穴区画（p.182）、面積区画（p.221）、異種用途区画（p.223）で関わってくる性能です。それは、「**閉鎖性能**」と「**遮煙性能**」です。

通常の防火設備は、遮炎性能があります。しかし、開けたら開きっぱなしになってしまっては、煙が漏れてしまう可能性があります。そこで、建築基準法では、内部の区画などで用いる防火設備には、「閉鎖性能」と「遮煙性能」が求められる場合があります（令112条19項）。

	求められる性能	以下のいずれかに適合しているもの	
		①告示構造	②大臣認定
閉鎖性能（令112条19項一号）	常時閉鎖若しくは随時閉鎖※とし、避難等の支障を生じさせない構造とすること	告示2563号	CAT-##
閉鎖性能＋遮煙性能（令112条19項二号）	上記の性能に加え、隙間などの処理を行い、煙を有効に遮る構造とすること	告示2564号	CAS-##

##…認定によって異なる部分　※一号：熱感知又は煙感知　二号：煙感知

確かに、開けっ放しのドアだと、火災の煙を遮ることはできないよね。この区画を貫通する給水管や排気風道は何かしなくていいの？

区画の配管等の貫通は原則としては避けるべきです。しかし、やむを得ず貫通させる場合は、以下の基準に適合させましょう。

防火区画を貫通する給水管、配電管等の措置

以下2つ全てに適合させること
①管と防火区画との隙間をモルタル等の不燃材料で埋めること（令112条20項）
②以下3つのいずれか1つに適合させること（令129条の2の4第1項七号）
- 貫通する部分からそれぞれ両側1m以内の距離にある管を不燃材料で造ること（イ）
- 管の外径が、用途、材質その他の事項に応じて告示1422号が定める数値未満であること（ロ）
- 貫通する管に火熱が加えられた場合に、加熱開始後20分間防火区画等の加熱側の反対側に損傷を生じないものとして、国土交通大臣の認定を受けたものであること（ハ）

防火区画を貫通する換気、暖房、冷房の風道等の措置

特定防火設備（又は防火設備）であって、以下の構造に適合するものとして大臣が定めた構造（告示2565号）か大臣が認定したものであること（令112条21項）
- 火災により煙が発生した場合又は火災により温度が急激に上昇した場合に自動的に閉鎖するものであること。
- 閉鎖した場合に防火上支障のない遮煙性能を有するものであること。

まとめ 「耐火･準耐火建築物」＝「主要構造部が耐火･準耐火構造」＋「延焼のおそれのある部分の開口部に20分防火設備」である。
耐火・準耐火建築物にするためには、延焼のおそれのある部分に必ず20分防火設備が必要なので、注意すること。

point 耐火・準耐火建築物にしなくてはならない建築物とは？

まず、逆引き表を引く段階では、**「そもそも計画している建築物を耐火・準耐火建築物にすべきなのかわからない」**という方が多いと思います。

今の段階では、その建築物を耐火・準耐火建築物にすべきかどうかわかっていなくても大丈夫です。なぜなら、逆引き表の通りに法文を引いていけば、後からわかるようになっているからです。

しかし、計画に大きく影響を与えるので、先に確認をしたい方もいるかと思います。そこで、先に「耐火・準耐火建築物」の要求がされている法文をご紹介します。

それは、法27条（p.197）と法61条（p.116）です。簡単にご説明します。

法27条は、「用途」に対する規制です。先程ご紹介しましたが、特殊建築物は他の用途よりも厳しい規制を受けます。だから、特殊建築物で所定の規模以上の場合、耐火・準耐火建築物にしなくてはなりません。

法61条は、「地域」に対する規制です。都市計画により、防火・準防火地域に指定されている場合、耐火・準耐火建築物にする必要がある可能性があります。

また、上記の他に地方公共団体の条例（p.89）によって、耐火・準耐火建築物の要求があることもあります。合わせて確認するようにしましょう。

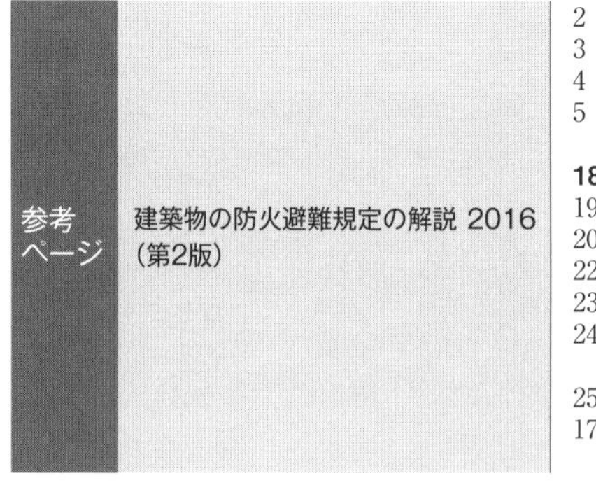

参考ページ
建築物の防火避難規定の解説 2016（第2版）

2　建築物相互間の取扱い
3　附属建築物の取扱い
4　線路敷及び公共水路・緑道等の取扱い
5　地階における延焼のおそれのある部分の取扱い
18　耐火建築物の主要構造部等
19　準耐火構造の性能基準について
20　屋内側防火被覆の取扱い
22　防火設備とみなすそで壁・塀等
23　耐火構造の外壁を支持する部材の構造
24　外壁及び床を不燃材料及び準不燃材料とする範囲（ロ準耐2）
25　屋根を不燃材料で造り又はふく構造(ロ準耐2)
176～179、201～202
質問と回答（番号2～22、143～146）

6 都市計画

「都市計画区域及び準都市計画区域内」と「それ以外」で受ける規制が大きく異なる

関連 法41条の2

全国土は都市計画法によって、以下の区域に分かれています。

都市計画区域（都市計画法５条）	市街化区域（都市計画法７条２項）	すでに市街地を形成している区域及びおおむね10年以内に優先的かつ計画的に市街化を図るべき区域
	市街化調整区域（都市計画法７条３項）	市街化を抑制すべき区域
	非線引き区域（都市計画法29条１項一号及び二号）	上記以外の都市計画区域
準都市計画区域（都市計画法５条の２）		一体の都市として積極的な整備、開発、保全を行う必要はないが即地的な土地利用規制のみが求められる区域
都市計画区域及び準都市計画区域以外		上記以外の区域

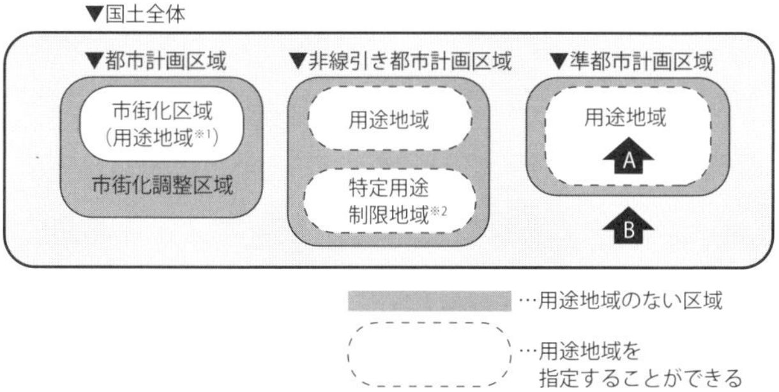

▼国土全体

▼都市計画区域
市街化区域（用途地域※1）
市街化調整区域

▼非線引き都市計画区域
用途地域
特定用途制限地域※2

▼準都市計画区域
用途地域
A
B

…用途地域のない区域
…用途地域を指定することができる

図1-6-1 都市計画による様々な地域・区域

※1 **用途地域**（都市計画法8条3項二号イ）➡ 地域における住居の環境の保護または業務の利便の増進を図るために、市街地の類型に応じて建築を規制するべく指定する地域で、種類ごとに建築できる**建物の用途**、**容積率**、**建ぺい率**などの建築規制が定められている。(p.92)

※2 **特定用途制限地域**（都市計画法8条1項二号の二）➡ 自治体が特定の用途の建築物に対して規制できる地域。用途地域のない地域でも、例えば風俗店の建物や、危険度の高い工場などの建設を規制することができる。

これは、都市計画法の話だよね。建築基準法とどう関係があるの？

集団規定が適用されるかどうかに関係があります。

建築基準法には、「**単体規定**」と「**集団規定**」の2つの規制があります。

単体規定は、建築物ごとの安全性についての規制です。例えば、構造耐力や、建築物内の避難経路の確保など、その敷地、その建築物に対しての規制です。

一方、集団規定は、建築物が集まった「都市全体」についての規制です。密集して計画されている建築物などは、火災の延焼もしやすくなります。また、敷地に道路が接道していなければ、消防車の到着ができず消火活動が上手くできません。これらの対策として、集団規定が定められています。

都市計画区域及び準都市計画区域以外では、この集団規定が適用除外になります（法41条の2）。

都市計画区域及び準都市計画区域	集団規定を**受ける**
上記以外	集団規定を**受けない**

つまり、図1-6-1のAの建築物は集団規定を受けるので接道義務（p.86）や容積率（p.96）の規制を受けますが、Bの建築物はこれらの規制を一切受けません。接道していなくても、敷地いっぱいに建てても良いです。

集団規定は、集団としての都市における建築物を規制の対象としたもので、いわば野原の中の一軒家にまで適用する必要はありません。よって、都市計画区域及び準都市計画区域のみ規制を受けるのです。

まとめ 都市計画区域及び準都市計画区域以外の区域では、集団規定の適用は受けない

コラム① 法文の読み方──法文は、実はただの「箇条書き」!?

本書では、規制の内容や緩和の内容を説明するときに必ず法文（第何条何項…）の記載をしています。それは、本書をお手に取った方に**ぜひ法文を読んでいただきたい**からです。

ここで、本書のような解説書で内容の把握をしていれば、法文を読めなくても良いのではないか？と思う方もいるかもしれません。実際、最初は私もそのように思っていました。しかし、実務で仕事をしていく上で、**自分自身のために法文は読めたほうが良い**と気持ちが変わっていきました。

法文を根拠にすれば、誰とでも対等に話せるようになります。

法文は、普遍です。法文を根拠にして話をすれば、あなたがどんなに若くて経験が浅くとも、相手がどんなにベテランでも、対等に話ができます。

私が新人の頃、未熟で若かったこともあり、設計者と協議しても、話を信じてもらえなかった経験があります。だから、私は法文を根拠にして説明するようにしました。その結果、ベテランの設計者と対等にやりとりすることができ、むしろ信用していただけるようになりました。法文という、普遍の根拠の下であれば、誰とでも対等に話ができます。

そして、法文は**読めるだけで、強い武器**になります。

というのも、今まで私は多くの設計者とやりとりをしてきましたが、法文を正しく読める設計者は、実は少ないです。建築は、理系の世界なので、文章を読むことを不得意とされる方が多いからかもしれません。だからこそ、法文を正しく読めるだけで、これからお仕事をしていく上で強い武器になるはずです。

法文を正しく読めるということは当たり前じゃありません。とても素晴らしいことです。だからこそ、法文を読むことにトライしていただきたいです。

そこで、このコラムでは法文の読み方のコツをご紹介します。

●法文はただの箇条書き

法文は、一見難解で気がつきにくいのですが、全て箇条書きで書かれています。法令は、「条」「項」「号」で表記されています。号の項目がさらに細分化されていると、「イ」「ロ」「ハ」が用いられ、これらがさらに細分化されている場合は「(1)」「(2)」「(3)」が用いられます。

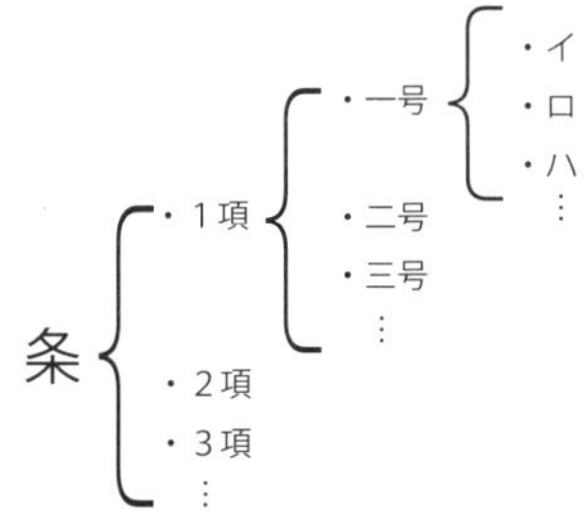

これらは、ただの箇条書きです。

では、実際の法文を確認してみましょう。

建築基準法施行令26条　階段に代わる傾斜路は、次の各号に定めるところによらなければならない。
　一　勾配は、8分の1をこえないこと。
　二　表面は、粗面とし、又はすべりにくい材料で仕上げること。
2　前3条の規定（けあげ及び踏面に関する部分を除く。）は、前項の傾斜路に準用する。

どうでしょうか。実際の法文を見ると、箇条書きには見えませんよね。

その理由は、**法文には1項の「1」を省略するというルールがある**からです。

つまり、省略をしないとこのようになります。

建築基準法施行令26条
1　階段に代わる傾斜路は、次の各号に定めるところによらなければならない。
　一　勾配は、8分の1をこえないこと。
　二　表面は、粗面とし、又はすべりにくい材料で仕上げること。
2　前3条の規定（けあげ及び踏面に関する部分を除く。）は、前項の傾斜路に準用する。

こちらであれば、箇条書きに見えますね。

法文を箇条書きとして捉えた上で、ポイントをお伝えします。

①「項」は必ず全て読むこと

「項」の箇条書きの内容は、必ず全て読んでください。というのも、法文は1項の「1」を省略しているのが原因で、1項だけが特別に見えてしまい、無意識に2項以降を読み忘れることがあります。しかし実際はただの箇条書きなので、たとえ10項まで続いていたとしても、全て読まなくてはなりません。

例えば、令114条の「1項」は長屋・共同住宅の規制についての記載で、一見すると、一戸建て住宅や寄宿舎は規制を受けないように思えます。しかし、「3項」まで読むと、建築面積300㎡超えの建築物の規制となり、この場合は一戸建て住宅や寄宿舎でも規制を受ける可能性があります。このように、項は全て読まないと、どこかで見落としをします。項は最後まで読む癖をつけましょう。

②「号」以降は全てなのかいずれかなのかしっかり把握すること

号以降は、全てを満たさなければならないのか、いずれか1つで良いのか、しっかり判断することが重要です。その方法は、**「いずれか」又は「一に」という言葉を探すこと**です。

「いずれか」又は「一に」という言葉があれば、いずれか1つ満たせば良いです。しかし、**これらの言葉がなければ、記載してある全てを満たさなくてはなりません。**

例として、p.39で解説した耐火建築物（法2条九号の二）で確認をしましょう。

九の二　耐火建築物　次に掲げる基準に適合する建築物をいう。
　イ　その主要構造部が（1）又は（2）の**いずれか**に該当すること。
　　（1）　耐火構造であること。
　　（2）　次に掲げる性能（外壁以外の主要構造部にあっては、（i）に掲げる性能に限る。）に関して政令で定める技術的基準に適合するものであること。
　　　（i）　当該建築物の構造、建築設備及び用途に応じて屋内において発生が予測される火災による火熱に当該火災が終了するまで耐えること。
　　　（ii）　当該建築物の周囲において発生する通常の火災による火熱に当該火災が終了するまで耐えること。
　ロ　その外壁の開口部で延焼のおそれのある部分に、防火戸その他の政令で定める防火設備（その構造が遮炎性能（通常の火災時における火炎を有効に遮るために防火設備に必要とされる性能をいう。第27条第1項において同じ。）に関して政令で定める技術的基準に適合するもので、国土交通大臣が定めた構造方法を用いるもの又は国土交通大臣の認定を受けたものに限る。）を有すること。

このようにイの部分に「いずれか」という言葉があります。だから、耐火建築物とは、イとロの**どちらの基準**にも適合する建築物で、イに関しては、(1) か (2) の**いずれか1つ**で良いということです。これを図解すると、p.39の図のようになります。

全てなのか1つでいいのかは、実務では非常に大事です。しっかり押さえて読みましょう。

●法令用語を把握する

すでにご説明しましたが、法文には1項の「1」を省略するなどのルールがあります。そして、用語にも法令独特の使い方があります。それらを把握しておかないと、法文は読めませんので、いくつかご紹介します。

以上（≦）と以下（≧）	基準値を含みます。 例えば、3階以上なら、3階を含みます。
超える（<）と未満（>）	基準値を含みません。 例えば、100㎡未満なら、100㎡は含みません。
「及び」と「並びに」	どちらも“and”（併合的接続詞）という意味です。小さい塊は「及び」でつなぎ、大きい塊は「並びに」でつなぎます。 A及びB並びにC及びDと書かれている場合、［A及びB］並びに［C及びD］というまとまりになります。
「又は」と「若しくは」	どちらも“or”（選択的接続詞）という意味です。小さい塊の接続には「若しくは」を、大きい塊の接続には「又は」を使います。 A若しくはB又はC若しくはDと書かれている場合、［A若しくはB］又は［C若しくはD］というまとまりになります。
「その他の」と「その他」	これら2つは全く意味が異なります。「A、B、その他のC」という文では、AとBはCの例示としての役割です。つまり、Cの中にAとBが含まれる関係です。 これに対して、「A、Bその他C」という文では、A、BとCは並列の関係にあります。

中でも、後半3つの使い分けは非常に難解です。実際に法文を読み進めないとよくわからないと思います。もしわからなくなったら、こちらのページを確認してください。

第2章

忘れちゃいけない手続きに関する法規

実は、上司に「確認申請とかもよろしく」って言われていたんだけど、そもそも確認申請ってなに？

確認申請とは、建築基準法で定められている「手続き規定」のことです。確認申請の他に、完了検査などもあります。この章では、どんな手続きで、どんなことをしなければならないのか説明します。

1 確認申請

全ての建築物に必要なのか

関連 法6条、法6条の2、法6条の4、法85条、法87条、法93条、令10条

建築基準法は難解です。そんな建築基準法を、設計者一人で完璧にチェックするのは難しいでしょう。

そこで、建築基準法には確認申請という制度規定があります。

確認申請とは、工事に着手する前に建築基準法に適合しているかどうか、建築主事※1（又は指定確認検査機関※2）から図面のチェックを受けることです（法6条、法6条の2）。

確認申請の後には、中間検査や完了検査の制度規定もあります。

※1 **建築主事** ➡ 建築確認を行うため地方公共団体に設置される**公務員**（法4条）
※2 **指定確認検査機関** ➡ 建築基準法に基づき、建築確認における確認審査・現場検査等を行う機関として国土交通大臣、地方整備局又は都道府県知事から指定された**民間企業**（法77条の18）

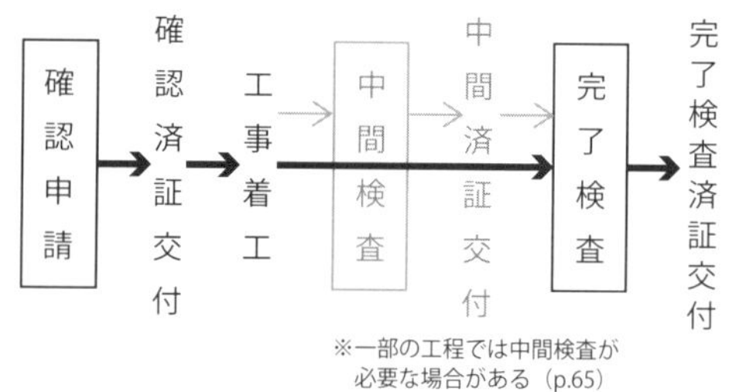

図2-1-1 確認申請からの流れ

確認申請は全ての建築物に対して必要な手続きではありません。確認申請が必要かどうかは建築物の用途、構造、規模、区域によって判断します。

ただし、**ほとんどの建築行為は原則として確認申請が必要**です。したがって、ここでは例外である確認申請が不要な建築行為を解説します。

●確認申請が不要な建築行為とは？

以下のいずれかに該当するもの（○は本書で扱う建築物には直接関係ないもの）
◎都市計画区域、準都市計画区域、準景観地区、知事指定区域**外**の**四号建築物**の**建築**（新築・増築・改築・移転）（法6条1項本文）
◎**四号建築物**の**大規模の修繕**、**大規模の模様替**（法6条1項本文）
◎防火地域及び準防火地域**外**の**10㎡以内**の**増築・改築・移転**（法6条2項）
○建築基準法の適用が除外される特殊な建築物（法3条1項）
○仮設建築物（一部を除く）（法85条。ただし、5項を除く）
○特殊建築物以外への用途変更（法87条）
○特殊建築物への200㎡以下の用途変更（法87条）
○類似の用途間（令137条の18）における用途変更

※新築・増築・改築・移転・大規模の修繕・大規模の模様替の定義については、p.240〜243

四号建築物は確認申請が不要になることが多いんだね。
ところで、四号建築物って何？

四号建築物は、比較的小規模な建築物のことで、建築基準法6条1項四号に規定されている建築物のことです。

建築基準法において、建築物は用途、構造、規模により、4つに分かれています。

区分	用途	構造	規模
一号	特殊建築物（住宅であれば共同住宅・寄宿舎等）	—	床面積の合計が200㎡を超える
二号	—	木造の建築物	以下のいずれかに該当すること ・階数が３以上 ・延べ面積が500㎡を超える ・高さが13mを超える ・軒の高さが9mを超える
三号	—	木造以外の建築物	以下のいずれかに該当すること ・階数が２以上 ・延べ面積が200㎡を超える
四号	上記以外の建築物 つまり、以下の２つ全てを満たす建築物 ①用途が原則、特殊建築物ではないこと （特殊建築物だった場合、200㎡以下であること） ②規模が以下のいずれかに該当すること ・木造建築物で階数２以下、延べ面積500㎡以下、最高高さ13m以下、軒高９m以下（全て満たす） ・木造以外の建築物で階数１階、延べ面積200㎡以下（全て満たす）		

※四号建築物の法改正についてはコラム②（p.81）参照。

例えば、木造2階建て200㎡の一戸建て住宅の場合、四号建築物に該当します。この場合、都市計画区域内に新築するのであれば確認申請は必要ですが、都市計画区域、準都市計画区域、準景観地区、知事指定区域外に新築する場合、確認申請は不要です。

なるほど！じゃあ、確認申請が不要の場合は、建築基準法を無視して、好きに建築物を建てても良いってことだね！

とんでもありません！確認申請が不要な建築物であっても、設計者は建築基準法に適合した設計をしなくてはなりません。

あくまで、確認申請が不要なだけなので、本書で解説をする第3章以降の規定は適合させなくてはなりません。

確認申請の流れについて

確認申請の手続きは下図のように進みます。

書類準備	必要書類は、施行規則1条の3に記載があります。四号建築物の場合は、審査の特例を受けることが可能なので、添付書類が少なくなります。
申請	申請先は以下2つのいずれかです。 ①建築主事　②指定確認検査機関 必要書類が揃っている場合、受付されます。
審査 ⇅ 訂正	審査が終わったら、電話やFAX、メールなどで書類の不備、法適合の確認の為の図面記載の指摘などの連絡が来ます。指摘の内容について設計図書などの差し替えを行い、対応します。訂正事項がなくなるまでやりとりをします。
消防同意	以下のいずれかの建築物は消防同意が必要です ○防火地域、準防火地域内の建築物 ○一戸建て住宅以外の全ての建築物 ○併用住宅で住宅以外の用途に供する部分の床面積の合計が延べ面積の1/2以上であるもの、又は50m² を超えるもの
交付	法適合が確認され、確認済証が交付されます。
変更申請	確認済証の交付後、変更があった場合は「軽微な変更」に該当する場合を除き、再度確認申請の手続きを行う「計画変更」を行います。

図2-1-2 確認申請の流れ

特に、消防同意に関しては注意しましょう。消防同意とは、確認申請の受付後に消防署に設計図書を発送し、消防署長の同意を得ることです（法93条）。この期間が、四号建築物なら3日、その他の建築物なら7日かかります。訂正が出た場合はさらに期間が延びる可能性もあります。

確認済証を急いでいる場合は、消防同意が必要なことを忘れると致命傷になります。早めに要否を確認し、忘れないようにしましょう。

四号建築物の確認申請の特例について

四号建築物は、確認申請の特例（四号特例）を受けることが可能です（法6条の4、2025年施行予定の法改正についてはコラム②（p.81）参照）。

確認申請では、原則として、建築基準法の全ての規制に対して確認を受けます。しかし、四号建築物の場合、一部規制を特例として省略することが可能です。したがって、四号建築物は確認申請に添付する書類が少なくて済みます。もちろん、確認申請に添付が不要になるだけであって、適合させなくても良いというわけではないので、注意が必要です。

四号建築物の確認申請の特例を受ける場合、**建築士が設計したもの**でなければなりません。無資格者が設計した場合、確認申請の特例を受けることはできません。

次のページの表に四号特例の有無を示します。

確認済証交付後の変更の対応について

確認済証の交付後に建築計画の変更があった場合、原則として、**計画変更の申請**が必要になります（法6条1項本文）。計画変更は、ほとんど確認申請の手続きと変わらないので、消防同意なども必要です。ただし、計画変更の場合、添付する設計図書が変更に関わる部分のみで良いとされる場合があります。申請先に確認しましょう。

計画変更は、**該当工事に着手する前**までには手続きを完了させなければなりません。余裕を持って申請しましょう。また、スムーズに手続きを完了させるために、確認申請以外の許認可を受けている場合は、事前に変更手続き

▼四号特例の有無

法文		建築士が設計する四号建築物	
		一戸建て住宅※ （令10条三号）	左記以外 （令10条四号）
法19条（敷地の衛生及び安全）		審査対象	審査対象
法20条（構造耐力） ただし、特殊な構造方法等（令80条の２）を行う場合を除く		省略	省略
法21条（大規模の建築物の主要構造部等）		省略	省略
法22条（屋根） 法23条（外壁） 法24条（22条区域の内外にわたる場合の措置） 法25条（大規模の木造建築物の外壁等）		省略	審査対象
法26条（防火壁等）		審査対象	審査対象
法27条（耐火建築物等としなければならない特殊建築物）		省略	審査対象
法２８条１項、２項（採光・居室の換気）	令19条、令20条（居室の採光・有効面積の算定方法）	省略	省略
法28条３項、４項（火気使用室の換気）		省略	審査対象
法28条の２（シックハウス等）		審査対象	審査対象
法29条（地階における住宅等の居室）		省略	省略
法30条（長屋又は共同住宅の界壁）		審査対象	省略
法31条１項（便所・下水）		省略	省略
法31条２項（便所・浄化槽）		審査対象	審査対象
法32条（電気設備） 法33条（避雷設備）		省略	省略
法34条（昇降機）		審査対象	審査対象
法35条（避難規定）		省略	審査対象 ただし、廊下の幅（令119条）を除く
法35条の２（内装制限） 法35条の３（無窓の居室等の主要構造部）		省略	審査対象

※ただし、以下２つを除く
・防火・準防火地域内の建築物
・住宅以外の用途を兼ねる場合、住宅以外の用途の床面積≧延べ面積／2、又は住宅以外の用途の床面積＞50㎡

→次のページに続きます

法文		建築士が設計する四号建築物	
		一戸建て住宅※（令10条三号）	左記以外（令10条四号）
法36条	令21～31条 令33条、34条（天井高さ・便所の構造）	省略	省略
	令32条、35条（浄化槽処理性能）	審査対象	審査対象
	令107条～116条（耐火構造・防火区画） 令115条（煙突）	省略	審査対象
法36条	令129条の２の４～15（設備構造）	省略 ただし、昇降機（令129条の3～129条の13の3）を除く	省略 ただし、給排水設備の一部規制（令129条の2の4第1項六号、七号）と昇降機（令129条の3～129条の13の3）を除く
法37条（建築材料の品質）		省略	省略
法39条～41条（地方公共団体の条例）		審査対象	審査対象
第３節（集団規定）		審査対象	審査対象

の有無を確認しておいた方が良いでしょう（許認可の変更申請等が必要な場合、変更申請が完了してから確認済証が交付されるのが原則なため）。

そうすると、変更が生じたら、全て**計画変更**の申請をしなきゃいけないの？

いえ！国土交通大臣が定める軽微な変更に該当した場合は、計画変更の申請をしなくても**OK**です。

以下の内容に該当した場合は、計画変更は不要です。ただし、軽微な変更であっても、申請先が用意している書式にて報告は必要です。書式や書き方などは申請先に確認してください。

▼軽微な変更
下記に該当し、変更後も建築物の計画が建築基準関係規定に適合することが明らかな変更

区分	軽微な変更の範囲
建築物 （規則3条の2第1項）	・道路幅員減少を除き、接道義務を満たしていることが明らかである変更（一号） ・容積率、建ぺい率等に係る要件を満たすことが明らかである敷地面積が増加する場合の面積及び敷地境界線の変更（二号） ・建築物の高さが減少する場合の高さの変更（三号） ・建築物の階数が減少する場合の階数の変更（四号） ・建ぺい率が明らかに適合している建築面積の減少（五号） ・容積率が明らかに適合している床面積の減少（六号） ・類似の用途間における用途の変更（七号） ・構造耐力上主要な部分の基礎ぐい等の位置の変更（八号） ・構造耐力上主要な部分の部材の材料又は構造の変更（九号） ・構造耐力上主要な部分以外の部分の、屋根ふき材等の構造・材料又は位置の変更（十号） ・構造耐力上主要な部分以外の部分の、天井の構造・材料又は位置の変更（十一号） ・防火性能が向上する材料または構造への変更（十二号） ・井戸の位置の変更（十三号） ・開口部の位置及び大きさの変更（十四号） ・建築設備の材料、位置又は能力の変更（十五号） ・上記の他、国土交通大臣が定めるもの（十六号）
建築設備 （規則3条の2第2項）	・防火性能が向上する材料または構造への変更（一号） ・建築設備の材料、位置又は能力の変更（二号） ・上記の他、国土交通大臣が定めるもの（三号）

建築基準法に関係ないのはわかっているんだけど、「建築主」や「地名地番」の誤記を見つけた場合はどうしたらいいの？

その場合、完了検査済証の交付前であれば、原則として誤記訂正が可能です。申請方法は、建築基準法上で定められた手続きではないので、申請先によります。

検査済証まで交付された場合は、それ以降の建築主や地名地番の変更はできません。もし誤記等があった場合は、速やかに申請先に手続きを確認しましょう。

まとめ 確認申請は、原則として全ての建築物に必要。ただし、四号建築物などは申請が不要になる場合や、確認申請の特例により手続きが簡素化される可能性がある。

2 完了検査

検査前に建物を使用することができるのか

関連 法7条、法7条の2、法7条の5、法7条の6

確認申請を受けた建築物の工事完了後、建築主は、建築主事（又は指定確認検査機関）に対して完了検査の申請を行い、現場検査を受けます（法7条、7条の2）。これによって、確認申請の図面通りに工事が完了したかどうか検査をします。検査に合格後、検査済証が交付されます。

原則として、検査済証の交付を受けた後でなければ、建築物を使用することはできません。

この手続きには、以下の期日が定められています。

建築工事が完了してから建築主事（又は指定確認検査機関）に申請するまでの期日	4日以内
検査申請から検査を行うまでの期日	7日以内

検査済証交付前の建築物の使用制限について

検査済証の交付を受けるまで、以下の場合は建築物の使用ができません（法7条の6）。

- 四号建築物**以外**の建築物を「新築」した場合
- 四号建築物**以外**の建築物を「避難施設等※に関する工事を含む増築、改築、移転、大規模の修繕、大規模の模様替」した場合

※令13条に定められた設備（ただし、令13条の2に定められた簡易な工事を除く）

あれ？四号建築物は、検査済証の交付を受ける前に使用しても良いの？

四号建築物は検査済証の交付前であっても使用可能です。

ただし、完了検査は受ける必要があるので、検査ができる状況にしておかなければなりませんし、検査を受けるまでは使用しない方が良いでしょう。やむを得ず四号建築物を検査済証の交付前に使用する場合は、申請先に検査ができる現場の状況を確認しましょう。

建築物の使用制限がある建築物であっても、以下に該当した場合、検査済証の交付前でも建築物を使用することが可能です。

- 特定行政庁[※1]が、安全上、防火上及び避難上支障がないと認めたとき[※2]（法7条の6第1項一号）
- 建築主事が、国土交通大臣が定める基準に適合していることを認めたとき[※2]（法7条の6第1項二号）
- 指定確認検査機関が、国土交通大臣が定める基準に適合していることを認めたとき[※2]（法7条の6第1項二号）
- 建築主事より完了検査の申請が受理されてから、7日経過したとき（法7条の6第1項三号）
- 指定確認検査機関に申請した場合、以下2つの遅い日から7日経過したとき（法7条の6第1項三号）
  －完了検査の引き受けに係る工事が完了した日
  －完了検査の申請が受理された日

※1　特定行政庁…建築主事を置く市町村の区域については地方公共団体の長。その他の市町村については都道府県知事（法2条三十五号）
※2　仮使用の認定を受けるときは、法90条の3の計画の届出も併せて行うこと

まとめ　完了検査とは、確認申請の図面通りに工事が完了しているかチェックを受けること。一部を除き、検査済証を受けるまで建築物を使用してはならない。

3 中間検査

どんな建築物がいつ検査を受けなければならないのか

関連 法7条の3、法7条の4

中間検査とは、工事の途中で行う検査のことです。申請建築物が**所定の工程**に該当した場合、建築主は、建築主事（又は指定確認検査機関）に対して中間検査の申請を行い、現場検査を受けます（法7条の3、法7条の4）。中間検査は、完了検査とは異なり、確認申請が必要になったすべての建築物が受ける検査ではありません。

中間検査が必要な「所定の工程」とは？

以下2つのいずれかに該当した場合

・階数が3以上である共同住宅の床及びはりに鉄筋を配置する工事の工程（法7条の3第1項一号）

→例：3階建て鉄筋コンクリート造の共同住宅

特定工程	後続工程
2階の床及びこれを支持するはりに鉄筋を配置する工事の工程	2階の床及びこれを支持するはりに配置された鉄筋をコンクリートその他これに類するもので覆う工事の工程

・上記以外で、特定行政庁が指定する工程（法7条の3第1項二号）

特定工程	後続工程
特定行政庁の指定による	特定行政庁の指定による

ところで、「特定工程」と「後続工程」っていうのは何？

「特定工程」は、検査を受けるべきタイミングの工程のことです。特定工程の工事を終えた日から4日以内に建築主事（又は指定確認検査機関）に対して中間検査の申請をしましょう。
「後続工程」は、中間検査の合格証を受けた後でなければ進めてはいけない工程のことです。

じゃあ、中間検査の合格証を受けるまで、工事を止めなきゃいけないの？

そうです！

中間検査の申請をしたからといって、安心はできません。中間検査の合格証の交付を受けた後でなければ、指定された後続工程に着手することができないためです。

場合によっては、中間検査の合格証が出るまで、工事を止める必要も出てくるかもしれません。

現場で指摘などが出た場合、速やかに対応し、中間検査の合格証を取得しましょう。

まとめ 合格証を受けないと進められない工事もある。中間検査が必要かどうか、特定行政庁に指定された工程をよく注意すること。

4 建築士法

建築士が業務することができる範囲を定めている制度

関連 建築士法

建築士法とは、建築物の設計、工事監理等を行う技術者（建築士）の業務の範囲などを定めた法律です。

建築士法により、所定の規模以上の建築物の「設計」及び「工事監理」は建築士（一級建築士、二級建築士、木造建築士）が行わなければなりません。

小規模な建築物であれば、無資格者でも設計や工事監理をすることは可能です。ただし、四号建築物の確認申請の特例を受けることができません。

▼建築士でなければできない「設計」及び「工事監理」の範囲（士法3条、3条の2、3条の3）

構造▶	木造			鉄筋コンクリート造、鉄骨造、石造、れん瓦造、コンクリートブロック造、無筋コンクリート造		全ての構造	
高さ・階数▶	高さ≦13m、軒高≦9m			高さ≦13m、軒高≦9m		高さ>13m	軒高>9m
延べ面積A（㎡）▼	階数＝1	階数＝2	階数＝3	階数≦2	階数≧3		
0＜A≦30	資格要件なし	資格要件なし	一級又は二級	資格要件なし	一級又は二級	一級	一級
30<A≦100	資格要件なし	資格要件なし	一級又は二級	一級又は二級	一級又は二級	一級	一級
100<A≦200	一級又は二級又は木造	一級又は二級又は木造	一級又は二級	一級又は二級	一級又は二級	一級	一級
200<A≦300	一級又は二級又は木造	一級又は二級又は木造	一級又は二級	一級又は二級	一級又は二級	一級	一級
300<A≦500				一級	一級	一級	一級
500<A≦1000	※	※	※	一級	一級	一級	一級
1000<A	※	一級	一級	一級	一級	一級	一級

※部分の、学校、病院、劇場、映画館、観覧場、公会堂、集会場（オーディトリアムのないものを除く。）、百貨店の場合は、一級建築士に限る。

ちなみに、設計と工事監理以外の建築物に関わる業務だったらどうなの？ 例えば、**確認申請の代理業務**とか。

あくまで、設計と工事監理の範囲なので、確認申請の代理業務はこの範囲に関係ありません。例えば、一級建築士でなければできない規模の建築物であっても、**確認申請の代理業務**であれば、二級建築士でも行えます。ただし、建築士（又は行政書士）の資格は必要です。

その他、建築士法では、構造設計一級建築士の関与（士法20条の２）や設備設計一級建築士の関与（士法20条の３）が必要になる建築物について定められていますが、本書で扱う規模の建築物だと関与が必要になる可能性は低いでしょう。

また、建築士は以下の業務を行って、他人の求めに応じ報酬を得る場合は「建築士事務所登録」をしなくてはなりません（士法23条）。

- 設計
- 工事監理
- 建築工事契約に関する事務
- 建築工事の指導監督
- 建築物に関する調査若しくは鑑定
- 建築物の建築に関する法令若しくは条例の規定に基づく手続の代理

建築士事務所登録って絶対必要なのかと思っていた。不要な場合ってどんなもの？

他人の求めに応じ報酬を得る場合以外の場合です。例えば、自分の両親の住宅を無償で設計・監理する行為には、建築士事務所登録は不要です。

まとめ 建築物の設計や工事監理は、原則として「建築士」が行わなければならない。また、他人の求めに応じて報酬を得る場合は「建築士事務所登録」が必要となる。

5 建築基準関係規定

建築基準法以外であっても確認申請で確認される法令

関連 令9条

確認申請、完了検査等では、建築基準法以外の「建築基準関係規定」の法適合確認も行います。

その敷地や建築物に係る建築基準関係規定は、確認申請を行う上で非常に重要です。したがって、早い段階で確認し、慎重に進めなくてはなりません。

建築基準関係規定に該当し、その手続きが終わっていなければ、確認済証が交付されません。確認済証が交付されなければ、当然工事の着工ができません。これでは、工期が延び、建築主への引渡しも遅れてしまいます。これが、1、2日程度ならよかったかもしれませんが、中にはどうしても長期間必要になる手続きもあります。

例えば、都市計画法29条の開発の許可などは、1年以上の期間が必要になることはザラにあります。もし、確認申請を提出した後に、開発の許可の手続きが必要になった場合は、そこから1年以上確認済証の交付ができなくなります。このようなことが起こらないように、できるだけ早めに建築基準関係規定のチェックをしなくてはなりません。

建築基準法ばかりに気を取られていると、他の規定をうっかり忘れてしまうので注意しましょう。

▼建築基準法以外の建築基準関係規定（令9条）

法律名	対象条項 （左欄の法律の条番号）	内容
消防法	法9条	火の使用に関する規制の市町村条例への委任
	法9条の2	住宅用防災機器の設置
	法15条	常設映画館等の映写室の規格
	法17条	消防用設備等の設置及び維持

→次のページに続きます

法律名	対象条項 （左欄の法律の条番号）	内容
屋外広告物法	法3条、法4条、法5条	広告物等の制限
港湾法	法40条1項	分区内の規制
高圧ガス保安法	法24条	家庭用設備の設置等
ガス事業法	法162条	基準適合義務
駐車場法	法20条	建築物の新築又は増築の場合の駐車施設の附置
下水道法	法10条1項、3項、法25条の2	排水設備の設置等
	法30条1項	都市下水路に接続する特定排水施設の構造
宅地造成等規制法	法8条1項、法12条１項	宅地造成に関する工事の許可
流通業務市街地の整備に関する法律	法5条1項	流通業務地区内の規制
液化石油ガスの保安の確保及び取引の適正化に関する法律	法38条の2	基準適合義務
都市計画法	法29条1項、2項	開発行為の許可
	法35条の2第1項	変更の許可等
	法41条2項（法35条の2第4項の準用を含む）	建築物の建ぺい率等の指定
	法42条	開発許可を受けた土地における建築等の制限
	法43条1項	開発許可を受けた土地以外の土地における建築等の制限
	法53条1項（同法２項による法52条の２第２項の準用を含む）	都市計画施設等内の建築許可
特定空港周辺航空機騒音対策特別措置法	法5条1項～3項（同条5項の準用を含む）	航空機騒音障害防止地区及び航空機騒音障害防止特別地区内における建築の制限等
自転車の安全利用の促進及び自転車等の駐車対策の総合的推進に関する法律	法5条4項	自転車等の駐車対策の総合的推進
浄化槽法	法3条の2第1項	合併処理浄化槽設置の義務
特定都市河川浸水被害対策法	法8条	排水設備の技術上の基準に関する特例
高齢者、障害者等の移動等の円滑化の促進に関する法律（バリアフリー法）	法14条1項～3項	特別特定建築物の建築主等の基準適合義務等

→次のページに続きます

法律名	対象条項 （左欄の法律の条番号）	内容
都市緑地法	法35条	緑化地域における緑化率
	法36条	一の敷地とみなすことによる緑化率規制の特例
	法39条1項	地区計画等の区域内における緑化率規制
建築物のエネルギー消費性能の向上に関する法律（建築物省エネ法）	法11条	特定建築物の建築主の基準適合義務

建築基準関係規定というものがあることはわかったけど、何を注意すれば良いの？

以下のことが考えられます。
①確認申請の前に「届出」や「許可」が必要になる
②規制に適合させるように、設備の設置、場合によっては意匠的な変更が必要になる

特に注意が必要な内容について確認していきましょう。

消防法

▼消防法の関係法令

法9条	火の使用に関する規制の市町村条例への委任
法9条の2	住宅用防災機器の設置
法15条	常設映画館等の映写室の規格
法17条	消防用設備等の設置及び維持

住宅の場合、必ず住宅用防災機器の設置が必要になります（消防法9条の2)。また、共同住宅、寄宿舎で所定の規模や収容人数を超えると、追加で消防用設備が必要になることもあります（消防法17条)。

今回は、この2点について、本書で扱う建築物が適用を受ける可能性がある規制を解説します。これ以外にも、条例によって、火の使用に関する規制が定められている可能性もあります（消防法9条)。合わせて確認しましょう。

●全ての住宅用途に必要な住宅用防災機器の設置（消防法9条の2）

火災が発生したときに、いち早く火災に気がつくことができるように、住宅には住宅用防災機器の設置が義務づけられています。**住宅で、就寝している間に火事が起きた場合**、気がつきにくいためです。

設置位置は、市町村の条例で定められます。消防法施行令5条の7により、市町村の条例で定められる位置は以下3つです（各市町村により選択される）。

①就寝の用に供する居室
②①に掲げる住宅の部分が存する階（避難階を除く。）から直下階に通ずる階段（屋外に設けられたものを除く。）
③居室が存する階において火災の発生を未然に又は早期に、かつ、有効に感知することが住宅における火災予防上特に必要であると認められる住宅の部分として総務省令で定める部分

●所定の規模、収容人数の建築物に必要な消防用設備（消防法17条）

共同住宅と寄宿舎は、住宅用防災機器の設置だけでなく、他の消防用設備も必要になることがあります。どの消防用設備が必要になるかは、**収容人数**と、**床面積及び主要構造部**を確認すればわかります。

▼所定の規模以上で必要になる主な消防用設備

延べ面積（m^2）	150以上	500以上	700以上※3
消防用設備	・消火器具（消防法令10条）※1 ・漏電火災警報器（消防法令22条）	・自動火災報知設備（消防法令21条）※2	・屋内消火栓設備（消防法令11条）

※1　地階・無窓階・3階以上の部分の床面積が50m^2以上の場合も対象となる
※2　地階・無窓階・3階以上の部分の床面積が300m^2以上の場合も対象となる
※3　主要構造部や内装によって、延べ面積の条件を2倍又は3倍にできる（2倍：1400m^2、3倍：2100m^2）。地階・無窓階は150m^2以上となる（2倍：300m^2、3倍：450m^2）。

▼収容人数により必要になる主な消防用設備等

収容人数	50人以上	地階及び無窓階で20人以上	・2階以上の階又は地階で30人以上 ・3階以上の階で10人以上※
消防用設備等	・防火管理者（消防法令3条） ・非常警報器具・設備（消防法令24条）	・非常警報器具・設備（消防法令24条）	・避難器具（消防法令25条）

※ただし、避難階に直通する階段を2以上設ける場合を除く

都市計画法

▼都市計画法の関係法令

法29条1項、2項	開発行為の許可
法35条の2第1項	変更の許可等
法41条2項（法35条の2第4項の準用を含む）	建築物の建ぺい率等の指定
法42条	開発許可を受けた土地における建築等の制限
法43条1項	開発許可を受けた土地以外の土地における建築等の制限
法53条1項（同法２項による法52条の２第２項の準用を含む）	都市計画施設等内の建築許可

p.49で見たように、日本全土は区域に分けられています。それぞれの区域ごとに、気をつけるべき規制をまとめました。

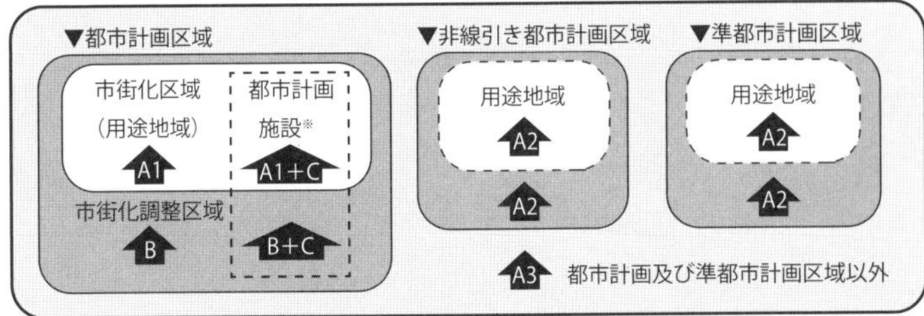

図2-5-1 都市計画法の規制を受ける地域・地区

A. 市街化調整区域以外で確認すべき内容

市街化調整区域以外に計画する場合、

- 都市計画法29条（開発行為の許可）
- 都市計画法35条の2（変更の許可等）
- 都市計画法41条2項（建築物の建ぺい率等の指定）

を確認するようにしましょう。

これらは、いわゆる開発行為の規制です。

開発行為とは、主に建築物を建築する目的で行う土地の区画形質の変更を指し、これに該当する場合は許可が必要です。開発行為が所定の敷地面積の規模以上行われる場合、原則として知事の許可※が必要になります。所定の敷地面積の規模とは、以下の数値以上と定められています（都計法令19条1項）。

※都計法29条の各号のただし書きに該当する場合を除く

市街化区域（図中A１）	1000㎡以上（又は500㎡以上※）
区域区分が定められていない都市計画区域及び準都市計画区域（図中A２）	3000㎡以上
都市計画区域及び準都市計画区域以外（図中A３）	10000㎡以上

※ 既成市街地、近郊整備地帯、既成都市区域、近郊整備区域、都市整備区域内の場合、500㎡以上となる（都計法令19条2項）

都市計画法では以上の数値ですが、念のために、計画があるたびに都道府県等の条例を確認するようにしましょう。

どうして都道府県等の条例を確認した方がいいの？

それは、特定の区域では、この面積が大幅に引き下げられていることがあるからです。

市町村によっては、この開発の面積を引き下げることが可能です。稀に、300㎡など大幅に引き下げられていることもあるので、油断できません。計画があるたびに確認しましょう。

また、開発の許可が必要になった場合、**用途地域の定められていない土地の区域における開発行為**には、都市計画法41条により、建築物の建ぺい率、高さ、壁面の位置等の規制が追加されている可能性があります。
うっかり見落とすと建築計画に大打撃を与えるので、よく確認してください！

B. 市街化調整区域で確認すべき内容

市街化調整区域に計画する場合、

- **都市計画法43条1項（開発許可を受けた土地以外の土地における建築等の制限）**
- 都市計画法29条（開発行為の許可）
- 都市計画法35条の2（変更の許可等）
- 都市計画法41条2項（建築物の建ぺい率等の指定）

を確認するようにしましょう。

先ほどの開発行為の規制に追加して、**都市計画法43条**も確認するようにしましょう！

市街化調整区域には、原則として、許可なしでは建築はできません（ただし都計法43条1項各号に掲げるものを除く）。そもそも、市街化調整区域はその区域への建築を制限するために指定されているからです。

したがって、市街化調整区域で建築をする場合、原則として、開発行為の許可（都計法29条）を受けるか、都市計画法43条による都道府県知事の許可が必要です。

C. 都市計画施設、市街地開発事業にかかる場合に確認すべき内容

建築地が都市計画施設、市街地開発事業にかかる場合、

- 都市計画法53条（都市計画施設等内の建築許可）

を確認するようにしましょう。

もし、建築地が都市計画施設にかかっていた場合、都道府県知事からの許可が必要です。

都市計画施設とは、「都市計画道路」や「都市計画公園」などです（都計法4条5項及び法11条1項）。特に注意すべきなのは、市街地開発事業のうち「土地区画整理をすべき区域（土地区画整理予定区域）」です。詳しくは、コラムで解説しています（p.83）。

●都市計画法施行規則60条証明書とは？

以上のように、都市計画法では所定の規模になると許可が必要になるなど、複雑です。自分で許可が必要かどうか判断するのは難しいこともあると思います。それは、申請先も同じことです。そこで、都市計画法では、60条証明というものがあります。

これは、国土交通大臣又は都道府県知事により、都市計画法に適合している証明として発行されるものです。

申請先によっては、都市計画法に適合している確認として、60条証明書を求められることがあります。

宅地造成等規制法

宅地造成工事規制区域内で、宅地造成に関する工事を行う場合、都道府県知事の許可を受けなければなりません（宅地造成等規制法8条）。

ただし、開発許可を受ける場合は例外として、この許可を受ける必要はありません。

宅地造成に関する工事って何？

それは、宅地以外の土地を宅地にするため又は宅地において「土地の形質の変更」を行うことです（宅地造成等規制法施行令3条）。

●土地の形質の変更とは

- 切土で、高さが2mを超える崖を生ずる工事
- 盛土で、高さが1mを超える崖を生ずる工事
- 切土と盛土を同時に行うとき、盛土が1m以下で、かつ切土と合わせて高さが2mを超える崖を生ずる工事
- 切土、盛土で生じる崖の高さに関係なく、宅地造成面積が500㎡を超える工事

都市緑地法

緑化地域内で、政令で定める規模以上（1000㎡）の敷地面積に建築物の新築又は増築をする場合、建築物の緑化率の規制が発生します（都市緑地法35条）。

その場合、建築物の緑化率（敷地面積に対する「緑化施設」の面積の割合）を都市計画で定められた数値以上としなければなりません。

敷地面積1000㎡以上か！いつも計画する敷地は、そんなに大きくないから気にしなくてもいいかも。

いえ！この敷地面積なのですが、市町村によっては300㎡まで引き下げられることもあるので、油断できません。

市町村の条例によっては、300㎡まで敷地面積の引き下げをすることが可能です（都市緑地法令9条）。

ただし、全ての建築物が規制対象になるわけではありません。以下のいずれかに該当した場合、たとえ緑化地域内の1000㎡以上の敷地面積を有する工事であっても、規制対象にはなりません。

- 増築で、増築後の建築物の床面積の合計が都市計画施行日の床面積の合計の1.2倍を超えない工事（都市緑地法35条1項及び都市緑地法令10条）
- 市町村長が許可したもの（都市緑地法35条2項各号）

※このほか都市緑地法36条、39条1項についても、非常にイレギュラーですが念のため確認しておきましょう。

建築物のエネルギー消費性能の向上に関する法律

建築物の床面積、用途によっては建築物のエネルギー消費性能の向上に関する法律（以下、建築物省エネ法）も建築基準関係規定になります。

ただし、本書で扱う建築物については、建築基準関係規定になる可能性は低いです（2025年施行予定の法改正については、p.82参照）。

どうして、本書で扱う建築物だと建築物省エネ法が建築基準関係規定になる可能性は低いの？

住宅用途は、原則として、建築基準関係規定である省エネ適合性判定は不要だからです。ただし、300㎡以上の場合、届出は必要なので忘れないようにしてください。

非住宅の床面積が300㎡以上の場合	適合義務（省エネ適合性判定が必要）
住宅の床面積が300㎡以上の場合	届出義務※（所管行政庁へ届出）

※省エネ基準に適合せず、所管行政庁が必要と認める場合、指示・命令等があります。

省エネ適合性判定が必要になった場合、建築基準関係規定なので、所管行政庁又は登録省エネ判定機関から判定通知書を取得しないと確認済証の交付ができません（建築物省エネ法11条）。

本書の建築物は、住宅がメインです。よって、床面積が300㎡以上でも、届出で済みます。ただし、非住宅（飲食店や事務所）を兼ねている建築物で、非住宅の面積が300㎡以上の場合、省エネ適合性判定の対象になります。

高齢者、障害者等の移動等の円滑化の促進に関する法律

高齢者、障害者等の移動等の円滑化の促進に関する法律（以下、バリアフリー法）により、所定の規模を超えた建築物（床面積2000m^2以上の建築物）は、建築物移動等円滑化基準に適合させなくてはなりません（バリアフリー法14条）。

●建築物移動等円滑化基準に適合させなくてはならない建築物

・特別特定建築物（バリアフリー法令5条）で床面積2000㎡以上
・公衆便所で床面積50㎡以上

本書で扱う住宅（一戸建て住宅、長屋、共同住宅、寄宿舎）は特別特定建築物にも含まれていません。したがって、もし2000㎡を超えたとしても、バリアフリー法の規制を受けません。

じゃあ、規制を受けることはないってこと？

いえ！実はバリアフリー法は条例により、特別特定建築物の追加や、対象面積の引き下げが可能です（バリアフリー法14条3項）。したがって、もしかしたら共同住宅、寄宿舎もバリアフリー法の対象になるかもしれませんね。それ以上に注意していただきたいのは、**兼用している非住宅用途（事務所・店舗）**です。これらは規制対象になる可能性が高いので、注意しましょう。

条例により、特別特定建築物の追加や、対象面積の引き下げなども可能です。共同住宅が特別特定建築物に追加されることはよくあります。ただし、床面積の引き下げはあまりされません。

それ以上に警戒すべきは、兼用している非住宅部分です。こちらは、用途によって床面積の引き下げがされます。つまり、本書の建築物の規模であっても、対象となる可能性は高いです。条例はよく確認しておきましょう。

地区計画

地区計画とは、すでに定められている都市計画を前提に、地区の実情に合ったきめ細かい規制を行う制度です。要は、地区ごとにルールが決められるので、住民の意見を反映しやすいということです。

地区計画自体は、建築基準関係規定には含まれていません（都計法58条の2）。

しかし、地区計画は市町村が条例化した場合、都市計画法ではなく、建築基準法として規制を受けることになります（法68条の2）。

▼地区計画は「**条例化**」されているかどうかで建築基準関係規定になるかが決まる

条例化されている	建築基準法68条の２	建築基準法になる
条例化されていない	都市計画法58条の２	建築基準関係規定にならない

市町村が条例化できる内容は以下の通りです（令136条の2の5）。

- 建築物の用途の制限
- 建築物の容積率の最高限度
- 建築物の建ぺい率の最高限度
- 建築物の敷地面積の最低限度
- 壁面の位置の制限
- 建築物の高さの最高限度
- 建築物の高さの最低限度、建築物の容積率の最低限度及び建築物の建築面積の最低限度
- 建築物の敷地の地盤面の高さの最低限度及び建築物の居室の床面の高さの最低限度
- 建築物の形態又は意匠の制限
- 垣又は柵の構造の制限
- 建築物の建築の限界
- 建築物の特定地区防災施設に面する部分の長さの、敷地の当該特定地区防災施設に接する部分の長さに対する割合の最低限度
- 建築物の構造に関する防火上必要な制限
- 建築物の沿道整備道路に面する部分の長さの、敷地の沿道整備道路に接する部分の長さに対する割合の最低限度
- 建築物の構造に関する遮音上必要な制限
- 建築物の構造に関する防音上必要な制限

容積率や建ぺい率のような建築基準法と同様の内容だけでなく、居室の床の高さなどの建築基準法では定められていない規制も条例化することができます。どの規制が条例化されているか、よく確認をしましょう。

まとめ　確認申請等では、建築基準法だけでなく建築基準関係規定の法適合確認も行う。建築基準法にばかり気を取られないように注意が必要。

コラム② 知っておきたい！ 2025年施行予定の法改正〈四号建築物の縮小等〉

2025年に実務に大きな影響を与える法改正が予定されています。現時点ではまだ施行前ですが、主な内容を事前に整理しておきましょう。

①四号建築物の範囲の縮小

p.57で説明した通り、建築物は規模・構造によって一号〜四号に分かれています。この中でも、四号に該当する建築物は、四号建築物と呼ばれ、都市計画区域等外※では確認申請が不要だったり、確認申請の特例が用意されていたり、特別扱いを受けていました。しかし、法改正によって一号〜四号の規模の見直しがされ、特別扱いを受ける範囲が縮小されます。

法改正後は200m^{2}以下の平屋を除き、都市計画区域等外であっても確認申請が必要になり、さらに確認申請の特例も受けられなくなります。

改正前

区分	規模
一号	特殊建築物で床面積の合計が200m^{2}を超えるもの
二号	木造で以下のいずれかに該当するもの ・階数が３以上 ・延べ面積が500m^{2}を超える ・高さが13mを超える ・軒の高さが9mを超える
三号	非木造で以下のいずれかに該当するもの ・階数が２以上 ・延べ面積が200m^{2}を超える
四号	上記以外の建築物 **（都市計画区域等外では確認申請が不要・確認申請の特例の対象）**

改正後

区分	規模
一号	特殊建築物で床面積の合計が200m^{2}を超えるもの
二号	木造・非木造で以下のいずれかに該当するもの ・階数が２以上 ・延べ面積が200m^{2}を超える
三号	上記以外の建築物 **（都市計画区域等外では確認申請が不要・確認申請の特例の対象）**
	（四号は廃止）

※都市計画区域等外…「都市計画区域、準都市計画区域、準景観地区、知事指定区域」**以外の地域**

②原則全ての新築住宅・非住宅で省エネ適合義務

p.77～78で紹介している通り、省エネ適合義務が発生するのは非住宅で、床面積が300㎡以上の建築物です。だから、今までは本書の住宅用途は省エネ適合義務がありませんでした。

しかし、法改正によって、省エネ適合義務が原則全ての新築建築物に生じます。これにより、住宅であっても省エネ適合義務が発生します。

以上2点の改正は設計者側の負担が増えるだけでなく、特定行政庁や指定確認検査機関の業務も圧迫され、確認済証の取得に時間がかかるようになる可能性が高いです。

業務に大きな影響を与える内容なのでしっかり確認しておきましょう。

コラム③ 建築基準関係規定になるかどうか判断が分かれる手続き

数ある手続きの中には、建築基準関係規定なのかどうかわかりにくいものがあります。特に重要なものを以下にまとめました。

●土地区画整理

土地区画整理の「施行中か、施行予定か」で決まります。

土地区画整理の施行中	土地区画整理法76条の許可	建築基準関係規定にならない
土地区画整理の施行予定	都市計画法53条の許可	建築基準関係規定になる

土地区画整理とは、道路、公園、河川等の公共施設を整備・改善し、土地の区画を整え宅地の利用の増進を図る事業のことです。この事業が「施行予定」だった場合、都市計画法53条の許可の取得が必要になります。これは建築基準法施行令9条より、建築基準関係規定です。

●開発の検査済証

開発許可を受けた敷地は、開発行為の完了後に検査を受け、開発の検査済証の交付を受けます。

開発許可は建築基準関係規定ですが、検査は建築基準関係規定ではありません。しかし、いくら開発の検査が関係規定ではなくとも、場合によっては関係規定と同等に確認申請に影響を与えます。

こちらの内容は、建築基準関係規定に該当するかではなく、「接道が取れているかどうか」に関わります。

開発にあたり道路を新設する場合、法42条1項二号の開発による道路は、開発行為の検査済証取得を経て、広く一般に知らせる公告という手続きが終わらないと、建築基準法上の道路にはなりません。

もし、前面道路が建築基準法42条1項二号の開発による道路だった場合、許可が下りているだけの段階だと、無接道の敷地ということになります。接道のない敷地には、確認済証は当然ですが交付されません。

接道が開発による法第42条第1項第二号道路	開発行為の検査済証（公告まで）必要
接道が上記以外	開発行為の検査済証不要※

※ただし、一般的には確認申請の段階では不要だが、完了検査の段階で求められる場合が多い

●中高層建築物紛争予防条例

中高層建築物紛争予防条例とは、条例で定められた高さや規模以上の建築物を計画する場合、**確認申請に先立って**、近隣住民へ建築計画の説明や、建設予定地に建築計画概要を明記した標識の設置を義務づけるものです。

中高層建築物紛争予防条例は、建築基準関係規定ではありません。しかし、この条例に関する手続きは確認申請より前に行うことが原則です。

よって、中高層建築物紛争予防条例の手続きが終わっていないと確認申請の提出ができません。これを考えると、**建築基準関係規定と同等**と考えておいた方がいいでしょう。

中高層建築物紛争予防条例は、建築物の高さが10mを超える場合（低層住居専用地域の場合、3階建て以上、軒高7mを超える場合）で指定されることが多いです。ただし、あくまで条例で定められることなので、10m以下でも、対象となることもあるでしょう。これを知らずに、確認申請書類を提出後に申請先から指摘を受け、手続きが必要だと発覚することがよくあります。

さらに、中高層建築物紛争予防条例の厄介なことは、手続きに時間がかかることです。建築地に標識を設置するのですが、30日間など、標識を掲げる日数が定められています。この日数が経過しないと、確認申請提出はできません。

時間がかかるので、事前によく調べることをお勧めします。

●風致地区

風致地区の規制は、建築基準関係規定ではありません。しかし、建ぺい率や、容積率の規制が定められることがあるので、それらの手続きが完了してから確認申請を行う方がいいでしょう。

第3章

住宅すべてに適用される法規

逆引き表で適用を受ける法規もわかったし、早速内容を確認しよう！

はい、そうしましょう！この章では、「すべての住宅用途に適用される規制」をご説明します。一般的な1～2階建ての住宅なら、この章を読むだけですべての規制を把握できますよ！

[集団規定]

1-1 接道義務

満たしていなければ、その敷地には建築物が建てられない

関連 法 42 条、法 43 条、法 44 条
規制を受ける建築物 都市計画区域及び準都市計画区域内の全ての建築物

第1章6でご説明したように、住宅すべてに適用される法規には「集団規定」と「単体規定」があります。まずは都市との関係を定める「集団規定」についてご説明します。

建築物の敷地と道路が接していなければ、火災が発生しても消防車が敷地まで来れず、消火活動に支障が出ます。また、災害時に建築物から逃げる人にとっても、道路は重要な避難経路になります。これらの理由により、接道のない敷地には、原則として建築物を建てることはできません。

建築物をその敷地に建てられるかどうかに大きく関わるので、接道を確認することは非常に重要なことです。

規制内容

建築物の敷地は、原則として**幅員4m以上の道路**に**2m以上**有効に接すること。（法43条1項）

有効に接するとは、避難や消火活動にとって有効な接し方をしているということです。高低差があり、避難などが困難な場合は、接道義務を満たしているとはいえません。

また、敷地が不整形な場合であっても、最短部分で、そして連続して2m以上の接道長さが必要です。

さらに、道路に突き出して建築物・塀等の建築を行ってはいけません（法44条）。

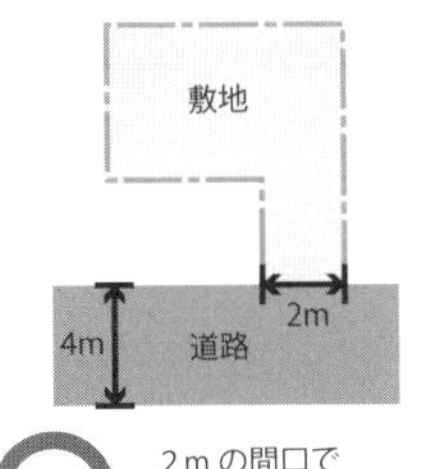

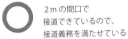

○ 2mの間口で接道できているので、接道義務を満たせている

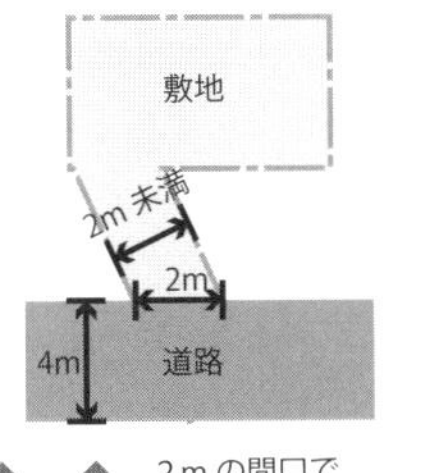

2mの間口で接道していたとしても、敷地内で2m未満となる場合接道義務は満たせていない

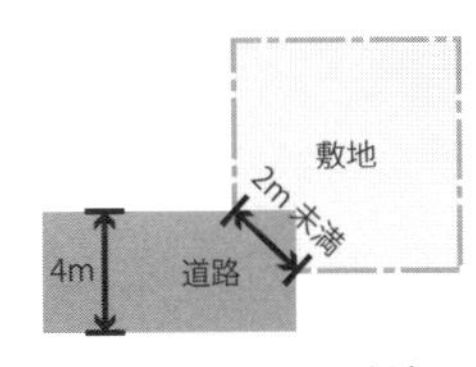

不整形な敷地の場合、接道長さは上記の位置となる。2m未満となっているので接道義務は満たせていない

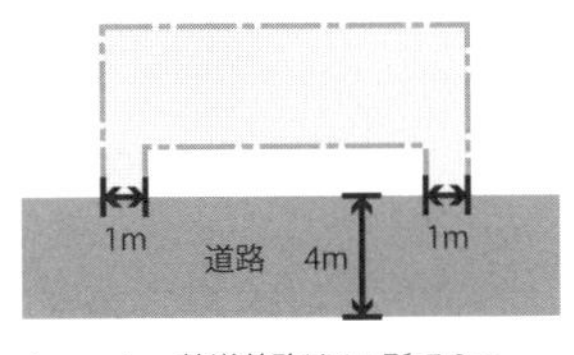

接道義務は1ヶ所で2m必要である。複数の箇所の合算とはできないので接道義務は満たせていない

図3-1-1-1 接道ができている例とできていない例

ところで、道路って何でもいいの？

いいえ。ここでいう道路は、**建築基準法で定められている道路**のことです。

▼建築基準法で定められている道路（法42条1項、2項、3項、4項）

道路種別	内容	道路幅員（W）	適用条項
道路法による道路	公道（国道・県道・市町村道）	W≧4m	法42条1項一号
都市計画法、土地区画整理法等による道路	都市計画法、土地区画整理法等により整備・築造された道路		法42条1項二号
既存道路	建築基準法施行時にあった道で、現に一般交通の用に供しているもの		法42条1項三号

→次のページに続きます

道路種別	内容	道路幅員（W）	適用条項
計画道路	都市計画法、土地区画整理法等で2年以内に事業が執行される予定の道路で、特定行政庁が指定したもの	W≧4m	法42条１項四号
位置指定道路	私人（一般の個人や法人）が築造した私道で、特定行政庁がその位置を指定したもの		法42条１項五号
２項道路	建築基準法の施行日現在既に建築物が建ち並んでいた幅員4m未満の道路で、特定行政庁が指定したもの	**W<4m**	法42条２項
３項道路	2項道路のうち、土地の状況によりやむを得ない理由で幅員2.７mまで緩和した道路	2.7m≦W<4m	法42条３項
４項道路	幅員６m未満の道で、特定行政庁が指定して認めたもの	W<6m	法42条４項

あれ？さっき、接道するのは幅員4m以上の道路って言ってたよね？2項道路は幅員4m未満になっているけど、大丈夫なの？

いい質問ですね！2項道路は、この中でも特殊な道路で、幅員4m未満であっても道路として認められています。ただし、道路中心線から2m後退した部分を道路の境界線とみなし、自分の敷地をセットバックしなければなりません。

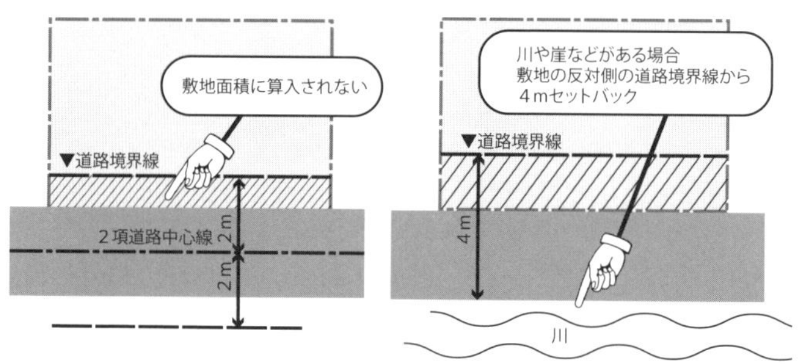

図3-1-1-2 ２項道路の考え方

もし接道できなかった場合は？

接道できていない敷地には、建築物を建てることはできません。しかし、特例的に接道できていない敷地でも、建築物を建てることができる場合があります。それは、「法43条2項」の条件を満たすことです。利用者が少ない建築物や周囲に広い空地がある場合は条件を満たす可能性があります。

適用除外

以下の**2ついずれか**の条件を満たすこと

- 幅員４m以上の道（建築基準法上の道路**以外**）に２m以上接する敷地に建つ建築物のうち、利用者が少数であるものとして国土交通省令の所定の基準（規則10条の３第１項～３項）に適合するもので、特定行政庁が認めるもの（法43条２項一号）
- 敷地の周囲に広い空地を有する建築物またはその他の国土交通省令の所定の基準（規則10条の３第４項）に適合する建築物で、建築審査会※の同意を得て特定行政庁が許可したもの（法43条２項二号）

※建築審査会 建築指導を適正かつ円滑に運用するための第三者機関。建築基準法の例外的な取扱いを行う場合に必要な同意を与えたり、可否の判断、処分に対する不服申立てなどの審査請求についての採決、建築基準法の施行に関する調査や建議などを行う（法78条）。

まとめ 接道義務は「その敷地に建築物が建てられるか」を決める、集団規定の中で最も重要な規定。敷地が不整形な場合や、前面道路が特殊な場合は、特に注意深く確認をすること。

参考ページ　建築確認のための基準総則・集団規定の適用事例 2017年度版
122　敷地の接道長さ
124　敷地と道路に高低差がある場合
125　2項道路の終端部の接道長さ

point 合わせて確認すべき「地方公共団体の条例」

地方公共団体の条例とは…

建築基準法は、全国統一です。しかし、地方の実情によって建築基準法だけでは法の目的が達成されない場合は、地方公共団体の条例として基準を定めることができます（法40条、法43条3項）。

接道義務は、地方公共団体の条例により強化されることがあります。条例違反をした場合、建築基準法と同様に、その敷地に建築物を建てることができません。必ず確認しましょう。

下記に、**よく規制される接道に関する条例の内容**を紹介します。

なお、道路に関する条例は、**特殊建築物かどうかで大きく内容が異なります。**

ここで注意したいのは、条例で定めている特殊建築物の定義は、建築基準法の特殊建築物の定義と必ずしも同じではないということです（例えば、千葉県改正建築基準法施行条例の場合、建築基準法だったら特殊建築物ではない長屋も、特殊建築物の定義に含まれています）。

基本的に、地方公共団体には特殊建築物を定義する条文があります。念のため、確認しましょう。

全ての建築物で定められる可能性がある条例

●路地状敷地の幅と長さ

路地状敷地とは、敷地内の通路により道路に接している敷地です。

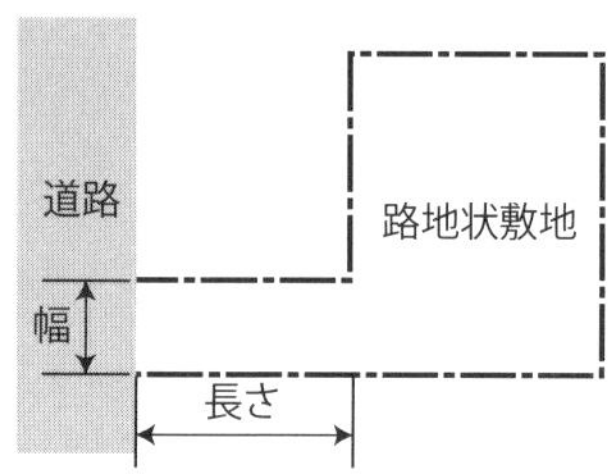

図3-1-1-3 路地状敷地

路地状敷地にも、建築物を建てることはできます。しかし、路地状敷地の幅員とその長さが規制されることがあります（例えば、東京都建築安全条例3条により、路地状敷地の幅員が2mの場合、その長さは20m以下にしなくてはなりません）。

特殊建築物で定められる可能性がある条例

●路地状敷地の建築制限

特殊建築物は、路地状敷地への建築が禁止されていることもあります（例えば、東京都建築安全条例10条により、特殊建築物を路地状敷地に建てることはできません。ただし書きの緩和規定がありますが、内容をよく確認する必要があります）。

●道路に接する部分の長さ

建築基準法では、接道長さは「2m」で良いです。しかし、条例により2mではなくそれ以上の接道長さを求められることがあります（例えば、東京都建築安全条例10条の3により、特殊建築物を建てる敷地は最低限2mではなく「4m」接道しなければなりません。こちらもただし書きの緩和規定があります）。

第1章 第2章 第3章 第4章 第5章 第6章 第7章

[集団規定]

1-2 用途地域

注意すべきは兼用住宅、併用住宅

関連 法48条、法別表2、令130条の3、令130条の5、令130条の5の5、令130条の8
規制を受ける建築物 都市計画区域及び準都市計画区域内の全ての建築物

私たちは建築物を様々な用途に用いています。例えば、住宅、店舗、工場、倉庫などです。これらの用途が混在していると、相互に害を与えてしまう可能性があります。そこで、建築基準法では、用途地域ごとに建てられる建築物の用途や規模を規制しています（法48条、法別表2）。

なるほど！ところで、住宅ってどこにでも建っている気がするんだけど、建てられない用途地域もあるの？

鋭いですね！実は、住宅の用途は**工業専用地域以外の全ての用途地域で計画することが可能**です。ただし、住宅に附属する建築物や、兼用住宅には**所定の条件**があります。

用途地域	住居系								商業系		工業系		
	第一種低層住居専用地域	第二種低層住居専用地域	第一種中高層住居専用地域	第二種中高層住居専用地域	第一種住居地域	第二種住居地域	準住居地域	田園住居地域	近隣商業地域	商業地域	準工業地域	工業地域	工業専用地域
住宅・共同住宅・寄宿舎（**附属するものを含む**）	○	○	○	○	○	○	○	○	○	○	○	○	×
事務所兼用住宅、店舗兼用住宅	△	△	△	○	○	○	○	△	○	○	○	○	×

△…以下の用途と兼用するもので、その用途部分の床面積が延べ面積の1/2以下かつ50㎡以下（令130条の3）
①事務所（汚物運搬用自動車、危険物運搬用自動車その他これらに類する自動車で国土交通大臣の指定

するもののための駐車施設を同一敷地内に設けて業務を運営するものを除く。)
②日用品の販売を主たる目的とする店舗・食堂・喫茶店
③理髪店・美容院・クリーニング取次店・質屋・貸衣装屋・貸本屋・その他これらに類するサービス業を営む店舗
④洋服店・畳屋・建具屋・自転車店・家庭電気器具店・その他これらに類するサービス業を営む店舗（原動機出力合計≦0.75kW）
⑤自家販売のために食品製造（加工）業を営むパン屋・米屋・豆腐屋・菓子屋・その他これらに類するもの（原動機出力合計≦0.75kW）
⑥学習塾・華道教室・囲碁教室・その他これらに類する施設
⑦美術品・工芸品を製作するためのアトリエ・工房（原動機出力合計≦0.75kW）

住宅は工業専用地域以外のすべての用途地域に建てることができます。注意すべきは、住宅に附属するもの（車庫、物置）と、事務所や店舗を兼用する住宅です。それぞれ確認していきましょう。

附属するもの（車庫、物置）の扱い

車庫や物置は、単独では第一種低層住居専用地域などに建てることはできません。しかし、住宅に附属するものとして車庫や物置を計画する場合は、建てることができます。

附属するものの中でも、**車庫については床面積や階数に対する具体的な条件**があります（令130条の5、令130条の5の5、令130条の8）。

用途地域	第一種低層住居専用地域 第二種低層住居専用地域 田園住居地域	第一種中高層住居専用地域 第二種中高層住居専用地域	第一種住居地域 第二種住居地域
附属車庫を計画できる条件	下記の①②のいずれかで、2階以上の部分に車庫がない場合 ①S>600㎡の場合 A≦600㎡ ②S≦600㎡の場合 A≦S	下記の①②のいずれかで、3階以上の部分に車庫がない場合 ①S>3000㎡の場合 A≦3000㎡ ②S≦3000㎡の場合 A≦S	A≦Sで3階以上の部分に車庫がない場合

S：車庫部分を除いた床面積の合計　A：車庫の床面積の合計

車庫はわかったけど、車庫以外の物置とかは？

車庫以外を附属とみなすための具体的な条件はありません。しかし、あくまで住宅に附属すると判断できる妥当な計画にすべきでしょう。

例えば、住宅用の物置として、住宅よりも明らかに大きなものを計画した場合、附属するとはみなせない可能性があります。あくまで住宅がメインとなっている計画にする必要があります。判断に迷う場合は、建築主事又は指定確認検査機関に相談をしましょう。

兼用するもの（事務所、店舗）の扱い

事務所や店舗も、単独では第一種低層住居専用地域などに建てることはできません。しかし、住宅と兼用する事務所や店舗に限り、建てることができます。

しかし、非住宅部分の床面積が延べ面積の1/2以下かつ50㎡以下で、p.92～93の表で示した通りの用途に限ります。

ところで、兼用って何？併用と何が違うの？

兼用とは、**機能的に結びついている**ことです。

一般的には中で行き来が可能な場合、機能的に結びついていると判断できるので、兼用扱いになります。中で行き来ができない計画の場合、併用となるでしょう。

じゃあ、中で行き来ができない計画で、併用住宅になるとどうなるの？

事務所や店舗を単独で建てられる用途地域にしか建てることができなくなります…。

事務所や店舗は、住居系の用途地域には建ちにくいです。もし、併用になってしまった場合は法別表2の内容をよく確認しましょう。

敷地が用途地域をまたいだ場合の取り扱いはp.162（法91条）

まとめ 住宅用途は工業専用地域以外の全ての用途地域に建てることができる。ただし、「住宅に附属する建築物（車庫·物置）」や「兼用住宅・併用住宅」の場合、所定の条件を満たす必要があるので注意すること。

[集団規定]

1-3 容積率

容積率の限度は、都市計画で定められた数値だけでは判断できない

関連 法52条、令2条1項四号、令2条3項
規制を受ける建築物 都市計画区域及び準都市計画区域内の全ての建築物

容積率は、建築物と道路等の公共施設とのバランスを確保するために定められている規制です。したがって、都市計画で定められた数値だけでなく、道路の幅員も規制に関わってきます（法52条）。

規制内容

都市計画による容積率
前面道路の幅員による容積率 } 小さい方の値≧ $\frac{\text{容積率算定用の延べ面積}}{\text{敷地面積}}$ ×100（%）

容積率は、都市計画に定められた数値と、前面道路の幅員により求められた数値を比較し、小さい方の数値まで許容されます。

詳細に算定方法等を確認していきましょう。

前面道路の幅員による容積率

前面道路の幅員 { ×0.4（住居系用途地域）
×0.6（工業系・商業系用途地域・無指定） } ×100（%）

▼例えば、以下のように算定します。

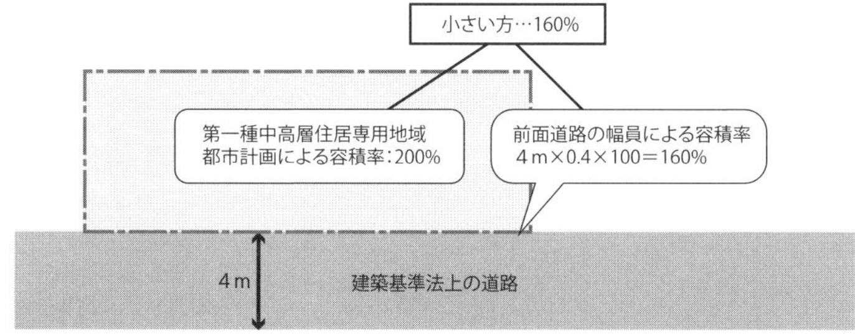

図3-1-3-1 容積率算定の一例

でも、道路の幅員って言っても、いろんな道路の形状があるんだから、判断は難しくならない？

その通りですね。以下の図3-1-3-2にいくつかの事例を紹介するので参考にして判断してみてください。

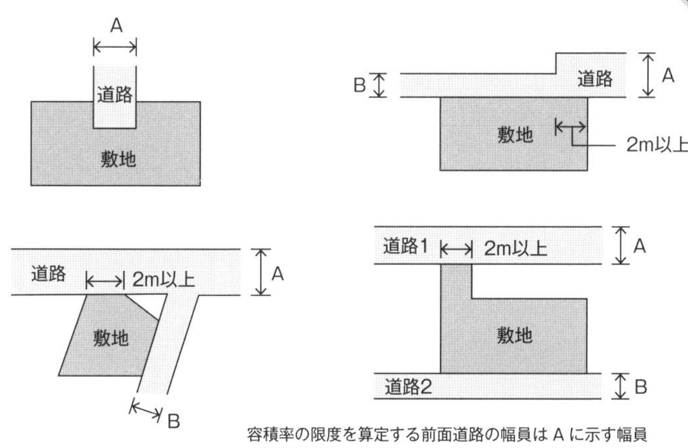

図3-1-3-2 容積率算定における前面道路の幅員の考え方

（出典：『建築確認のための基準総則・集団規定の適用事例 2017年度版』p.201）

容積率算定用の延べ面積

容積率算定用の延べ面積とは、p.22で求めた延べ面積とは異なります。以下の建築物の部分は、容積率の緩和を受けることができ、延べ面積から引くことができます。

緩和できる建築物の部分	緩和できる割合	根拠条文
共同住宅の共用廊下・共用階段	全て	法52条６項
昇降機の昇降路の部分	全て	法52条６項
地階で、天井が地盤面※からの高さ１m以下にあるものの住宅部分	建築物の住宅部分の床面積の合計の１/３まで	法52条３項
自動車車庫等部分	延べ面積の１/５まで	令２条１項四号イ 令２条３項一号
備蓄倉庫部分、蓄電池設置部分	延べ面積の１/50まで	令２条１項四号ロ、ハ 令２条３項二号、三号
自家発電設備設置部分、貯水槽設置部分、宅配ボックス設置部分	延べ面積の１/100まで	令２条１項四号ニ、ホ、ヘ 令２条３項四～六号

※ここでの地盤面の定義は、p.30の定義と同様に、高低差が3mを超えた場合は、3m以内ごとに算定すること（法52条4項）。ただし、地方公共団体が条例で基準を定めることができるので注意すること（法52条5項）。

敷地が容積率の異なる地域・地区・区域をまたいだ場合の取り扱いはp.162～163（法52条7項）

まとめ 容積率の限度は、「都市計画で定められた数値」と「前面道路により求められた数値」を比較し、小さい方の値となる。特に「前面道路により求められた数値」を忘れがちなので、必ず確認をすること。

建築確認のための基準総則・集団規定の適用事例 2017年度版

201 容積率を算定する場合の前面道路
202 住宅及び老人ホーム等の地階に係る容積率不算入
206 共同住宅の共用の廊下・階段の容積率不算入
207 共同住宅の共用部分等に係る複合建築物の容積率不算入

[集団規定]

1-4 建ぺい率

建ぺい率の緩和は、落とし穴が潜んでいるので要注意

関連 法53条
規制を受ける建築物 都市計画区域及び準都市計画区域内の全ての建築物

建ぺい率は、建築物の密集率を抑えるための規制です。建築物の密集を避け、できるだけ空地を確保することで、火災を抑制し、避難上の安全を確保できます(法53条)。

規制内容

$$都市計画で定める建ぺい率+(10〜20\%) \geqq \frac{建築面積}{敷地面積} \times 100\ (\%)$$

(10〜20%)って何?

緩和できる数値です。敷地の用途地域や、建築物の構造によってそれぞれ異なる部分です!(法53条3項・6項)

条件 / 用途地域	A.防火地域等の耐火建築物等の緩和		B.特定行政庁が指定した角地緩和	A、Bとも該当する場合の緩和
	防火地域内の耐火建築物等※	準防火地域内の耐火建築物等※又は準耐火建築物等※		
・都市計画による建ぺい率が80%の地域 ・商業地域(80%)	20%	10%	10%	20%
上記以外の全ての用途地域	10%	10%	10%	20%

※耐火建築物等 ➡「耐火建築物(p.39)」又は「これと同等以上の延焼防止性能を有するものとして政令で定める建築物(令135条の20第1項)」
※準耐火建築物等 ➡「準耐火建築物(p.39)」又は「これと同等以上の延焼防止性能を有するものとして政令で定める建築物(令135条の20第2項)」

「A. 防火地域等の耐火建築物等の緩和」又は「B. 特定行政庁が指定した角地緩和」に該当した場合、10%～20%の緩和を受けることができます。

しかし、上記2つの緩和には、**緩和が使えない場合などの注意点**があります。注意点を含め、基本的な内容を確認していきましょう。

A. 防火地域等の耐火建築物等の緩和

・防火地域内の耐火建築物等
・準防火地域内の耐火建築物等
・準防火地域内の準耐火建築物等
以上3つのいずれかの条件を満たした場合、緩和を受けることが可能です。

ただし、敷地内に2以上の建築物を計画する場合には注意が必要です。例えば、住宅と附属物置の2棟を計画する場合などです。緩和を受けるなら、**敷地内の全ての建築物が耐火・準耐火建築物等でなければなりません**。したがって、住宅だけでなく、附属物置も耐火・準耐火建築物等にしなければ、緩和を受けることはできません。

よく、主要な建築物は準耐火建築物なのに、附属建築物が準耐火建築物になっていないことがあります！気がつきにくい**落とし穴**なので、注意しましょう！

B. 特定行政庁が指定した角地緩和

角地緩和は、計画敷地が条件を満たせば緩和を受けることができます。しかし、あくまで**特定行政庁が指定した条件**を満たさなくてはなりません。全国統一ではないのです。つまり、計画ごとにその地域の角地緩和の条件を確認しなくてはなりません。

角地緩和は、以下のような条件が指定されていることが多いです。このように、特定行政庁によって異なるルールがあります。通常ホームページなどで公開されているので、確認するようにしましょう。

角地であれば緩和が使えると勘違いする方が多いですが、他の条件もある可能性があります。これも**落とし穴**なので、注意しましょう！

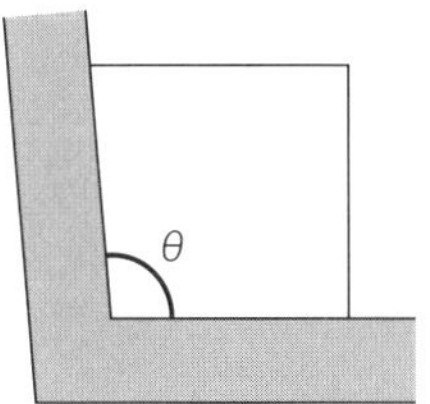

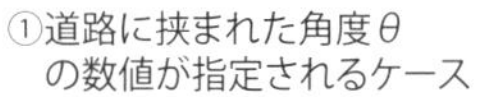
①道路に挟まれた角度θの数値が指定されるケース

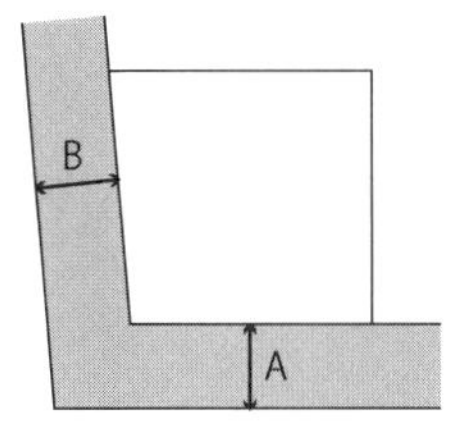

②道路幅員A、B、A＋Bなどの数値が指定されるケース

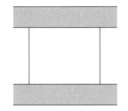

③角地ではないが道路に挟まれた敷地であれば角地緩和を適用できる特定行政庁もある

図3-1-4-1 角地緩和の条件の一例

敷地が建ぺい率の異なる地域・地区・区域をまたいだ場合の取り扱いはp.162～163（法53条2項）

まとめ 建ぺい率は、「防火地域等の耐火建築物等」か「特定行政庁が指定した角地」に該当した場合、緩和を受けることができる。ただし、以下の内容に注意すること。

- 「防火地域等の耐火建築物等」の緩和を使う場合：敷地内に2以上の建築物がある場合、どちらも耐火・準耐火建築物等にすること
- 「特定行政庁が指定した角地」の緩和を使う場合：緩和の条件は全国統一ではなく、特定行政庁により個々に定められるため、計画ごとに必ず調べて確認すること

［集団規定］

1-5 高さ制限

それぞれの斜線検討で使える緩和が異なる

関連 法55条、法56条、法56条の2、法58条
規制を受ける建築物 都市計画区域及び準都市計画区域内の全ての建築物

建築基準法には、高さの限度についての規制があります。この規制は、建築物の高さ、大きさ、形などを制限して、日照や採光、通風などの市街地環境を維持することを目的としています。

高さ制限の規制は、用途地域によって異なります。次頁の表を参考に、該当する用途地域を当てはめて確認してください。

※隣地斜線制限（法56条1項二号）、及び道路斜線制限の適用距離（法別表3）は、本書で扱う建築物では適用を受けないので、省略。

道路斜線制限

道路斜線制限では「建築可能範囲」を求めます。そして、建築可能範囲内に収まるように建築物の計画を行います。建築可能範囲は、基本的に「道路斜線の勾配」と「前面道路の幅員」と「前面道路の路面の中心高さ」から求めることができます。

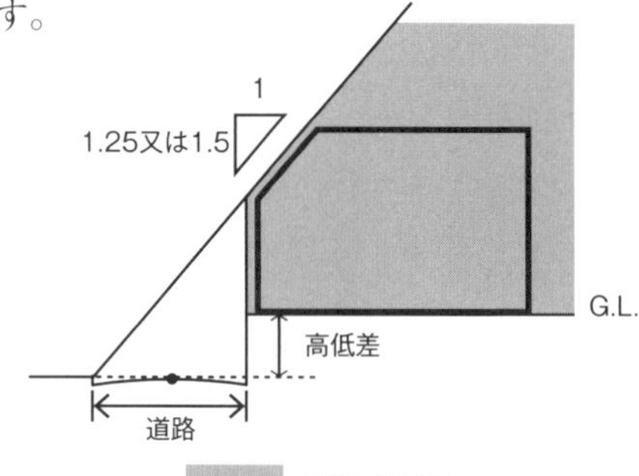

図3-1-5-1 道路斜線制限の考え方　（出典：『建築申請memo』16-2をもとに作成）

規制内容

数値の単位は（m）。空欄は規制なし。

		第一種・第二種低層住専・田園住居	第一種・第二種中高層住専	第一種・第二種住居・準住居	近隣商業	商業	準工業	工業・工業専用	用途地域の指定なし	高さの基準
道路斜線制限（法56条１項一号）	勾配	1.25	1.25（1.5）※2	1.5					1.25（1.5）※2	道路の中心から
北側斜線制限（法56条１項三号）	立ち上がり	5	10※1							地盤面から
	勾配	1.25	1.25※1							
日影規制（法56条の２）		対象建築物は適用を受ける					対象建築物は適用を受ける		対象建築物は適用を受ける	平均地盤面から
絶対高さ制限（法55条）		10又は12								地盤面から
高度斜線制限（法58条）		都市計画による								

※1　日影規制が定められている場合は適用しない
※2　特定行政庁が都市計画審議会の議を経て定める

基本的には図3-1-5-1のように求めるのですが、この際に「緩和」という奥の手があります。

道路斜線制限の緩和は

・道路の反対側に公園・川等がある場合の緩和

・敷地が幅員の異なる2以上の道路に接している場合の緩和

・建築物が境界線から後退している場合の緩和

・地盤面に比べて道路中心が1m以上低い場合の緩和

です。つまり、敷地や計画によって緩和が「使える場合」と「使えない場合」があります。どのような敷地・計画だったら緩和を使えるのか、しっかり把握しておきましょう。

●道路の反対側に公園・川等がある場合の緩和（令134条）

道路の反対側に公園、水路、通路、線路敷等がある場合、その反対側の境界線からの距離で算定することが可能です（図3-1-5-2）。

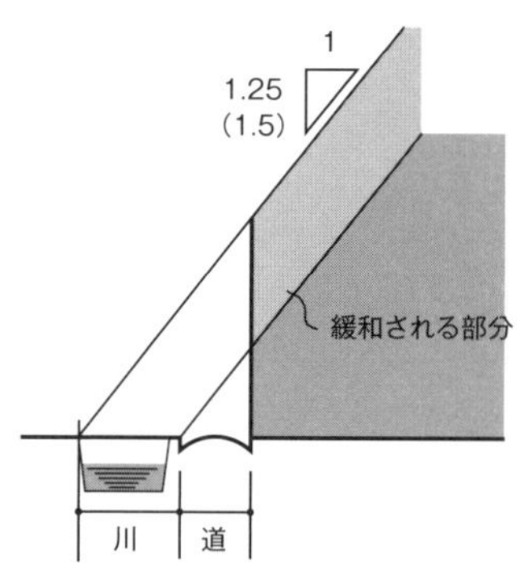

図3-1-5-2 道路の反対側に公園・川等がある場合

（出典：『建築申請memo』16-9）

●敷地が幅員の異なる2以上の道路に接している場合の緩和（令132条）

敷地が幅員の異なる複数の道路に接道している場合に適用できる緩和です。**敷地の一部分**について、狭い道路ではなく、広い道路の幅員とみなして道路斜線を適用することが可能です（図3-1-5-3）。

緩和を適用できるのは敷地の一部分なので、「広い道路の幅員とみなせる部分」と、「みなせない部分」が発生します。広い幅員とみなせない部分の形状を工夫する必要が出てくる可能性も高いので、注意するようにしましょう。

以下2ついずれかの条件を満たせば、狭い道路を広い道路としてみなせる
- 2A（＝広い方の道路幅員A×2）かつ、35m以内の部分
- 狭い方の道路中心から10mを超える部分

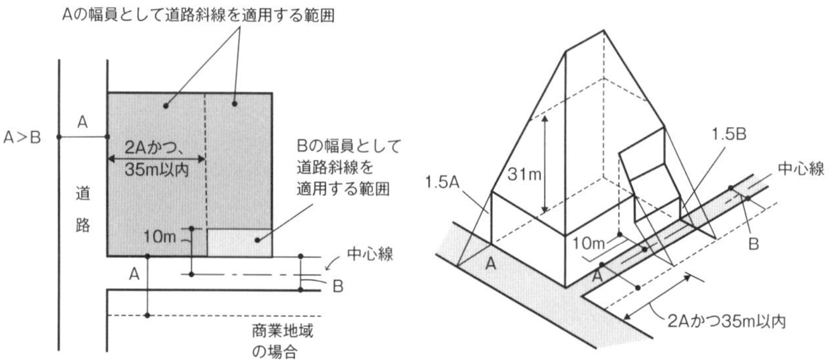

図3-1-5-3 敷地が幅員の異なる2以上の道路に接している場合（出典：『建築申請memo』16-7を一部修正）

●建築物が境界線から後退している場合の緩和（法56条2項）

建築物が道路境界線から離れている（セットバックしている）場合に適用できる緩和で、「後退緩和」又は「セットバック緩和」とも呼ばれます。

道路境界線〜建築物までのセットバックの距離分だけ、道路の反対側に距離を増やして算定が可能です（図3-1-5-4）。

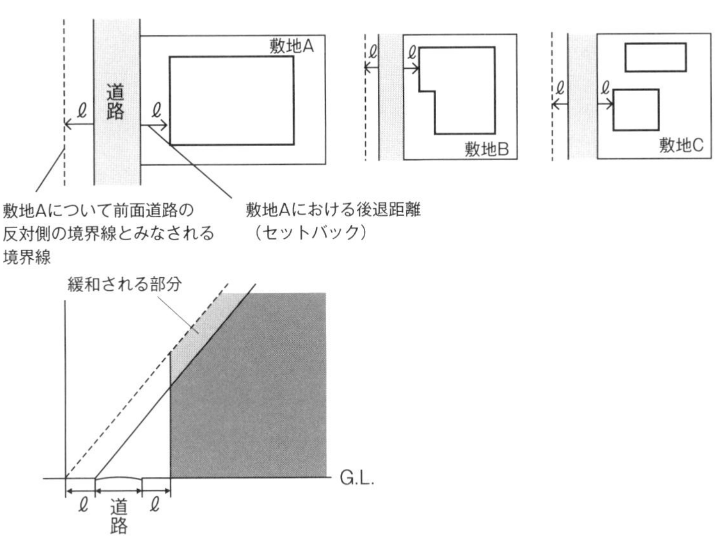

図3-1-5-4 後退距離のある場合　（出典：『建築申請memo』16-5を一部修正）

なお、一部の建築物及び建築物の部分は後退距離の算定から除くことができます（図3-1-5-5）。

▼後退距離の算定から除かれる建築物及び建築物の部分（令130条の12）

・物置その他これに類する用途に供する建築物の部分で、以下3つ全てに該当するもの
  1 軒の高さが2.3m以下で、かつ、床面積の合計が5㎡以内であること
  2 当該部分の水平投影の前面道路に面する長さを、敷地の前面道路に接する部分の水平投影の長さで除した数値が1/5以下であること
  3 当該部分から前面道路の境界線までの水平距離のうち最小のものが1m以上であること
・ポーチその他これに類する建築物の部分で、以下3つ全てに該当するもの

1　高さが5m以下であるもの
2　当該部分の水平投影の前面道路に面する長さを、敷地の前面道路に接する部分の水平投影の長さで除した数値が1/5以下であること
3　当該部分から前面道路の境界線までの水平距離のうち最小のものが1m以上であること

・**道路に沿って設けられる高さが2m以下の門又は塀（高さが1.2mを超えるものにあっては、1.2mを超える部分が網状その他これに類する形状であるものに限る。）**
・**隣地境界線に沿って設けられる門又は塀**
・歩廊、渡り廊下その他これらに類する建築物の部分で、特定行政庁がその地方の気候若しくは風土の特殊性又は土地の状況を考慮して規則で定めたもの
・前に掲げるもののほか、建築物の部分で高さが1.2m以下のもの

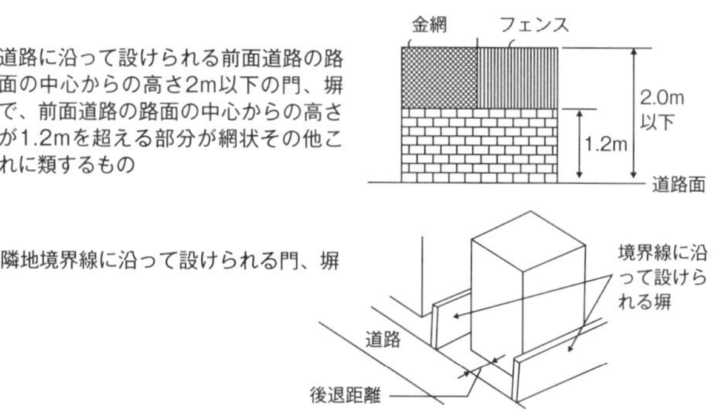

図3-1-5-5 令130条の12の例　（出典：『建築申請memo』16-6）

●地盤面に比べて道路中心が1m以上低い場合の緩和（令135条の2）

建築物の敷地の地盤面よりも、道路のレベルが1m以上低い場合、適用できる緩和です。1m+（1m以上の部分の半分）の位置を道路面とみなして算定できます（図3-1-5-6）。

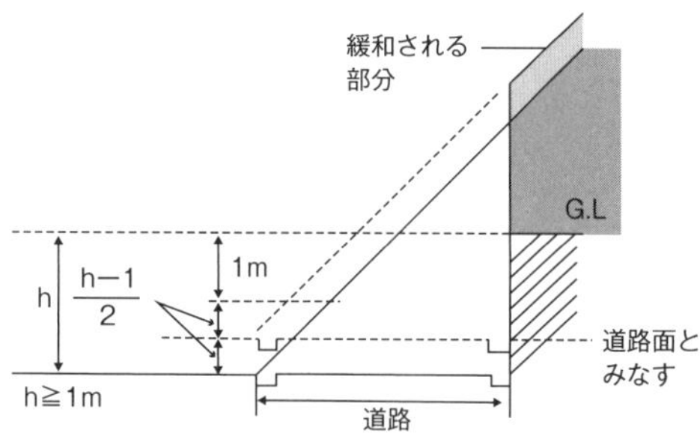

図3-1-5-6 地盤面に比べて道路中心が1m以上低い場合　（出典：『建築申請memo』16-9）

ここで注目していただきたいのは、計算に用いる高低差は、道路のレベルと建築物の地盤面で考えるということです。よくある間違いは、地盤面（p.30）ではなく、敷地が道路に接している部分のレベルで算定してしまうことです。注意するようにしましょう。

なんとなく内容はわかったけど、実際にどうやって使うのかな…。

道路斜線制限の緩和は、実際使ってみないとピンとこないと思います。なので、一例として、道路斜線制限の計算を実際にやってみましょう！

例となる敷地は、今まで紹介した緩和が全部使える敷地になっています。緩和を組み合わせて、A点とB点のGLからの高さ（建築可能範囲）を求めてみましょう。

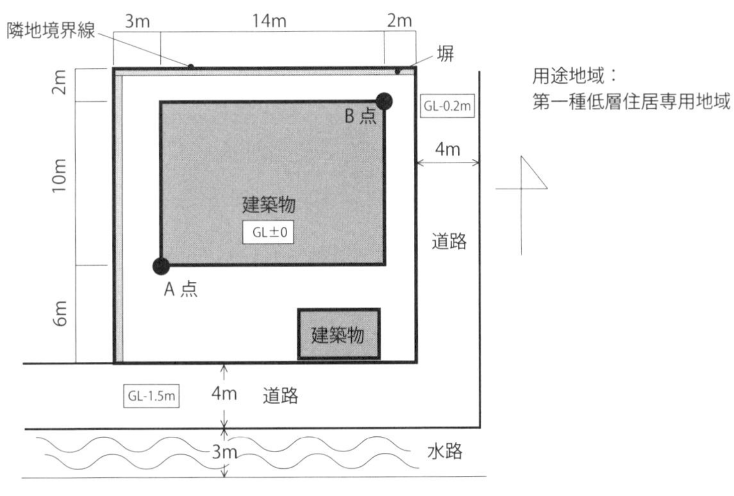

建築可能範囲＝ 1.25 又は 1.5 × 距離－高低差

図3-1-5-7 道路斜線制限の例題

<table>
<tr>
<td>①道路の反対側に公園・川等がある場合の緩和
南側道路の反対側に水路があるので、南側道路の幅員は、4mではなく7mあるものとみなされます。</td>
<td rowspan="2">…7m 幅員の道路として検討できる範囲</td>
</tr>
<tr>
<td>②敷地が幅員の異なる2以上の道路に接している場合の緩和
南側道路が7m、東側道路が4mで幅員が異なる2以上の道路に接しているので、東側道路も一部7m道路とみなすことができます（令134条2項により、川等で加算された幅員でも適用可能です）。
しかし、B点を含む一部はその範囲から外れているので、4m道路のまま計算しなければなりません。</td>
</tr>
<tr>
<td>③建築物が境界線から後退している場合の緩和
東側道路の境界線から、建築物が2m後退しているので、2mの幅員が加算されます。このとき、隣地境界線沿いに塀の計画がありますが、これは除かれる部分なので、ないものとできます。
しかし、南側道路は境界線から建築物が後退していないので、緩和は使えません。</td>
<td>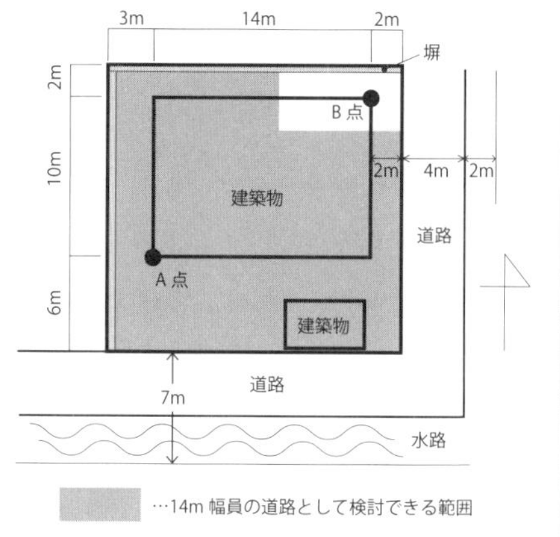
</td>
</tr>
<tr>
<td>④地盤面に比べて道路中心が1m以上低い場合の緩和
A点では、敷地の地盤面と道路中心との間の高低差が1m以上なので、緩和が使えます。
B点は、高低差が1m未満なので、緩和は使えません。</td>
<td>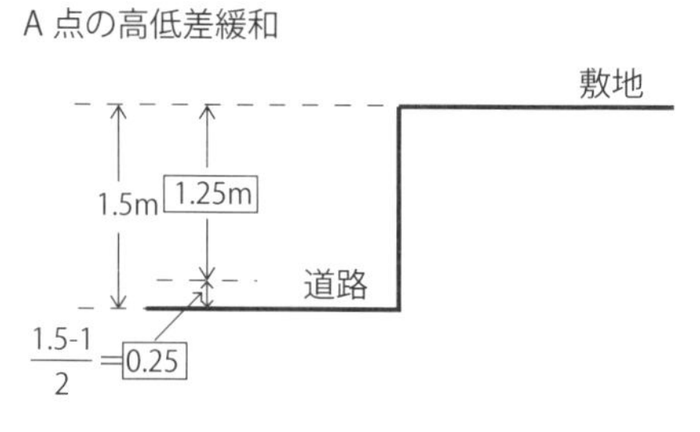
</td>
</tr>
</table>

計算結果：

A点：（7m+6m）×1.25−1.25=15m

B点：（2m+4m+2m）×1.25−0.2=9.8m

道路斜線制限の緩和は、種類が多く複雑になりがちなので、慣れるまでは上記の順番で確認するようにしましょう。誤りが少なくなります。

なんとなくわかった！でも、実際に道路斜線制限を検討する場合はどの点を検討すれば良いの？

実際には、敷地条件や計画建築物によって、①距離、②計画建築物の高さ、③道路と敷地との高低差、この3つにより、一番規制が厳しくなる建築物の部分を探し、検討を行います。

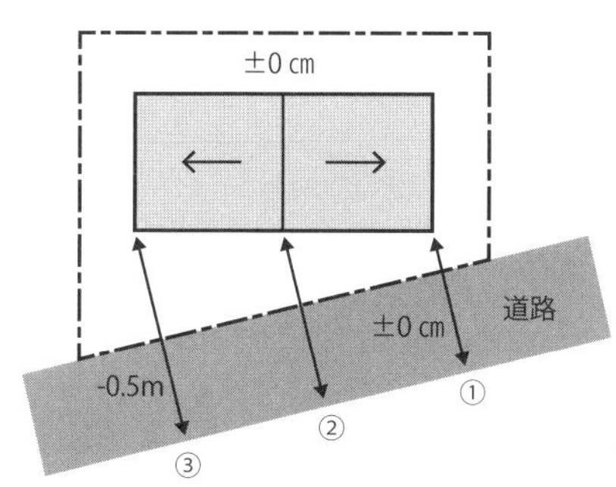

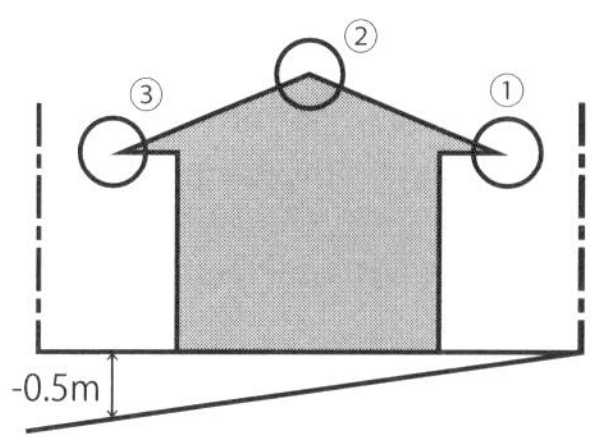

検討する位置について
①距離が最短になる位置
②最も建築物が高い位置
③道路との高低差が大きい位置

図3-1-5-8 道路斜線制限の検討位置

もし、緩和を駆使しても適合できない場合は、天空率（後述）を利用することも可能です。

北側斜線制限

北側斜線制限でも、道路斜線と同様に「建築可能範囲」を求めます。そして、建築可能範囲内に収まるように建築物の計画を行います。

建築可能範囲は、隣地境界線又は前面道路の反対側の境界線から5m又は10mの高さから、勾配1.25で立ち上げた部分です（図3-1-5-9）。

一種・二種低層住専、田園住居の北側斜線

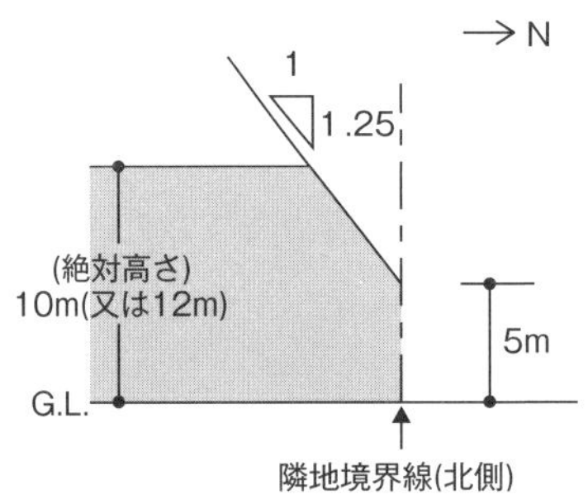

一種・二種中高層住専の北側斜線

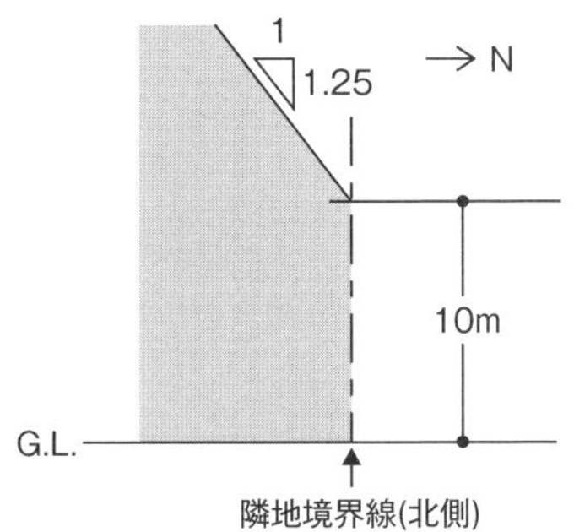

図3-1-5-9 北側斜線制限の考え方　（出典：『建築申請memo』16-15）

北側斜線制限にも、緩和がありますが、数は少ないです。また、道路斜線制限に比べて使いにくい緩和が多いです。北側斜線制限は緩和が使いにくいという認識を持つことは大切です。

●川等の緩和（令135条の4第1項一号）

北側の隣地境界線又は北側道路の反対側に水路、線路敷等がある場合、その幅の1/2の位置を隣地境界線とみなし、算定することが可能です（図3-1-5-10）。

似たような緩和が、道路斜線にもあったかと思いますが、一緒くたに考えてはいけません。理由は、北側斜線の緩和においては、**公園は緩和の対象に含まれていない**からです。

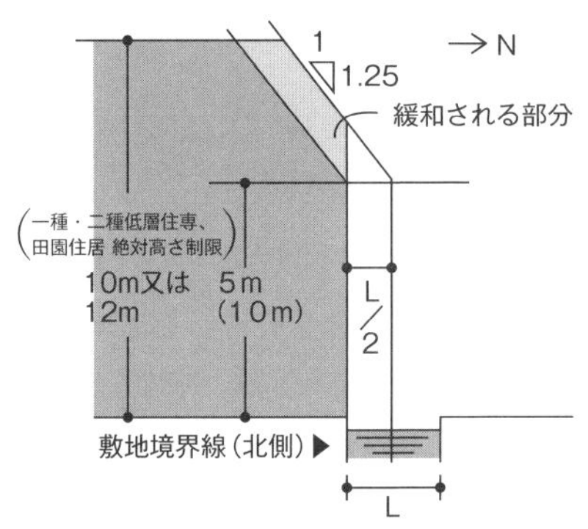

図3-1-5-10 川等の緩和

（出典：『建築申請memo』16-16）

	公園・広場	水路敷・水面（川）	公が管理する里道等	線路敷※
道路斜線	○	○	○	○
北側斜線	×	△	△	△

○：全幅緩和対象　△：全幅の半分が緩和対象　×：緩和適用不可
※高架や駅舎等がある場合は申請先に要相談

●高低差緩和（令135条の4第1項二号）

北側の隣地の地盤面よりも、建築物の敷地の地盤面が1m以上低い場合、適用できる緩和です（図3-1-5-11）。

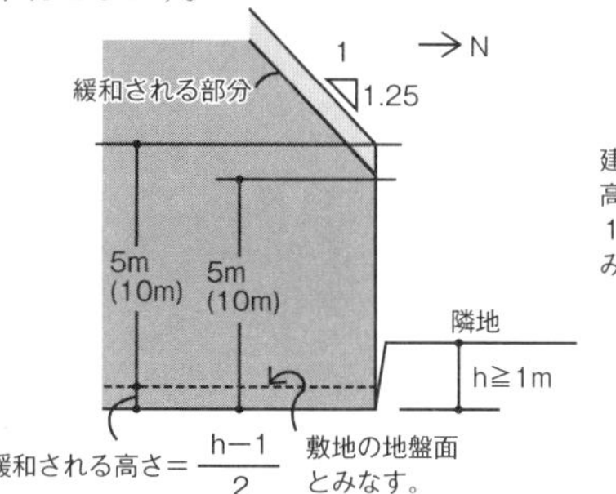

図3-1-5-11 高低差緩和　（出典：『建築申請memo』16-16に説明文を加筆）

隣地の地盤面の考え方については、注意が必要です。隣地に建築物が建っているかどうかで大きく考え方が異なるためです。例えば、隣地に建築物が建っている場合、単純に地盤面との差として考えることができます（地盤面についてはp.30）。しかし、隣地に建築物の計画がない場合、地盤面の考え方が非常に難しいです。この場合、申請先により見解が異なるので、よく確認するようにしましょう。

実際に北側斜線制限を検討する場合は、①真北距離、②計画建築物の高さ、この2つにより、一番規制が厳しくなる建築物の部分を探し、検討を行います。

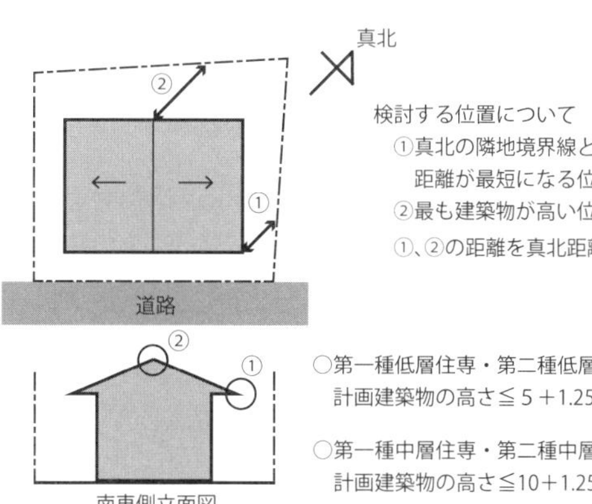

図3-1-5-12 北側斜線制限の検討位置

道路斜線制限・北側斜線制限に使える天空率の検討

全部の緩和を試したけど、それでもだめだった…。もう計画を変えなきゃダメかな？

まだ諦めないでください！
最後の切り札の**天空率**（法56条7項）があります！

天空率の検討を行うことによって、建築可能範囲の高さを超えて計画することも可能です（図3-1-5-13）。

天空率は、斜線ではなく、建築物と空の比率で判断します。空の比率とは、ある位置から建物を見たときの全天に対する空の面積の比率です。天空率の計算は、斜線制限と異なり、簡単な計算で出すことは難しいです。一般的には、CADなどのソフトを用いて計算をします。

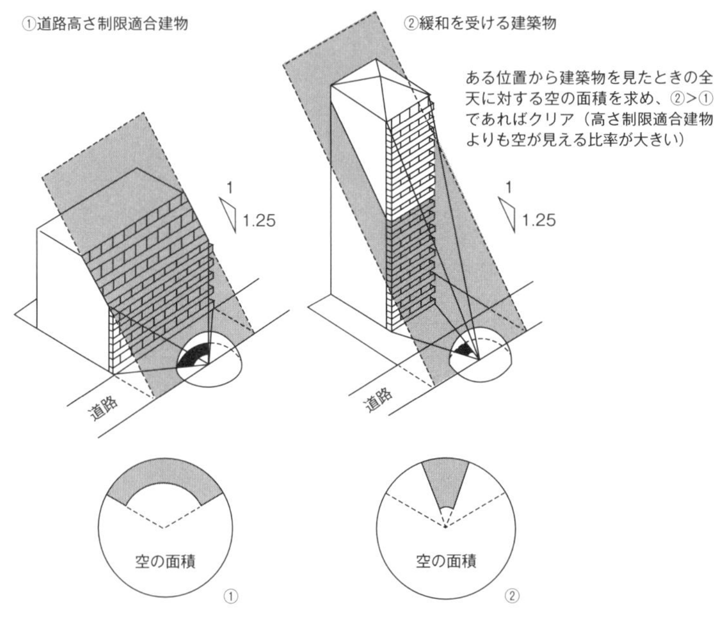

図3-1-5-13 道路斜線への天空率の適用イメージ（住居系用途地域）

（出典：『建築申請memo』16-17に一部加筆）

天空率は道路斜線制限でも、北側斜線制限でも使える緩和です。しかし、北側斜線制限で天空率を適用する場合、1点だけ注意があります。それは、北側に道路がある場合、北側斜線の天空率は使えないとされていることです（法56条7項三号の法文の表現上そう読めるため）。

稀に、申請先によっては認めていることもあるようですが、よく確認した方がいいでしょう。

日影規制（法56条の2）

日影規制は、特定行政庁により、**対象建築物となる高さ**が定められています。10mを超える場合を対象建築物の高さとして定めることが多いです（低層住居専用地域については「軒高7m超え」や「階数が3階以上」などの条件の場合もある）。

もし、対象建築物になった場合、日影検討を行います。日影検討では、冬至日を基準として一日を通して隣地に対して何時間影を落とすのか計算し、その時間が、定められている時間以下であることを確認します。

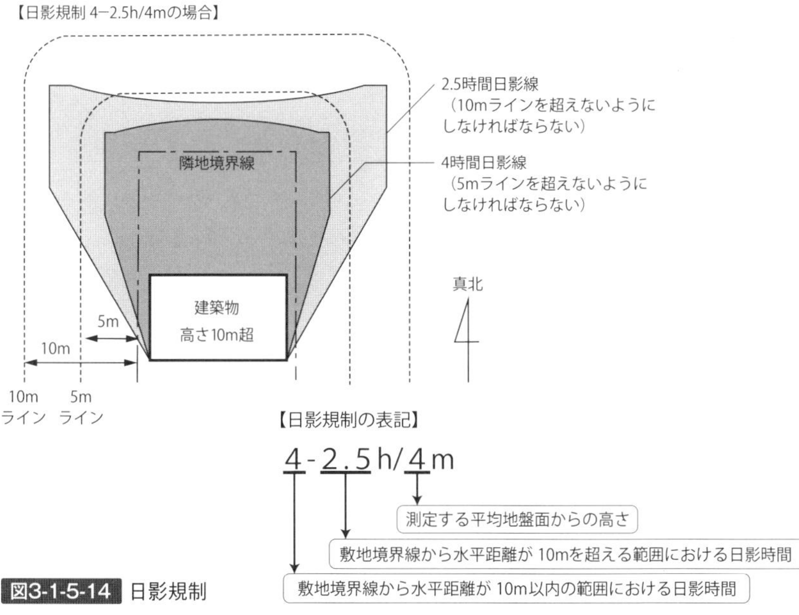

図3-1-5-14 日影規制

日影規制は、近隣クレームなどの対象に最もなりやすいです。それくらい、周辺の環境に影響を与えるので、しっかり確認しましょう。

商業地域は日影規制を受けないんだね。確かに、住居系の用途地域と比べて、影を落としてもクレームとかは受けなさそうだね！

そうですね！ただし、商業地域だからといって絶対に日影規制の対象にならないとは限りません…。

そうなの？どうして？

それは、敷地外に他の日影規制のかかる用途地域があった場合は、そちらの用途地域の日影規制を受けるからです。だから、その敷地だけでなく周辺の日影規制も気にしなくてはなりません（令135条の13）。

建築基準法において、隣地の用途地域を考慮しなければならないのは日影規制のみです。だからこそ、見落としがちになってしまいますので、十分に注意しましょう（図3-1-5-15）。

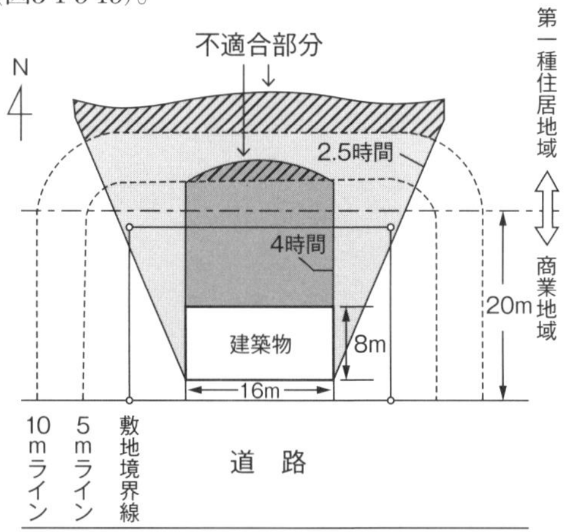

図3-1-5-15 商業地域内の建築物が規制される例

（出典：世田谷区「日影規制のあらまし」『建築ガイド【令和3年度版】』を一部修正）

絶対高さ制限

第一種低層住居専用地域及び第二種低層住居専用地域、田園住居地域では、建築物の高さを10m又は12m以下としなければなりません。

10mと12mどちらなのかは、都市計画において定められます。

この規制も以下の一定の条件を満たすことで、緩和を受けることができます。

- ・都市計画で絶対高さ10mと定められた地域において、敷地が所定の規模以上、かつ、**特定行政庁が認めた場合**は12mとすることができる（法55条2項）
- ・広い空地を有する又は用途上やむを得ないとして、建築審査会の同意を得て**特定行政庁が許可したもの**は、適用除外（法55条3項）

以上のように、どちらも**特定行政庁の許可等**が必要なので、少し使いにくいかもしれません。

敷地が高さ制限の異なる地域・地区・区域をまたいだ場合の取り扱いはp.164〜165（法別表3備考1、法56条5項）

まとめ 道路斜線制限・北側斜線制限は緩和の数も多く、集団規定の中で最も複雑な規制。しかし、逆に言うと緩和が数多くあるため、理解をすれば様々な敷地で有利に検討を進めることが可能。
一方、規制が単純な日影規制・絶対高さ制限は、ほぼ緩和が使えないため、慎重に検討をすること。

参考ページ	建築確認のための基準総則・集団規定の適用事例 2017年度版	211〜226　高さ制限 227〜256　天空率 259〜260　日影規制

[集団規定]

1-6 防火指定

地域・区域と規模によって、求められる防火性能が異なる

関連 法22条、法23条、法61条、法62条、法65条、令136条の2、令136条の2の2

規制を受ける建築物 防火地域、準防火地域、法22条区域が指定されている地域・区域内の建築物

駅周辺などの建築物が密集し、火災が発生した場合に被害が広がるおそれのある場所は、都市計画により、防火地域及び準防火地域の指定がされます。

防火地域及び準防火地域内の建築物は、基本的に耐火・準耐火建築物等にしなくてはなりません。燃え広がりにくい建築物とし、密集地などで火事の延焼を防ぐことを目的にしています。

防火地域及び準防火地域以外の市街地にも、建築基準法により、「法22条区域」が指定されることがあります。防火・準防火地域ほど厳しい規制はありませんが、建築物の屋根・外壁に対して制限があります。

たいていは、駅前の繁華街など建物の密集地や幹線道路沿いが防火地域で、その周辺が準防火地域。さらに繁華街などから離れると法22条区域などになります。

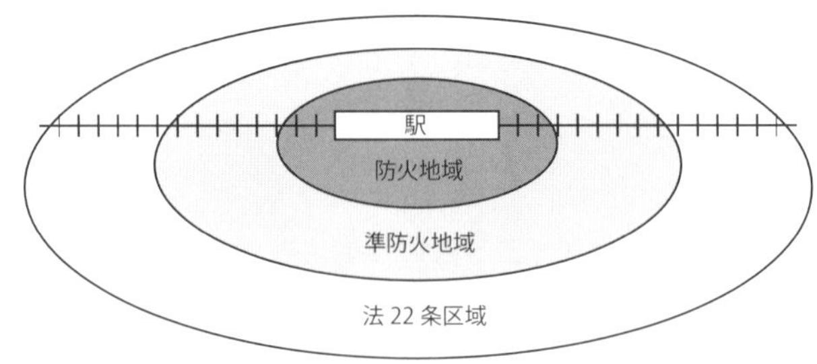

図3-1-6-1 防火地域・準防火地域・法22条区域のイメージ

規制内容

以下の地域・地区と規模に応じて、所定の性能を有する建築物とすること
（法22条、法23条、法61条、法62条、令136条の２）

<table>
<tr><td rowspan="2"></td><td colspan="2">防火地域（階数は地階を含む）</td><td colspan="3">準防火地域（階数は地階を除く）</td><td rowspan="2">法22条区域</td></tr>
<tr><td>100㎡以下</td><td>100㎡超</td><td>500㎡以下</td><td>500㎡超
1500㎡以下</td><td>1500㎡超</td></tr>
<tr><td>４階建て以上</td><td rowspan="2">耐火建築物等</td><td rowspan="4"></td><td colspan="3">耐火建築物等</td><td rowspan="4">屋根、外壁について所定の基準に適合する建築物（後述B）</td></tr>
<tr><td>３階建て</td><td colspan="2">耐火建築物等又は準耐火建築物等</td><td rowspan="3"></td></tr>
<tr><td>２階建て</td><td rowspan="2">耐火建築物等又は準耐火建築物等</td><td rowspan="2">開口部、屋根、外壁、軒裏について所定の基準に適する建築物（後述A）</td><td rowspan="2"></td></tr>
<tr><td>１階建て</td></tr>
</table>

・耐火建築物等 ◯「耐火建築物（p.39）」又は「令136条の2第一号ロに適合させた建築物」
・準耐火建築物等 ◯「準耐火建築物（p.39）」又は「令136条の2第二号ロに適合させた建築物」

防火地域には原則として耐火建築物を計画する必要があります。木造建築物は耐火建築物等とすることが難しいため、慎重な検討が必要です。準防火地域や法22条区域であれば耐火建築物以外を計画することも可能です。

表中の、耐火・準耐火建築物以外のものについて説明します。

A：開口部、屋根、外壁、軒裏について所定の基準に適合する建築物

（法62条、令136条の2第三号、四号）

耐火建築物や準耐火建築物にする必要はありませんが、以下の基準に適合させなければなりません。

<table>
<tr><td colspan="2">屋根</td><td>市街地における通常の火災による火の粉防止性能（p.43）</td></tr>
<tr><td rowspan="2">外壁・軒裏</td><td>木造</td><td>延焼のおそれのある部分を防火構造にすること（p.43）</td></tr>
<tr><td>木造以外</td><td>―</td></tr>
<tr><td colspan="2">延焼のおそれのある部分の開口部</td><td>20分片面防火設備を設置すること（p.45）</td></tr>
</table>

B：法22条区域での基準（法22条、法23条）

法22条区域では、耐火・準耐火建築物等にする必要はありませんが、規模にかかわらず、屋根を通常の火災による火の粉防止性能（p.43）とし、木造（その他可燃材料で造られたもの）の場合は延焼のおそれのある部分の外壁を準防火構造（p.41）とすることが求められています。

木造の外壁とは異なり、屋根は延焼のおそれのある部分かどうかに関係なく、原則として全ての建築物の部分で基準を満たす必要があります。ただし、延べ面積が10㎡以内の物置、納屋等の屋根で延焼のおそれのある部分以外の部分については、除かれます。

敷地が異なる地域・地区をまたいだ場合の取り扱いはp.165〜166
（法24条、法65条）

まとめ　防火指定は建築物の計画に大きな影響を与えるため、指定がないか早い段階で確認し、規制を把握すること。
特に防火地域の場合、小規模な場合を除き耐火建築物等としなければならないが、木造建築物は耐火建築物等とすることが難しいため、慎重に検討が必要。

参考ページ		
参考ページ	建築物の防火避難規定の解説 2016（第2版）	160　建築物の屋根をポリカーボネート板等でふく場合 200、202　質問と回答（番号133、149）
	建築確認のための基準総則・集団規定の適用事例 2017年度版	116　22条区域の屋根の構造の適用除外を受ける物置、納屋その他これらに類する建築物

[集団規定]

1-7 最低敷地面積

規制を受けそうであれば、登記謄本を確認してみる

関連 法53条の2
規制を受ける建築物 都市計画で「敷地面積の最低限度」が定められている区域内の建築物

最低敷地面積とは、不用意な敷地分割を抑えるための規制です。分割された小規模な敷地が密集することにより、日照・通風等が悪化するおそれがあるためです。

都市計画により、建築物の敷地面積の最低限度が定められている場合、指定された敷地面積以上にしなければいけません。なお、最低限度の上限は200㎡です（法53条の2第2項）。

ただし、適用除外となる場合もあります。以下に整理します。

適用除外

以下のいずれかの条件を満たせば、最低限度未満の敷地面積でも計画できる
- 都市計画により建ぺい率80%とされている区域内で、かつ防火地域内の耐火建築物等（法53条の2第1項一号）
- 公衆便所・巡査派出所その他これらに類する建築物（法53条の2第1項二号）
- 特定行政庁が許可したもの（法53条の2第1項三号、四号）
- **最低敷地面積が定められ、又は変更された際に建築物の敷地として利用されている土地で、すでに敷地面積が下回っており、それ以降敷地の分割がされていない敷地**（法53条の2第3項）

使えるとしたら、4つ目の緩和かもしれない。でも、どの書類で確認すれば良いのかな…

最後に敷地分割をした時期を、「土地の登記謄本」で確認するのが一番簡単です。

謄本は法務局で取得できます。上記時期を確認し、敷地面積の最低限度が指定されてから敷地の分割がされていなければ、適用除外が可能です。

まとめ 最低敷地面積を下回っても、条件を満たせば緩和を受けることができる

参考ページ	建築確認のための基準総則・集団規定の適用事例 2017年度版	208 所有権その他の権利に基づいて建築物の敷地として使用できる範囲

[集団規定]

1-8 低層住専の外壁後退

全ての外壁が規制対象ではない

関連 法54条、令135条の22
規制を受ける建築物 第一種・第二種低層住居専用地域又は田園住居地域内で「外壁の後退距離の限度」が定められている区域内の建築物

都市計画によって外壁の後退距離が定められている場合、建築物の外壁や柱は、敷地境界線からその距離より後退した位置になければなりません。この後退距離の最低限度は、敷地境界線から1.5m又は1mです（法54条）。

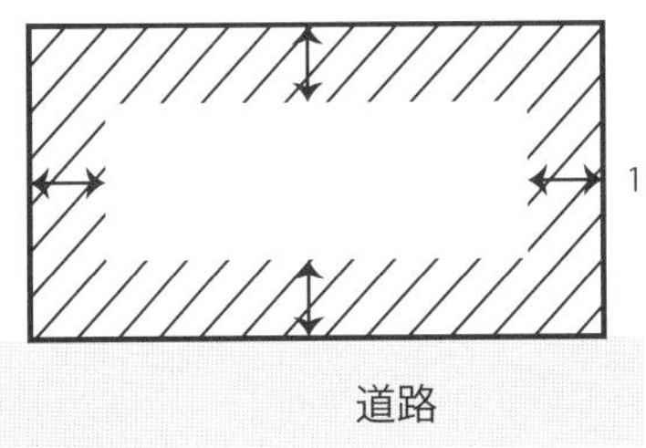

図3-1-8-1 壁面後退のイメージ

しかし、所定の条件を満たせば、緩和される建築物及び建築物の部分があります。

緩和になる建築物及び建築物の部分

以下の**3ついずれか**の条件を満たすこと
- 外壁又はこれに代わる柱の中心線の長さの合計が3m以下（令135条の22第一号）
- 物置その他これに類する用途に供し、軒の高さが2.3m以下で、かつ、床面積の合計が5㎡以内（令135条の22第二号）
- はね出しの庇等（規制対象は外壁、柱なので）

1つ目の条件については、図3-1-8-2のように外壁後退ラインから出ていてもよいということです。

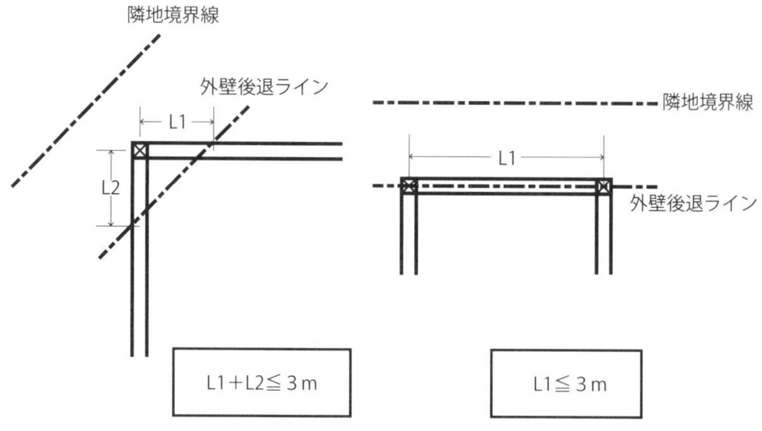

図3-1-8-2 外壁後退の緩和に係る長さの測り方

（出典：『建築確認のための基準総則・集団規定の適用事例 2017年度版』p.210）

まとめ　わずかな部分や小さな物置などであれば、緩和を受けられることがある

参考ページ	建築確認のための基準総則・集団規定の適用事例 2017年度版	209　外壁後退の対象 **210　外壁後退の緩和に係る長さの測り方**

[単体規定]

2-1 敷地の衛生及び安全

建築物を支える土台となる敷地に対する規制

関連 法19条
規制を受ける建築物 全ての建築物

集団規定に続き、建築物ごとの規則である「単体規定」についてご説明します。

まずは法19条についてです。規制を要約すると、「敷地の衛生性」と「建物の安全性」を確保しなければならないと定められています。

法文自体は、短く、シンプルな内容です。しかし、実務目線で考えると、法文がシンプルがゆえに、具体的な規制がわかりにくく、厄介な法文です。

規制内容

以下**4つ全て**に適合させること（法19条）
①敷地は道路の境より高くし、建築物の地盤面は周囲より高くすること（敷地内の排水に支障がない場合又は防湿の必要のない場合を除く）
②湿潤な土地、出水のおそれの多い土地又はごみ等で埋め立てられた土地に建築物を建築する場合、盛土、地盤の改良その他衛生上又は安全上必要な措置を講じること
③建築物の敷地には、**雨水及び汚水を排出、処理するために下水管、下水溝又はためます等**を設けること
④建築物ががけ崩れ等による被害を受けるおそれのある場合においては、**擁壁の設置その他安全上適当な措置を講じること**

中でも、最も見落としがちなのは、③の「排水計画」です。建築基準法では、排水計画について、汚水だけでなく雨水についても規制しています。雨水は特に見落としやすく、雨水排水管などの設置を忘れがちなので、注意が必要です。

また、④の「がけ崩れ」に関する規制も厄介です。なぜなら、具体的な規

制内容が定められていないからです。したがって、擁壁に鉄筋コンクリート造や擁壁用ブロック造以外を用いることも規制されてはいません。

しかし、具体的な規制内容がない場合でも、コンクリートブロック造などを擁壁に用いる等、明らかに危険な擁壁を計画することは避けるべきでしょう。

また、高さが2mを超える擁壁を設ける場合、法88条に定める工作物となり、確認申請等が必要になり、さらに令142条に適合させる必要があります。該当する場合は、確認しましょう。

まとめ シンプルがゆえにわかりにくい規制。衛生性と安全性に注意して計画しましょう。

point 合わせて確認すべき「地方公共団体の条例」

④の「がけ崩れ」に関する規制は、具体的な規制内容が定められていないと説明しました。これを強化するために、地方公共団体の条例によって「がけ条例」が設けられています。がけ条例には、具体的な規制内容が定められています（法40条）。

がけ条例は、一般的には宅地造成等規制法施行令の技術的基準を参考としていますが、対象となるがけの高さ、規制内容は地方公共団体によって異なります（一般的には、がけの高さ2mから規制対象になることが多いです）。したがって、地方公共団体による違いを把握することが重要です。

［単体規定］

2-2 構造耐力

四号建築物であっても、構造計算が必要なことも

関連 法6条の3、法20条、令36条、令81条
規制を受ける建築物 全ての建築物

人命を守るため、建築物は地震や台風等で倒壊しないようにしなければなりません。そこで、建築基準法では、建築物の規模や構造によって、「分相応の」又は「それ以上」の構造耐力の検討をすることが定められています（法20条）。

要するに、大規模な建築物は高度な構造耐力の検討をし、四号建築物（p.57）などの小規模な建築物は最低限の構造耐力の検討をすれば良いのです。

知ってる！四号建築物は**構造計算**しなくて良いんでしょう？

いえいえ！そんなことはありません。四号建築物であっても、構造計算をしなければならないこともあります。

四号建築物は、比較的小規模な建築物なので構造耐力の検討は最低限でも構いません。しかし、構造計算しなくて良いとは言い切れないのです。

まずは、構造耐力の規制について、基本的な内容を確認していきましょう。

建築物の規模によって、最低限検討しなければならない基準があります。その基準とは、**構造計算**（令81条）と**仕様規定**（令36条）の大きく2つに分かれています。

構造耐力って、構造計算だけじゃないの？仕様規定って何？

仕様規定は、各構造物の材料・構法・寸法を具体的に規定したものです。

仕様規定は、多くの法文がありますが、必ずしも全てに適合させなくてはならないわけではありません。構造計算で高度な検討をすれば、適合させるべき仕様規定は少なくなります。ただし、高度な検討をしているので、構造計算適合性判定※が必要になることもあります（法6条の3）。

本書で扱う建築物は、構造計算を行うとしても、「分相応の」ものとして最も簡易な許容応力度計算を行うことが一般的でしょう。その場合、構造計算適合性判定は関係ありません。もし、高度な検討である保有水平耐力計算などを行う場合、構造計算適合性判定の取得が必要になることは覚えておいてください。

※構造計算適合性判定　建築確認申請に添付される構造計算が建築基準法等に適合しているかどうか、建築主事等が行う審査に加えて、第三者機関が審査する制度。

▼建築物の規模・構造と構造計算の方法によって適合させるべき仕様規定

建築物の規模・構造	構造計算（令81条）	仕様規定（令36条）	構造計算適合性判定（法6条の3）
①木造：階数≧３又は延べ面積＞500㎡ ②木造以外：階数≧2又は延べ面積＞200㎡	時刻歴応答解析計算	耐久性等関係規定※1	不要
	保有水平耐力計算	仕様規定（一部除く）※2	要
	限界耐力計算	耐久性等関係規定※1	要
	許容応力度等計算	すべての仕様規定※3	要
	許容応力度計算	**すべての仕様規定※3**	**不要**
上記以外（四号建築物）	時刻歴応答解析計算	耐久性等関係規定※1	不要
	保有水平耐力計算	仕様規定（一部除く）※2	要
	限界耐力計算	耐久性等関係規定※1	要
	許容応力度等計算	すべての仕様規定※3	要
	許容応力度計算	すべての仕様規定※3	不要
	構造計算をしない（不要）	**すべての仕様規定※3**	**不要**

※本書の建築物の規模に絞り作成

※1 耐久性等関係規定:令36条、令36条の2、令36条の3、令37条、令38条1項・5項・6項、令39条1項・4項、令41条、令49条、令70条、令72条、令74条、令75条、令76条、令79条、令79条の3、令80条の2

※2 仕様規定（一部除く）:令36条～令80条の3（令67条1項、令68条4項、令73条、令77条二号～六号、令77条の2第2項、令78条、令78条の2第1項三号、令80条の2を除く）

※3 全ての仕様規定：令36条～令80条の3

やっぱり、表の一番下に書いてある通り、四号建築物だったら仕様規定っていうのは満足させなくちゃいけないけど、構造計算は不要だよね！

確かに、原則として、四号建築物であれば構造計算は不要です。ただし、例外もあるのでそこはしっかり押さえておきましょう。

四号建築物であっても構造計算が必要になるケース

構造計算が必要になるケースは大きく分けて3つです。

①仕様規定から外れてしまった場合	仕様規定の中には「満足しなかった場合は構造計算で安全性を確かめても良い」とされている規制がある。それらに該当する場合は、一部の構造計算をしなければならない。 例：柱の小径（令43条）の仕様規定を満足しない場合
②仕様規定が定められていない場合	建築基準法には、仕様規定が定められていない工法もある。その場合、構造計算が必要になる。 例：独立基礎を用いる場合
③特殊な構造方法を用いた場合	法80条の２に規定されている特殊な工法の一部は、構造計算をしなければならない。 例：丸太組工法

上記に該当した場合、四号建築物であっても構造計算が必要になります。

でも、四号特例（p.59）だから、構造計算をしたとしても、確認申請に添付は不要なんだよね？

実は、そんなこともないんです。

実は一部の「特殊な構造」（法80条の2）の場合、構造耐力の規制は四号特例の対象から外れています（ただし、告示1119号に定められている規制は除きます）。つまり、四号建築物であっても、確認申請に構造図書が必要になると

いうことです。

四号特例の対象から外れる構造の一例を以下に挙げます。

・丸太組構造

・木造枠組壁工法（ただし、告示1540号第1から第8までは特例対象）

・アルミニウム合金造（ただし、告示410号第1から第8までは特例対象）

木造枠組壁工法やアルミニウム合金造は一般的な規模・形状であれば四号特例の対象です。しかし、一部は四号特例から外れてしまうことは覚えておきましょう。

エキスパンションジョイントについて

エキスパンションジョイントにより接続することで、それぞれ別の建築物として構造計算することが可能です。不整形な建築物などの場合、エキスパンションジョイントで分けた方が良い場合があります（法20条2項）。

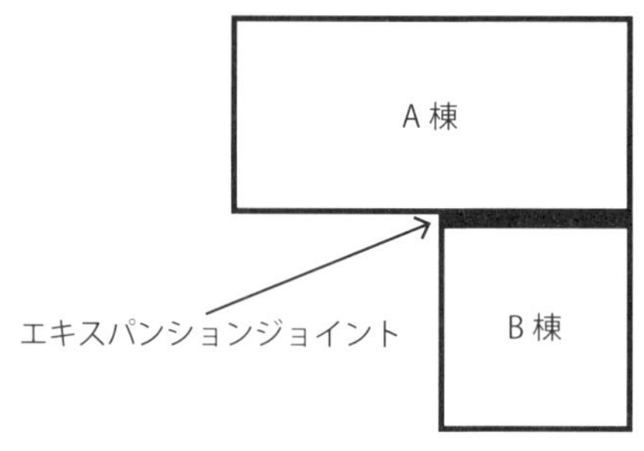

構造に関する規制は
A 棟と B 棟で
別の建築物として検討可能

図3-2-2-1 エキスパンションジョイント

ただし、これは構造に関する規制においてのみで、他の規制は全て1棟扱いのままなので、注意してください。

まとめ 構造耐力は、「構造計算」だけでなく「仕様規定」も合わせて適合させる必要がある。四号建築物であっても、少なくとも仕様規定は必ず検討し、適合させなければならない。

［単体規定］

2-3 採光義務

住宅の居室には、採光のための窓が必要

関連 法28条、令19条、令20条
規制を受ける建築物 全ての住宅

住宅の居室には、衛生的な環境や明るさの確保の観点から、所定の窓が必要です（採光義務）。どのような窓が必要なのかは、計算をして求めます。

規制内容

住宅の居室には、以下に該当する採光上有効な窓を設けること
採光上有効な面積≧1/7※×居室面積（法28条1項、令19条）

※床面において50lx以上の照度を確保できる照明設備を設けた場合は1/10とすることができる（令19条3項・令和5年4月1日改正）

採光上有効な面積の求め方

採光上有効な面積＝開口部の面積×**採光補正係数**（令20条）

採光上有効な面積の算定では、採光補正係数を用います。採光補正係数は、用途地域、隣地境界線との距離、窓の直上にある庇などの影響を考慮して算定します。

用途地域（p.92）	算定式
住居系	D/H×6−1.4
工業系	D/H×8−1
商業系又は無指定	D/H×10−1

（上記で求めた数値に、さらに天窓の場合×3、縁側の場合×0.7）
ただし、採光補正係数の最大値は3.0とし、マイナスになる場合は0とする

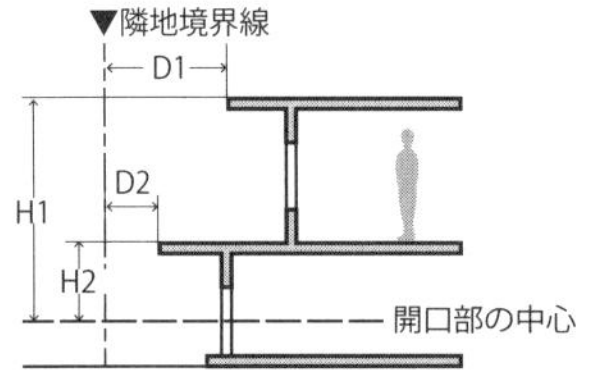

開口部の直上に複数遮るもの
（庇、バルコニー等）がある場合
「D1/H1」と「D2/H2」どちらも計算し、
小さい数値を採光補正係数とする。

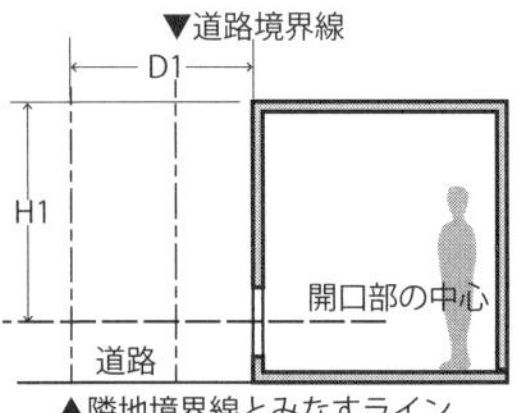

開口部が道路に面する場合
道路の反対側の境界線を「隣地境界線」と
みなして算定する。

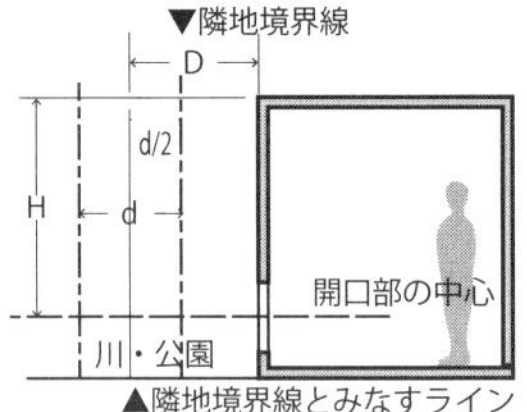

開口部が公園、広場、川等に面する場合
幅 d の 1/2 だけ外側を隣地境界線とみなす

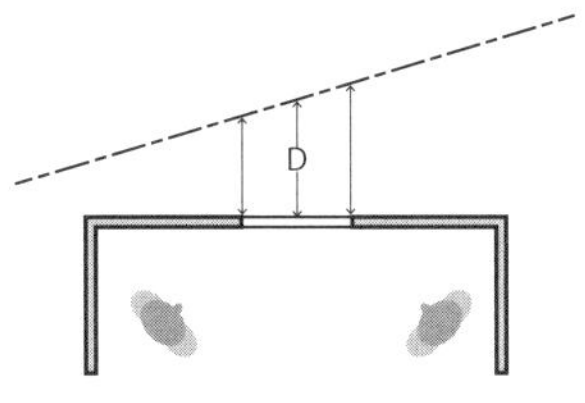

隣地境界線が斜めになっている場合
開口部の中心からの距離を
D として算定する

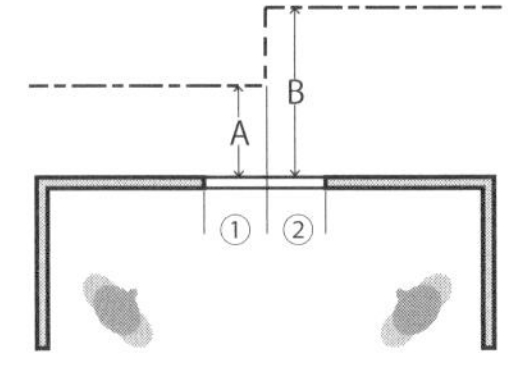

隣地境界線が凹凸になっている場合
基本的には最短距離 A で考える。
ただし、採光補正係数が 0 以下となる場合は
②を開口部として水平距離 B を用いて
算定する

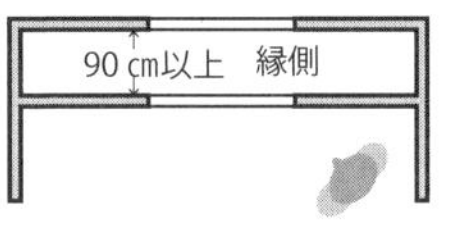

縁側がある場合
採光補正係数を 0.7 倍して
算定する

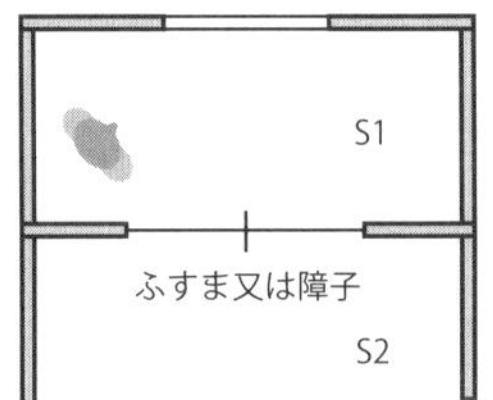

ふすま又は障子等の幅が 2 室目の開口幅の
1/2 程度随時開放できる場合
2 つの居室を 1 つの居室として採光計算する
ことができる

図3-2-3-1 採光補正係数に係る数値等の考え方

 敷地が用途地域をまたいだ場合の取り扱いはp.162（法91条）

しかし、場合によっては窓があることで部屋の機能を十分に満たせなくなることや、現実的に窓の計画が難しいこともあるでしょう。

よって、一部の特殊な居室に限り、採光上有効な窓の設置の適用を除外することができます。

適用除外

以下の**いずれか**に該当する居室（法28条1項）
・地階に設ける居室
・住指発153号に該当する居室（例：住宅の音楽練習室、リスニングルーム等）

例えば、地階の居室の場合、採光義務の窓は不要になります。

ただし、上記の適用除外を受けても、次に紹介する「無窓居室」に該当します。追加で多くの規制の適用を受けることになりますので、よく確認するようにしましょう。

まとめ 住宅の居室には原則として採光の窓が必要。採光義務が免除される居室もあるが、その場合は第3章2-4をよく確認すること。

参考ページ	建築確認のための基準総則・集団規定の適用事例 2017年度版	117　居室の採光

［単体規定］

2-4 無窓検討

無窓居室になった場合、追加で規制を受けることになる

関連 法28条、法35条、法35条の2、法35条の3、令20条の2、令111条、令116条の2、令126条の3の2

規制を受ける建築物 全ての建築物

前項で、住宅の居室には採光義務により、採光上有効な窓が必要と説明しましたが、これ以外にも、「居室に対する窓の確保」が関わってくる規制は多くあります。

ただし、位置づけが大きく異なります。

採光義務の窓は、適用除外を受けない限り、絶対に必要な窓でした。

しかし、ここで説明する窓は必ずしも必要ではないので、法で定めている窓を設けない居室を作ることができます。これを、**無窓居室**といいます。その代わり、無窓居室になったことで**追加の規制を受けること**になります。

採光義務は「住宅の居室」のみにかかる規制でしたが、この無窓居室は「全ての居室」で検討が必要です。併用している店舗や事務所でも検討が必要なので、注意しましょう！

規制内容

所定の窓がない居室に該当した場合、追加で規制を受ける

	無窓居室となる条件	追加される規制
①採光無窓（令116条の2第1項一号）	「**採光上**有効な面積≧**1/20**×居室面積」を満たす窓がない居室	・直通階段（p.168） ・屋外階段（p.172） ・手すり高さ（p.173） ・敷地内通路（p.180） ・非常用の照明装置（p.215） ・廊下の幅（p.204） ・２以上の直通階段（p.206）

→次のページに続きます

	無窓居室となる条件	追加される規制
②排煙無窓 （令116条の２第1項二号）	「**排煙上**有効な面積≧**1/50**×居室面積」を満たす窓がない居室	・排煙設備（p.208） ・敷地内通路（p.180）
③換気無窓 （法28条２項）	「**換気上**有効な面積≧**1/20**×居室面積」を満たす窓がない居室	以下のいずれかの換気設備を設けること（令20条の２第一号） ・自然換気設備 ・機械換気設備 ・中央管理方式の空気調和設備
④避難無窓 （令111条1項）	・「採光上有効な面積≧**1/20**×居室面積」を満たす窓がない居室 かつ ・直接外気に接する避難上有効な構造の窓※がない居室 ※窓の大きさは「直径1m以上の円」又は「幅75㎝以上×高さ1.2m以上」にすること	居室を区画する主要構造部を耐火構造とし、又は不燃材料で造らなければならない（法35条の３）（告示249号で緩和することも可能）
⑤内装無窓 （令128条の３の２）	・床面積が50㎡を超える居室で、「**排煙上**有効な面積≧**1/50**×居室面積」を満たす窓がない居室（天井高さ6mを超える室は免除） ・法28条1項（採光）の適用除外を受けた居室（地階の居室または住指発153号の居室）	内装制限（p.149）

例えば、敷地内通路は、3階建ての建築物や、特殊建築物などに適用される規制です（避難規定、p.190）。よって、2階建ての一戸建て住宅は、敷地内通路の適用を受けないはずです。しかし、①採光無窓や②排煙無窓に該当する場合、2階建ての一戸建て住宅であっても、追加で敷地内通路の適用を受けることとなります。

特に木造建築物の場合、④避難無窓は慎重に確認をしましょう。なぜなら、木造建築物は主要構造部を耐火構造又は不燃材料にすることが困難だからです。

なるほどね。ところで、さっき採光義務（p.129）で**採光上有効な面積**を計算したのに、①～⑤の全てでまた計算をしなきゃいけないの？

いえ！**採光義務を満たしている住宅の居室**は、①採光無窓と④避難無窓の確認は不要なので、**②排煙無窓と③換気無窓と⑤内装無窓の確認のみ**行ってください。

採光上有効な面積の求め方は採光義務（p.129）と同じです。そして、採光義務の方が、①採光無窓と④避難無窓より必要になる窓の面積が大きいです。よって、採光義務を満たしている住宅の居室は、①採光無窓と④避難無窓になっていないことは、計算をせずとも明らかなので、わざわざ確認をし直す必要はありません。

①採光無窓と④避難無窓の確認が必要になるとしたら「採光義務の適用除外を受けている地階などの住宅の居室」又は「住宅以外の店舗・事務所等の居室」でしょう。

採光上有効な面積の求め方は採光義務で説明した計算方法と全く一緒なので、ここでは「換気上有効な面積」と「排煙上有効な面積」の計算方法を解説していきます。

換気上有効な面積の求め方

換気上有効な面積＝開口部の面積×開口部の形状による係数

換気計算では形状によって、開口部の面積の低減をする必要があります（図3-2-4-1）。なお、はめ殺し窓のように換気のできない窓は、換気計算に用いることはできません。

	はめ殺し	引違い	片引き	上げ下げ	ガラリ	回転	内倒し
窓の形式（例）					a	a	a
倍数	0倍	1/2倍	1/2倍	1/2倍	45°≦a≦90°のとき　1倍 0°<a<45°のとき　a/45倍		

図3-2-4-1 開口部の形状による有効換気面積の考え方の例

（出典：ビューローベリタスジャパン建築認証事業本部『世界で一番やさしい確認申請［戸建住宅編］最新法改正対応版』（エクスナレッジ、2018）を一部修正）

排煙上有効な面積の求め方

排煙上有効な面積＝天井から80㎝以内の開口部の面積×開口部の形状による係数

排煙計算では、天井から80㎝以内の部分までしか面積としてカウントすることができません。開口部の形状による係数は、換気上有効な面積の求め方と同じ値です。

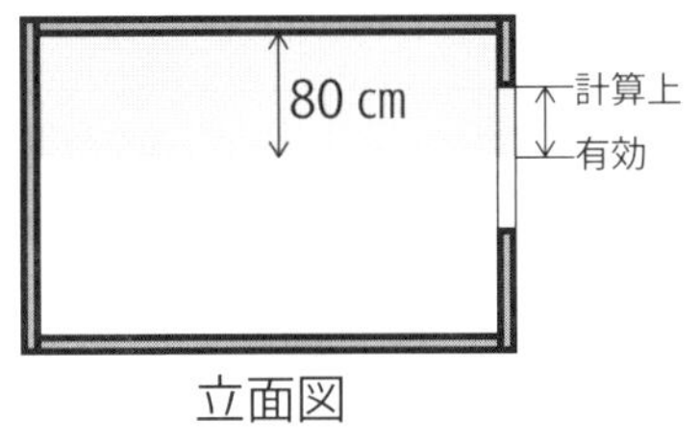

図3-2-4-2 排煙上有効な面積

まとめ 無窓居室であっても計画はできるが、数多くの規制を追加で受けることとなる。
住宅用途の場合、採光義務で必ず窓が必要になるので、換気・排煙も合わせて無窓にならないような計画にした方が法適合は簡単になる。

参考ページ	建築物の防火避難規定の解説 2016（第2版）	
	37	法第35条の適用を受ける無窓の居室の範囲
	38	令116条の2第1項二号の開口部としての出入口の戸の取扱い
	202	質問と回答（番号151）

［単体規定］

2-5 シックハウス

3つの建築材料に対して対策をすること

関連 法28条の2、令20条の4～9 **規制を受ける建築物** 全ての建築物

新築した建築物の建築材料から発生する化学物質によって空気が汚染され、めまい、吐き気、頭痛などの症状が報告されました。これをシックハウス症候群と呼びます。この対策として、シックハウス症候群の原因となる建築材料が規制されています。規制対象の建築材料は全部で3つです。

規制内容

以下**3つ全て**の物質に関してシックハウス対策を講じること
①石綿（アスベスト） ②クロルピリホス ③ホルムアルデヒド

物質によって、規制内容や適合方法が異なります。それぞれ確認してみましょう。

石綿（アスベスト）の規制内容

建築材料に石綿の添付されたものを使用することを禁止する（法28条の2第一号、令20条の4）※告示1172号に定めたものを除く

石綿（アスベスト）については添付は一切認められていません。3つの物質の中でも一番厳しい規制になっています。

クロルピリホスの規制内容

居室を有する建築物には建築材料にクロルピリホスの添付されたものを使用することを禁止する（令20条の6）※告示1112号に定めたものを除く

石綿（アスベスト）は、居室の有無に関係なく、全ての建築物に使用が禁止されています。しかし、クロルピリホスは居室がない建築物には使用可能です。

ホルムアルデヒドの規制内容

3つの化学物質で一番規制が複雑なのが、ホルムアルデヒドです。大きく分けると、このホルムアルデヒドだけでも、3つの規制があり、全てに適合させることが必要になります。

以下**3つ全て**に適合させること（令20条の7、8）
①内装仕上の制限　②換気設備の設置　③天井裏等の制限

ホルムアルデヒドは、先程紹介した、石綿（アスベスト）やクロルピリホスのように、使用することを禁止にはしていません。しかし、それなりに制限があります。

では、それぞれ確認してみましょう。

①内装仕上の制限

まず、内装仕上にはできるだけホルムアルデヒドが少ないものを使用しなければなりません（令20条の7）。

ホルムアルデヒドが少ないとか、多いとかってどうやって見分ければいいの？

ホルムアルデヒドの量は、「F☆☆☆☆」のように星の数で決まっています。**星の数が多ければ多いほど、ホルムアルデヒドの量は少なくなります**（星は最大4つまで、つまり、F☆☆☆☆が一番ホルムアルデヒドの量が少ない）。

制限内容を簡潔にまとめると、

- 内装仕上材に「F☆☆☆☆」の材料を使うのであれば面積無制限
- 「F☆☆☆」や「F☆☆」の材料を使うのであれば、居室の種類及び換気回数に応じて使用する面積に制限ありつまり、「F☆☆☆☆」にしておけば何も気にする必要はありません。

それ以外を使いたい場合は、以下の表にまとめたので、居室の種類、換気回数で確認してみてください。

居室の種類	換気回数	面積制限
住宅等の居室	0.5回/時以上 0.7回/時未満	F☆☆相当：床面積の約0.3倍 F☆☆☆相当：床面積の2倍
	0.7回/時以上	F☆☆相当：床面積の約0.8倍 F☆☆☆相当：床面積の5倍
その他の居室	0.3回/時以上 0.5回/時未満	F☆☆相当：床面積の約0.3倍 F☆☆☆相当：床面積の2倍
	0.5回/時以上 0.7回/時未満	F☆☆相当：床面積の約0.7倍 F☆☆☆相当：床面積の4倍
	0.7回/時以上	F☆☆相当：床面積の約1.1倍 F☆☆☆相当：床面積の約6.6倍

※F☆相当は使用不可

②換気設備の設置

ホルムアルデヒドの規制には、内装仕上材の制限を守るだけでは適合しません。さらに、換気設備もつけなくてはなりません。

どうして？もう内装はホルムアルデヒドが十分少ないものを使ってるから大丈夫なんじゃないの？

ホルムアルデヒドは**建物内に持ち込む家具にも含まれている**ことが多いから、換気についても考慮しているんです！

実は、ホルムアルデヒドは家具からの発散のおそれがあります。そういったものには換気設備で対策をしています（令20条の8）。

住宅等の居室の場合、換気回数0.5回/時以上の24時間換気システムを用いること（その他の居室の場合は換気回数0.3回/時以上）
※換気システムの必要換気量＝換気回数（0.5）×室容積（m^3）

24時間換気システムには、換気扇や送風機などの機械力で安定した換気量を保つことが可能な機械換気設備が用いられます。機械換気には、第一種・

第二種・第三種の3つがあります。それぞれの違いは、給気と排気のどこに機械力（換気扇・送風機）を用いるかです（図3-2-5-1）。

種別	給気	排気
第一種換気設備	**機械力（換気扇・送風機）**	**機械力（換気扇・送風機）**
第二種換気設備	**機械力（換気扇・送風機）**	排気口
第三種換気設備	給気口	**機械力（換気扇・送風機）**

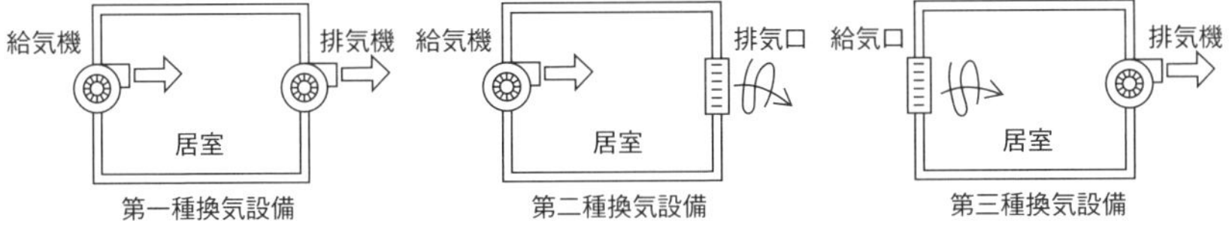

図3-2-5-1　機械換気設備の種類

（出典：国土交通省住宅局建築指導課ほか編集『第2版 改正建築基準法に対応した建築物のシックハウス対策マニュアル』工学図書、2003、p.231）

住宅の場合、一般的に第一種又は第三種換気設備を利用します。第三種換気設備の場合、各居室部分に給気口を設け、浴室・トイレ等から排気をします。これにより、居室部分が負圧となり、汚染された空気が他の部屋へ流出するのを防ぐことができます。

③天井裏等の制限

内装仕上の部分だけでなく、「天井裏」等の部分にも規制があります。

告示274号第1第三号より、
天井裏等は、以下のいずれかに適合させること
・天井裏の下地材・断熱材等をF☆☆☆以上にする
・気密層や通気止めを設けて居室部分と分離させる
・居室の空気圧が天井裏の空気圧以上となるように機械換気設備等を設ける

まとめ　シックハウス対策を講じるべき物質は石綿（アスベスト）、クロルピリホス、ホルムアルデヒドの3つ。この中で、ホルムアルデヒドのみ使用を禁止されてはいないが、使用する量を少なくし、さらに換気設備などの対策が必要になる。

[単体規定]

2-6 居室の高さ

居室の天井高さは2.1m以上必要

関連 令21条、令22条 **規制を受ける建築物** 全ての建築物

どんなに部屋が広くとも、天井高さが低いと圧迫感や、息苦しさを感じます。そこで、建築基準法では居室の天井高さに対して規制があります。

規制内容

居室について以下**3つ全て**に適合させること（令21条、令22条）
①天井の高さは2.1m以上とすること
②最下階の居室が木造である場合、床高は床直下の地面から床の上面まで45cm以上とすること※
③最下階の居室が木造である場合、外壁の床下部分には、壁の長さ5m以下ごとに面積300cm^{2}以上の換気孔を設け、これにネズミの侵入を防ぐための設備を設けること※

※床下をコンクリート、たたきその他これらに類する材料で覆う場合及び当該最下階の居室の床の構造が、地面から発生する水蒸気によって腐食しないものとして、国土交通大臣の認定を受けたものである場合は除く（令22条本文）

天井の高さ2.1m以上っていうのは有名だよね。でも、天井の高さが室内で違う場合はどうするの？

その場合、次の式で平均天井高さを求めて、2.1m以上を確認してください。

平均天井高さの算定方法

平均天井高さ＝居室の全容積/居室の床面積

[単体規定]

2-7 階段寸法

住戸内階段か共用階段かで寸法が異なる

関連 令23～25条　**規制を受ける建築物** 全ての建築物

建築基準法では、階段の幅・蹴上・踏面についての定めがあります。これは、避難時はもちろん、日常時にも階段の安全性が重視されなければならないためです。

規制内容

以下**2つ全て**に適合させること（令23条、令24条、令25条）
①次の表の寸法を満たすこと

階段の種類		階段及び踊場の幅（手すりは10㎝まで除く）	蹴上の寸法	踏面の寸法	踊場位置
住戸内階段	直上階の居室の床面積>200㎡ 又は 地階の居室の床面積>100㎡	120cm以上※	23cm以下	15cm以上	高さが4mを超える場合、4m以内ごとに1.2mの踊場を設けること
	上記以外	75cm以上※	23cm以下	15cm以上	
共用階段	直上階の居室の床面積>200㎡ 又は 地階の居室の床面積>100㎡	120cm以上※	20cm以下	24cm以上	
	上記以外	75cm以上※	22cm以下	21cm以上	

※屋外階段の場合、階段及び踊場の幅は以下の寸法に緩和される

直通階段（p.168）	90㎝以上
その他の階段	60㎝以上

②手すりについて所定の基準（後述）を満たすこと

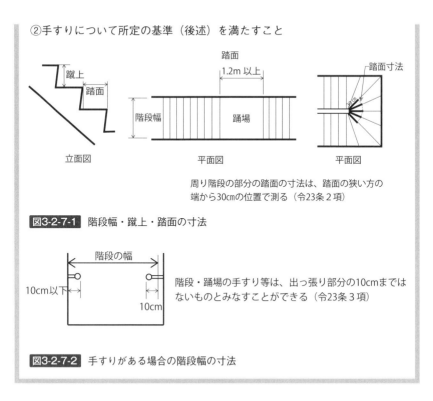

図3-2-7-1 階段幅・蹴上・踏面の寸法

図3-2-7-2 手すりがある場合の階段幅の寸法

住戸内階段と共用階段で必要になる寸法が違う！どうやって区別すればいいの？

「住戸内階段」は、一戸建て住宅の階段、長屋の階段、共同住宅のメゾネット住戸内の階段です。それ以外の共同住宅の共用階段、寄宿舎の階段は「共用階段」となり、階段の規制は少し厳しくなります。しっかり区別しましょう！

また、屋外階段にした場合も大きく寸法が異なります。屋外階段の定義もよく確認しておきましょう。

屋外階段 ➡ 階段の2面以上、かつ、周長のおおむね1/2以上が有効に外気に開放された階段を示す。なお、開放部分に腰壁手すりが設けられている場合、手すりの上部が高さ1.1m以上有効に外気に開放されている必要がある。(『建築物の防火避難規定の解説 2016（第2版）』p.115)

階段手すりの規制内容

以下**2つ全て**に該当させること（令25条）
①階段には手すりを設ける
②階段と踊場の両側には、側壁か手すりを設ける

階段手すりの適用除外

高さ1m以下の階段部分については適用除外

階段には、落下防止のための手すりが必須です。適用除外として、高さ1m以下の階段の部分については除かれています（令25条4項）。これは、万が一落下しても高さが低いので、危険が少ないからですね。

落下防止は納得できる理由だね！でも、手すり高さの基準はないの？
バルコニーの落下防止の手すり高さは1.1mだったけど、まさか同じ寸法！？

いえ！違います。
階段の手すり高さについての基準は建築基準法にはありません。

バルコニーにも、落下防止のため、手すりを設ける規制があります（p.173）。バルコニーの手すり高さは1.1mと定められていますが、階段の手すり高さには規制がありません。常識的に、落下しないように掴まれる寸法にすれば良いでしょう。

まとめ 「共同住宅の共用階段や、寄宿舎の階段」は「住戸内の階段」に比べて階段寸法の規制が厳しくなる。区別して計画をすること。

参考ページ	建築物の防火避難規定の解説 2016（第2版）	**115 屋外階段と屋外避難階段の取扱い** 116 階段室型共用住宅における階段の幅の取扱い 117 メゾネット型共同住宅の住戸からの直通階段の幅 118 屋外階段の幅及び蹴上げ・踏面の寸法等の取扱い 120 階段の有効幅員について

[単体規定]

2-8 便所

浄化槽の処理対象人員の算定方法について

関連 法31条、令28条〜令35条
規制を受ける建築物 全ての建築物

公共下水道が整備されている場合、便所などの排水は公共下水道に放流します。しかし、公共下水道の整備がされていない区域の場合、敷地内で処理してから放流するなど、工夫が必要になります。

規制内容

以下の**2つどちらにも**適合させること
①便所は、採光及び換気のため、以下の2つのいずれかに適合させること（令28条）
- 直接外気に接する窓を設けること
- 水洗便所とし、窓に代わる設備を設けること

②便所の型式及び放流先について、以下の表の通りにすること（法31条、令30条〜令35条）

区域の種類	便所の型式	放流先
下水道法２条８号による処理区域	水洗便所	直接公共下水道へ放流
その他の区域	水洗便所（合併処理浄化槽を設ける）	上記以外の下水路等の排水設備
	改良便槽式便所 くみ取便所	−
特定行政庁が地下浸透方式で支障ないと規則で指定した区域	水洗便所（＋地下浸透方式）	−

上の表中の合併処理浄化槽について補足していきます。浄化槽には、屎尿のみ処理する単独処理浄化槽と雑排水を併せて処理する合併処理浄化槽があります。しかし、平成13年施行の浄化槽法の改正により、単独処理浄化槽は新設で

きなくなりました。よって、合併処理浄化槽を設置します。

浄化槽は建築物の用途及び規模によって、処理対象人員を算定し、適したものを設置します。その処理対象人員の算定は、JIS A3302-2000の「建築物の用途別による屎尿浄化槽の処理対象人員算定基準」によります。

JISの基準により、浄化槽の処理対象人員の算定（人槽算定）は、原則として以下の表の通りに行いますが、「明らかに実情に添わないと考えられる場合は、当該資料などを基にしてこの算定人員を増減することができる」とされています。しかし、本書の規模の建築物の場合、実情に添わないという可能性は低いので、表の通り算定して問題ないでしょう。

	処理対象人員の算定式 [N：人員（人）A：延べ面積（㎡）]	備考
住宅	N＝5（A≦130） N＝7（A＞130）	台所及び浴室が2カ所以上ある二世帯住宅・大家族住宅用の浄化槽は10人とする
共用住宅、長屋	N＝0.05A	1戸あたりのNが3.5人以下の場合は、Nを3.5人又は2人（1戸が1居室だけで構成されている場合に限る）とし、1戸当たりのNが6人以上の場合は1戸当たりのNを6人とする
寄宿舎	N＝0.07A	―

ところで、建築物が複合用途で、住宅以外の用途があった場合はどうするの？

その場合、それぞれの用途で計算し、合算した人数になります。

例えば、店舗兼用住宅などの場合、以下のようになります。

店舗（30㎡）＋一戸建て住宅（100㎡）だった場合、
0.075×30＋5＝7.25（店舗：N=0.075A 、100m²の住宅：N=5）

参考に、住宅以外の用途の処理対象人員の算定表を記載しておきます。

<table>
<tr><th colspan="3">建築用途</th><th>処理対象人員の算定式
[N：人員（人）
A：延べ面積（㎡）]</th></tr>
<tr><td rowspan="6">店舗関係</td><td colspan="2">店舗・マーケット</td><td>N=0.075A</td></tr>
<tr><td colspan="2">百貨店</td><td>N=0.15A</td></tr>
<tr><td rowspan="3">飲食店</td><td>一般の場合</td><td>N=0.72A</td></tr>
<tr><td>汚濁負荷の高い場合</td><td>N=2.94A</td></tr>
<tr><td>汚濁負荷の低い場合</td><td>N=0.55A</td></tr>
<tr><td colspan="2">喫茶店</td><td>N=0.80A</td></tr>
<tr><td rowspan="2">事務所関係</td><td rowspan="2">事務所</td><td>業務用厨房設備を設ける場合</td><td>N=0.075A</td></tr>
<tr><td>業務用厨房設備を設けない場合</td><td>N=0.06A</td></tr>
</table>

まとめ 公共下水道が整備されていれば、下水道に繋ぐだけで適合するが、公共下水道が整備されていない場合、浄化槽の人槽算定を行い、適した浄化槽の計画が必要となる。
人槽算定は住宅単体の場合はそこまで複雑ではないが、事務所や店舗などがあると複雑になるので、注意が必要。

［単体規定］

2-9 火気使用室の換気設備

4つの式を使い分けて適切な換気計画とすること

関連 法28条、令20条の3
規制を受ける建築物 火気使用室

火気使用室の換気設備は、居住者及び燃焼器具に必要な酸素を供給するために必要な設備です。したがって、適切な給気及び排気の計画が必要です。

火気使用室なので、ガスを熱源とする厨房機器や薪ストーブ等を設置する場合、換気設備の設置が必要になります。つまり、IH機器などを使用する場合は検討することが望ましいですが、ガスを熱源としていないので法令上は検討不要です。

火気使用室の換気検討では必要換気量を計算で求め、その数値を上回る能力の換気設備を設けなければなりません。

火気使用室の換気検討は自然換気と機械換気がありますが、自然換気は煙突などの計画が必要になり、計画されることが少ないため機械換気に絞って説明します。

機械換気には大きく4つの換気検討の方法があります。

①V＝40KQ（告示1826号第3第二号イ）
②V＝2KQ（告示1826号第3第三号イ）
③V＝30KQ（告示1826号第3第四号イ）
④V＝20KQ（告示1826号第3第四号イ）
K：理論廃ガス量（m^3）（都市ガス・LPガス0.93m^3/kW時、灯油12.1m^3/kg）
V：必要換気量（m^3/時）
Q：ガス器具の燃料消費量（m^3/時又はkg/時）又は発熱量（kW/時）

この4つの式、どう使い分けるの？

それは、「排気する方法」によって使い分けます。

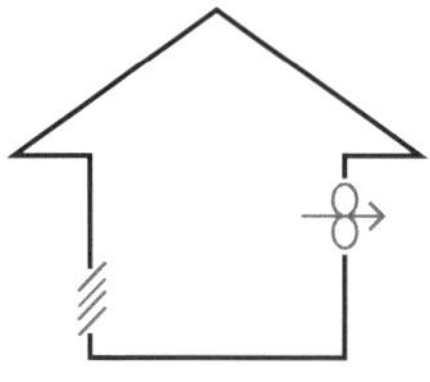

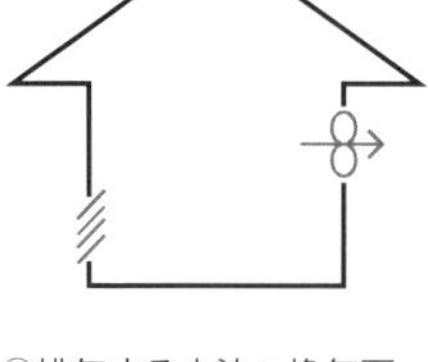

①排気する方法：換気扇
V＝40KQ

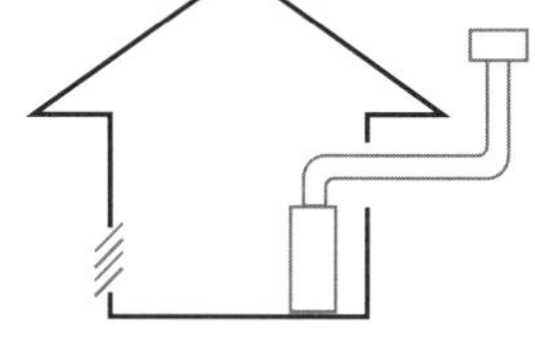

②排気する方法：煙突＋換気扇
V＝2KQ

③排気する方法：フードⅠ型※1
V＝30KQ

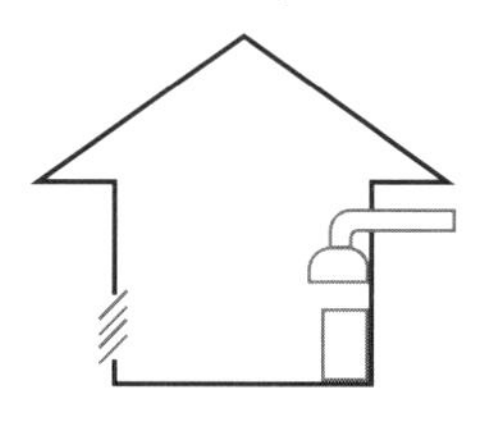

④排気する方法：フードⅡ型※2
V＝20KQ

※1　フードⅠ型：排気フードは調理機器の幅及び奥行きの寸法以上を覆っていること。
※2　フードⅡ型：排気フードは調理機器の火源から水平方向に、火源から排気フードまでの高さの1/2H以上の距離を覆っていること。
排気フードは下部に5cm以上の垂下り部を有し、かつ、その集気部分は水平面に対して10度以上の傾斜を有すること。

図3-2-9-1 排気する方法の比較

また、給気口については、建築基準法の定めはありませんが、計画が不要なわけではありません。適切な位置、適切な大きさで計画しましょう。

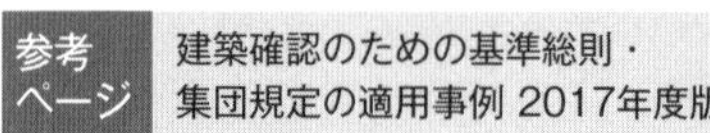

参考ページ	建築確認のための基準総則・集団規定の適用事例 2017年度版	119　こんろその他火を使用する設備等

[単体規定]

2-10 内装制限

一戸建て住宅であっても 火気使用室や車庫の内装制限を受ける

関連 法35条の2、令128条の3の2、令128条の4、令128条の5
規制を受ける建築物 火気使用室、自動車車庫、特殊建築物、内装無窓居室（令128条の3の2）

火災時、出火から室全体の火災に至るのを防ぐために重要な役割を果たすのは、室内の壁・天井です。壁・天井が燃えやすいと、火災は建物全体に広がりやすくなります。そこで、建築基準法では一部建築物の**内装を燃えにくい材料にすること**が定められています。例えば、内装材料を木材などにすると、内装制限を適合させることができなくなります。

内装制限の対象の建築物、建築物の部分

①火気使用室
②自動車車庫
③地上の特殊建築物（所定の床面積以上の場合）
④大規模建築物（階数が3以上で延べ面積が500㎡を超える場合）
⑤地下の特殊建築物
⑥内装無窓（p.133）

③④だけ、かっこ書で規模についての記載があるけど、他の①②⑤⑥にはないね。もしかして、建築物の規模は関係ないってこと？

鋭いです！その通り。①②⑤⑥の場合、たとえ建築物の床面積が1㎡であっても、内装制限の規制を受けることになります。

しかし、細かいですが緩和も多くあります。

①火気使用室

火気使用室は住宅の調理室、浴室などで火気を使用する部屋です。住宅であれば、キッチンなどが対象となります。しかし、以下の場合は内装制限から除かれます（令128条の4第4項、令128条の5第6項）。

規制内容

壁、天井の内装を「準不燃材料」以上とすること

〈火気使用室の内装制限を受けない建築物、建築物の部分〉

1. 主要構造部を耐火構造とした建築物（令128条の4第4項かっこ書）
2. 住宅で最上階の火気使用室（例えば、2階建てなら2階）（令128条の4第4項本文）
3. 垂壁で火気使用室と別室扱いになった建築物の部分（『防火避難規定の解説』p.110）
4. 電磁誘導加熱式調理器等（IH）（『防火避難規定の解説』p.111）
5. 各面の面積の1/10以下の柱、はり等（『防火避難規定の解説』p.112）
6. 告示225号の緩和に適合するもの（後述）

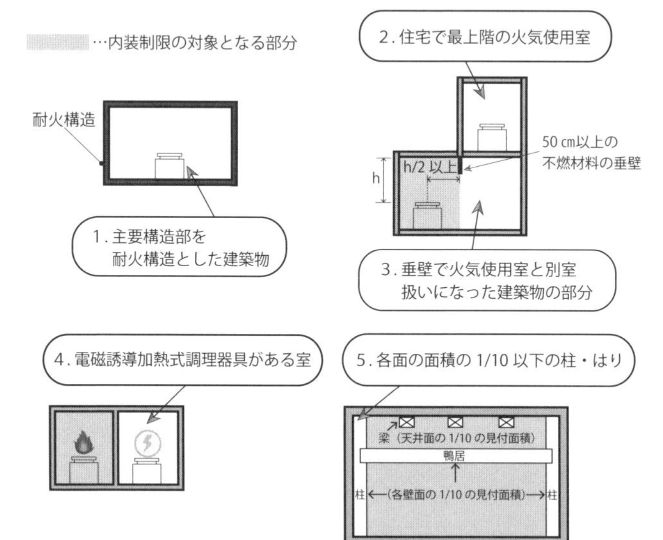

図3-2-10-1 内装制限を受けない建築物、建築物の部分

さて、複雑なのは告示225号です。この緩和を適用すれば、火気使用室でも、内装に木材を使うことも可能です。詳しく解説していきます。

●告示225号を適用する方法

以下**4つ全て**に適合させること

①火気使用室（ただし、飲食店等の厨房等は除く）でコンロの一口における1秒間当たりの発熱量が4.2kW以下であること

②長期加熱部分（コンロから水平25cm、垂直80cmの円柱）の下地と内装を特定不燃材料にすること

③短期加熱部分（コンロから水平80cm、垂直235cmの円柱等）の下地と内装を指定された材料にすること（下表 規制内容①又は②から選択）

④長期加熱部分、短期加熱部分以外の内装材料は難燃材料等※にすること

※告示1439号1項二号の材料にすること（木材も含まれる）

範囲		長期加熱部分（水平25cm、垂直80cmの円柱）
規制内容	下地・間柱	特定不燃材料
	内装	特定不燃材料

範囲		短期加熱部分（水平80cm、垂直235cmの円柱。ただし、コンロから天井までの垂直距離が235cmを超える場合、下図のように円状に広がる）
規制内容①	下地・間柱	特定不燃材料
	内装	特定不燃材料
規制内容②	下地・間柱	（規制なし）
	内装	以下のいずれかに該当させる ・12.5mm以上のせっこうボード ・5.6mm以上の繊維混入ケイ酸カルシウム板又は繊維強化セメント板の重ね貼り ・12mm以上のモルタル

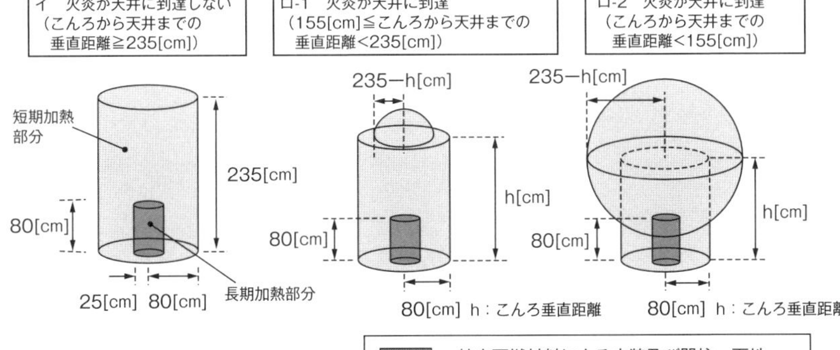

図3-2-10-2 長期加熱部分と短期加熱部分の例

（出典：建築研究所監修『住宅の内装防火設計マニュアル』全国官報販売協同組合、2009、p.22）

②自動車車庫

自動車車庫の他には、バイク置場も内装制限の対象です。火災の危険があるからです。しかし、自転車駐輪場は内装制限の対象にはなりません。火災の危険がないからですね（令128条の4第1項二号、令128条の5第2項）。

規制内容

壁、天井の内装を「準不燃材料」以上とすること

③地上の特殊建築物（所定の床面積以上の場合）

共同住宅・寄宿舎（特殊建築物）は、以下の規模以上の場合、内装制限の対象になります（令128条の4第1項一号、令128条の5第1項）。

	主要構造部を耐火構造又はイ準耐（1時間）	イ準耐（1時間を除く）又はロ準耐	その他の建築物
床面積	3階以上の床面積の合計≧300㎡	2階部分の床面積の合計≧300㎡	床面積の合計≧200㎡

規制内容

壁と天井の内装を以下のように適合させること

居室	1階、2階：難燃材料 3階以上：準不燃材料 ※床面から1.2m以下の部分を除く
通路・階段	準不燃材料

ちょっと大きめの共同住宅の計画とかだとすぐ該当しちゃうじゃないの…。せっかく、住戸内の内装を木材にしようと思っていたのに…。

安心してください。地上の特殊建築物の内装制限は、比較的使いやすい緩和規定がありますよ！

●地上の特殊建築物の内装制限の緩和

以下**4つ全て**に該当させること（令128条の5第1項かっこ書）
①法別表1（い）欄（2）項（共同住宅・寄宿舎を含む）の建築物であること
②主要構造部を耐火構造又は準耐火構造とすること
③100㎡以内ごとに準耐火構造の床、壁、20分防火設備で区画すること（共同住宅の住戸の場合は200㎡以内）
④居室であること

④大規模建築物（階数が3以上で延べ面積が500㎡を超える場合）

特殊建築物以外の建築物であっても、階数が3以上で延べ面積が500㎡を超える場合、内装制限の対象になります（令128条の4第2項、令128条の5第4項）。

規制内容

壁と天井の内装を以下のように適合させること

居室	難燃材料 ※床面から1.2m以下の部分を除く
通路・階段	準不燃材料

⑤地下の特殊建築物

地上の特殊建築物（共同住宅・寄宿舎）は構造や規模による緩和がありましたが、地下の特殊建築物は構造や規模に関わらず、全て内装制限の対象です（令128条の4第1項三号、令128条の5第3項）。

規制内容

居室とその避難経路の壁と天井の内装を全て「準不燃材料」以上とすること

⑥内装無窓居室

内装無窓居室（p.133）になった場合は内装制限の対象になります（令128条の3の2、令128条の5第5項）。

規制内容

内装無窓居室とその避難経路の壁と天井の内装を「準不燃材料」以上とすること

内装制限の緩和について

内装制限の緩和について、個別に解説してきましたが、全ての内装制限の緩和に使える万能の緩和があります。その詳細な内容は、告示251号に記載されていますが、スプリンクラーなどの設備が必要になり、本書の規模の建築物だとこの緩和を使う可能性は低いので省略します。

まとめ　内装制限の適用を受ける建築物に該当したとしても、少なくとも「準不燃材料」にしておけば、全て適合する。
もし壁や天井の内装に「木材などの準不燃材料以外の材料」を使う場合は適合しない可能性があるので、そのときは緩和などの検討をすること。

参考ページ	建築物の防火避難規定の解説2016（第2版）	
		110　調理室等とその他の部分とが一体である室の内装制限
		111　電磁誘導加熱式調理器等の内装制限
		112　内装制限における柱・はり等の取扱い
		113　共同住宅の集会室等及び複合用途建築物内の住戸部分の内装制限
		192　質問と回答（番号91、92、93）

[単体規定]

2-11 地階

採光が緩和される代わりに、厳しくなる規制もある

関連 令22条の2
規制を受ける建築物 地階を有する建築物

地階の居室では、規制が緩和される項目、強化される項目、どちらもあります。そこで、以下のようにまとめました。

地階で緩和される項目	地階で強化される項目・追加される項目
・**地階の居室の採光規定**（p.129） ・容積率の緩和（p.96）	・**地階の住宅等の居室についての技術的基準（後述）** ・階段の寸法（p.141） ・内装制限（p.149） ・竪穴区画（p.182） ・地階にすることにより採光無窓となる場合、以下の避難規定の適用を受ける（p.132） －直通階段の歩行距離（p.168） －敷地内通路（p.180） －廊下の幅（p.204） －2以上の直通階段（p.206） －屋外階段（p.172） －手すりの高さ（p.173） －非常用の照明装置（p.215） ・地階にすることにより避難無窓となる場合、法35条の3の適用を受ける（p.132）

地階の居室は、避難が困難になることから、避難規定（p.190）全般の規制が厳しくなります。その代わり、地階で確保することが難しい採光については緩和があります。

地階の住宅等の居室についての技術的基準

地階の住宅等の居室は、防湿等の所定の基準に適合させる必要があります。

以下の**2つどちらにも**適合させること（令22条の2）
①防湿に関する措置として以下3つのいずれかに適合させること
・からぼりその他の空地に面する開口部が設けられていること
・令20条の2に規定する技術的基準に適合する換気設備が設けられていること
・居室内の湿度を調節する設備が設けられていること
②直接土に接する外壁・床・屋根その他これらに類するものに対して、防水に関する措置として以下3つのいずれかに適合させること
・常水面以上の部分を耐水材料で造り、かつ材料の接合部及びコンクリートの打継ぎ部分に防水措置を講じること
・直接土に接する部分に防水層を設けること
・直接土に接する部分（外壁・床）を耐水材料で造り、かつ、直接土に接する部分と居室に面する部分の間に居室内への水の浸透を防止するための空隙（当該空隙に浸透した水を有効に排出するための設備が設けられているものに限る。）を設けること

このうち、からぼりについての基準は図3-2-11-1をご参照ください。

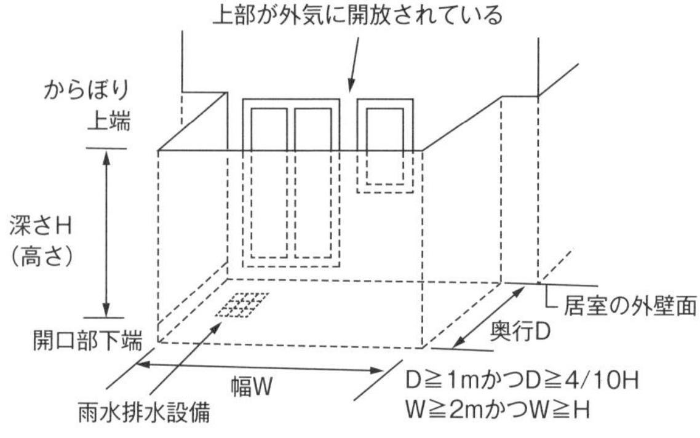

図3-2-11-1　からぼりの基準

（出典：熊谷組設計本部編著『全訂新版　建築関連法規の解説』理工図書、2017、p.202）

まとめ　地階の居室は、防湿等や避難規定など多くの規制が強化される。地階の居室の計画をする際は、これらの規制を慎重に確認すること。

[単体規定]

2-12 層間変形角の検討

「主要構造部が準耐火構造」で検討が必要な納得できる理由

関連 令109条の2の2
規制を受ける建築物 主要構造部が準耐火構造の建築物
令136条の2第一号ロの建築物

主要構造部を準耐火構造にした場合、層間変形角についての規制が出てきます。防火被覆と構造検討、全く関係ないように感じます。しかし、よくよく考えてみれば納得の理由があります。

規制内容

以下2つの**いずれか**に適合させること（令109条の2の2）
- 建築物の地上部分の層間変形角を1/150以内にすること
- 木造（軸組）の場合、壁量計算で必要壁量（令46条）の1.25倍を確保すること

どうして、主要構造部を準耐火構造にしたら、いきなり層間変形角の話になるの？

それは、地震が起こったときに被覆材が剥がれないようにするためです。

主要構造部を準耐火構造にする場合、間柱や下地を石膏ボード等で被覆します。ところが、地震の発生などで建築物が大きく揺れ、被覆材が損傷してしまう可能性があります。これでは準耐火構造にしている意味がありません。

そこで、層間変形角の規制を強化します。層間変形角の規制を強化するということは、建築物の変形を少なくするということです。変形を少なくする

ことにより、被覆材が剥がれ落ちることを防いでいます。

なるほど！それだったら納得の理由だね。ところで、適合させる方法に、「必要壁量の1.25倍」があるのはどうして？法文（令109条の2の2）にはそんなこと書いてないけど？

これは、木造の仕様規定と比較してみると納得できると思います！（認められる場合が多いですが、法文に書いてある内容ではないので、念のために申請先などへの確認をオススメします）

仕様規定により、木造建築物で行う通常の壁量計算では、層間変形角は1/120であると想定できます（令82条の2）。その1/120を1/150にするためには、壁量を1.25倍すれば良いという考えに基づいています。

木造3階建ての場合は、許容応力度などの構造計算を行っているので層間変形角をそのまま計算できます。しかし、木造2階建て以下の場合は一般的には構造計算を行っていないです。そこで、壁量計算をし、必要壁量の1.25倍を確保していることを確認した方が検討が簡単です。

まとめ　被覆材が損傷しないよう、層間変形角の検討が必要

コラム④ 豪邸の一戸建て住宅は、さまざまな規制を受ける

この章までで、2階建て以下の一戸建て住宅に適用される主な法規は全てご説明しました。思ったよりも適用される法規が少なく、びっくりされた方もいるかもしれません。

一戸建て住宅は、建築物を利用する人数も少なく、しかも利用するのはそこに住んでいる住人なので、避難経路なども熟知しています。これらの観点から、建築基準法において、一戸建て住宅はそこまで厳しい規制を受けません。

しかし、それは一般的な規模の一戸建て住宅の話です。大金持ちが住むような大豪邸は、一戸建て住宅であっても、全く異なる規制を受けます。はっきり言って、一戸建て住宅とは思えない、別物の建築物になります。

以前、普段は延べ面積100㎡程度の一戸建て住宅を設計している方から、延べ面積900㎡程の一戸建て住宅の設計についてのご相談をいただいたことがあります。その方は非常に優秀な設計者なのですが、延べ面積100㎡程度の一戸建て住宅と同じ法規だと思って設計してしまっており、たくさんの法規を見落としていました。見落としていた法規の話をしたとき「一戸建て住宅なのに、そんなに規制が増えるの？」とびっくりされていました。それくらい、別物になってしまいます。

本書をお手に取った方が、どこまでの規模の一戸建て住宅の設計を行っているかわかりませんが、おそらく一般的な延べ面積100㎡程度の設計をしている方が多いだろうと思って、本書を書いています。ただ、もしかしたら石油王みたいな方から、いきなり大豪邸を建てたいと依頼があるかもしれないですよね。そのときにその規制が適用になるかわかっていると強いと思うので、このコラムで紹介します（基本的には、逆引き表を見ればわかる内容です）。

建築基準法には、超えたら規制が一気に増えるボーダーラインがあります。そのボーダーラインと適用される規制を以下にまとめました。

2階の居室の床面積が200㎡を超える場合	2以上の直通階段※ （令121条1項六号ロ）	階段が2つ必要になります。ただし、主要構造部を不燃材料で造るか、準耐火構造にした場合は居室の床面積が倍の400㎡を超える場合で適用になります。
	階段の寸法の規制強化（令23条）	階段の寸法が厳しくなります。通常、階段の幅が75㎝以上のところが120㎝以上になります。
階の居室の床面積が200㎡を超える場合	廊下の幅員※ （令119条）	全ての廊下の幅員が1.2m、厳しいと1.6m必要になります。
木造で建築面積が300㎡を超える場合	小屋裏の隔壁 （令114条3項）	小屋裏部分に隔壁が必要になります。
準防火地域内の規制により、主要構造部を準耐火構造（1時間を除く）又はロ-1準耐火構造にして、延べ面積が500㎡を超えた場合	面積区画 （令112条4項）	床面積500㎡以内ごとに防火区画が必要になります。

※避難規定（p.190）の適用を受ける建築物に限る

以上いずれかに該当した場合は、このコラムの話を思い出して、法規の確認をしてください。

コラム⑤ 異なる区域・地域・地区の内外にまたがる場合の取り扱い

建築地によっては、用途地域や、建ぺい率・容積率、防火指定の異なる地域にまたがることもあるでしょう。この場合、規制の適用はどうなるでしょうか。

結論として、非常に面倒なことに、**規制ごとに考え方が異なります**。

そこで、主な「またがるケース」を下記にまとめます。

<table>
<tr><th>法文</th><th>考え方</th><th>根拠法文</th></tr>
<tr><td>採光（法28条）</td><td rowspan="3">敷地の過半を占める区域・地域・地区の規制とする</td><td>法91条</td></tr>
<tr><td>用途地域（法48条）</td><td>法91条</td></tr>
<tr><td>敷地面積の最低限度（法53条の2）</td><td>法91条</td></tr>
<tr><td>容積率（法52条）</td><td rowspan="2">敷地の面積按分（加重平均）による</td><td>法52条7項</td></tr>
<tr><td>建ぺい率（法53条）</td><td>法53条2項</td></tr>
<tr><td>防火地域の内外における建ぺい率の緩和（法53条3項・6項）</td><td>敷地全体</td><td>法53条7項・8項</td></tr>
<tr><td>第一種低層住居専用地域、第二種低層住居専用地域内の外壁の後退距離（法54条）</td><td rowspan="5">建築物の属する部分による</td><td>—</td></tr>
<tr><td>第一種低層住居専用地域、第二種低層住居専用地域内の高さ制限（法55条）</td><td>—</td></tr>
<tr><td>道路斜線（法56条）</td><td>法別表3備考1</td></tr>
<tr><td>隣地斜線（法56条）</td><td>法56条5項</td></tr>
<tr><td>北側斜線（法56条）</td><td>法56条5項</td></tr>
<tr><td>日影規制（法56条の2）</td><td>建築物の属する部分と、影が落ちる隣地の地域の制限による</td><td>法56条の2第5項</td></tr>
<tr><td>屋根不燃の区域（法22条区域）（法22条）</td><td>建築物全体が法22条区域にあるとみなされる</td><td>法24条</td></tr>
<tr><td>防火地域（法61条）</td><td>建築物全体が防火地域にあるとみなされる</td><td>法65条</td></tr>
<tr><td>準防火地域（法61条）</td><td>建築物全体が準防火地域にあるとみなされる</td><td>法65条</td></tr>
<tr><td>高度地区（法58条）</td><td>特定行政庁により異なる</td><td>—</td></tr>
</table>

敷地の過半を占める区域・地域・地区の規制とするもの

採光（法28条）（p.129）
用途地域（法48条）（p.92）
敷地面積の最低限度（法53条の2）（p.119）

それぞれの敷地面積を比較し、過半を占める区域・地域・地区の規制を敷地全体に適用します。

例えば、採光補正係数は用途地域によって計算に用いる数値が異なることがあります。その場合、計算に用いる窓がどこの用途地域にあるのかは関係なく、敷地の過半を占める部分の数値を用いて計算をします。

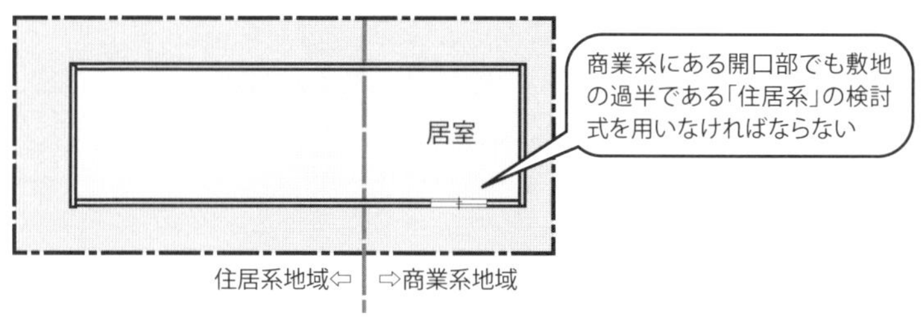
商業系にある開口部でも敷地の過半である「住居系」の検討式を用いなければならない
居室
住居系地域⇦
⇨商業系地域

図3-C-1 またがるケース（採光計算）

敷地の面積按分（加重平均）によるもの

容積率（法52条）（p.96）
建ぺい率（法53条）（p.99）

定められている容積率・建ぺい率の限度が異なる2つの用途地域をまたぐこともあるでしょう。その場合、用途地域ごとの敷地面積の面積按分（加重平均）で計算します。

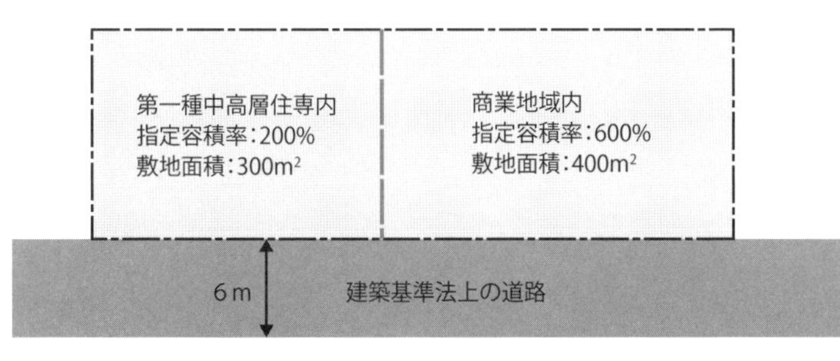

都市計画による容積率 200%
前面道路による容積率
6 ×0.4×100＝240%
小さい方…200%

都市計画による容積率 600%
前面道路による容積率
6 ×0.6×100＝360%
小さい方…360%

$$\frac{300\text{m}^2\times 200\% + 400\text{m}^2\times 360\%}{700\text{m}^2\ (=300\text{m}^2+400\text{m}^2)} = 291.42\ (\%)$$

図3-C-2 またがるケース（容積率）

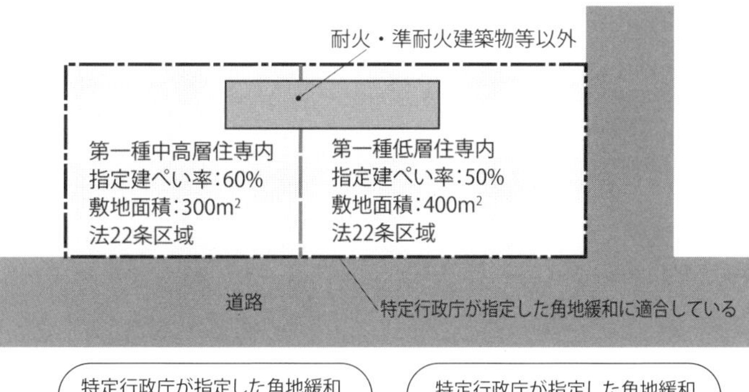

特定行政庁が指定した角地緩和に該当（＋10%）
都市計画による建ぺい率60%
60%＋10%＝70%

特定行政庁が指定した角地緩和に該当（＋10%）
都市計画による建ぺい率50%
50%＋10%＝60%

$$\frac{300\text{m}^2\times 70\% + 400\text{m}^2\times 60\%}{700\text{m}^2\ (=300\text{m}^2+400\text{m}^2)} = 64.285\cdots\ (\%)$$

図3-C-3 またがるケース（建ぺい率）

敷地全体を防火地域（準防火地域）とみなすもの

防火地域の内外における建ぺい率の緩和（法53条3項、6項）（p.99）

防火地域等の耐火建築物等は、建ぺい率の＋10％（または20％）の緩和を受けることができます。ただし、防火・準防火地域などをまたぐこともあるでしょう。その場合、敷地全体がより厳しい規制の地域内にあるものとみなされます。

防火地域とその他の区域をまたぐ場合
（法 53条 7 項）
⇒敷地全体を防火地域とみなす
（20% の緩和となる）

防火地域
準防火地域又は
法22条区域等
80%＋
緩和 20%
80%
耐火建築物
80%＋緩和 20%

準防火地域とその他の区域をまたぐ場合
（法 53条 8 項）
⇒敷地全体を準防火地域とみなす
（10% の緩和となる）

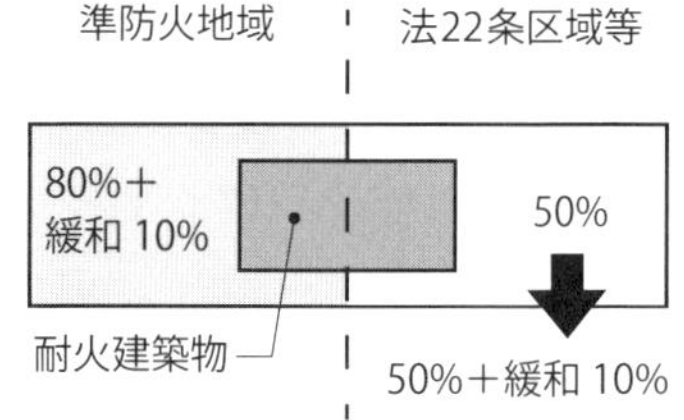

図3-C-4 またがるケース（防火地域内外の建ぺい率緩和）

建築物の属する部分によるもの

第一種低層住居専用地域、第二種低層住居専用地域内の外壁の後退距離（法54条）（p.121）
第一種低層住居専用地域、第二種低層住居専用地域内の高さ制限（法55条）（p.102）
道路斜線（法56条）（p.102）
隣地斜線（法56条）
北側斜線（法56条）（p.109）
日影規制（法56条の2）（p.113）

高さ制限（道路斜線・隣地斜線・北側斜線）は、用途地域によって適用を受ける制限や、勾配が異なります。用途地域をまたぐと検討が複雑になりますので、特に注意が必要です。基本的には、図3-C-5のようにそれぞれの用途地域に属する部分には、その用途地域で定められた勾配がかかります。なお、日影規制については、p.114でお伝えした通り、隣地の用途地域も影響します。

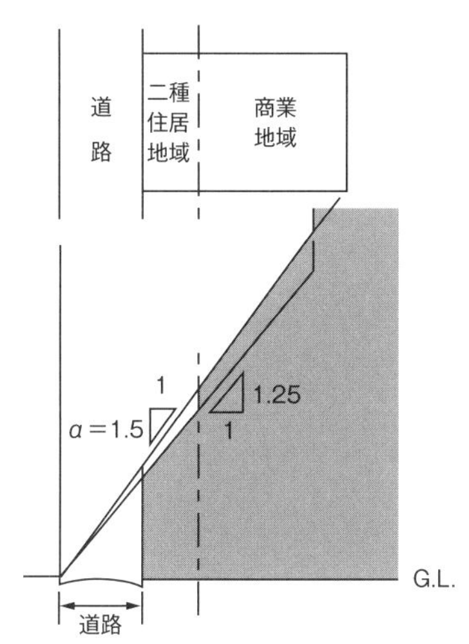

図3-C-5 またがるケース（高さ制限）　（出典：『建築申請memo』16-4を一部修正）

建築物全体が法22条区域・防火地域・準防火地域にあるとみなされるもの

屋根不燃の区域（法22条区域）（法22条）（p.116）
防火地域（法61条）（p.116）
準防火地域（法62条）（p.116）

建築物が防火地域や準防火地域、法22条区域をまたいだ場合は、原則として「厳しい地域」の規制を適用します。

ただし、厳しくないほうの地域で防火壁（令113条）による区画がされている場合、防火壁外には「厳しくないほうの地域」の規制が適用されます。

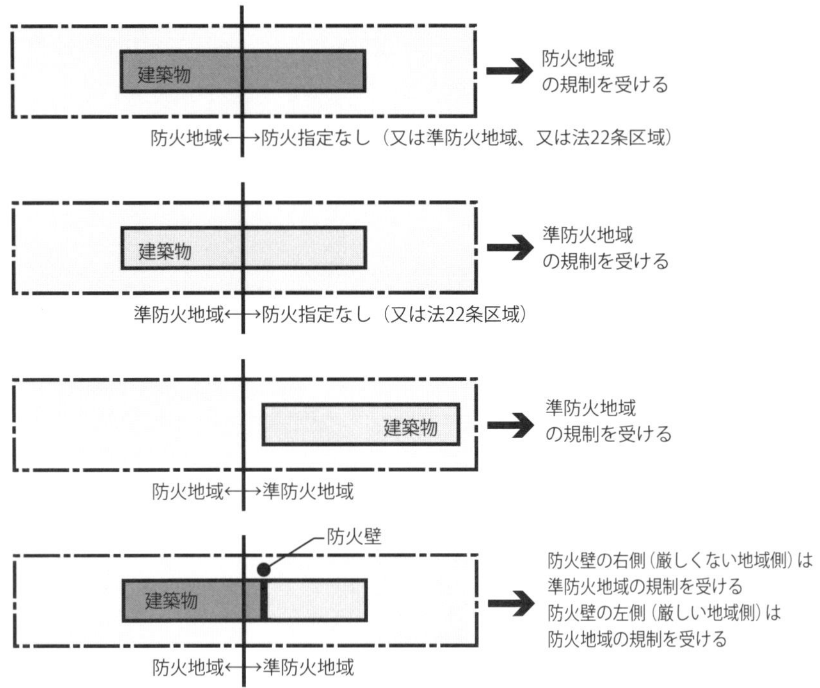

図3-C-6 またがるケース（防火指定）

特定行政庁により異なるもの

高度地区（法58条）

そもそも、高度地区は特定行政庁により指定されるものです。したがって、またがる場合の考え方についても特定行政庁に確認をした方がいいでしょう。

第4章

3階建ての住宅（共同住宅・寄宿舎は2階建て以下も含む）に適用される法規

3階建ての住宅って、「確認申請の特例が使えなくなること（2章）」と「構造計算が厳しくなること（3章）」がわかったけど、他に追加で受ける規制はあるかな？

他にも、2階建てよりも避難上不利になることから、3階建てになるといくつかの規制を追加で受けます。この章で確認していきましょう！

1 直通階段

一戸建て住宅の直通階段なら、規制はある程度緩くなる

関連 法35条、令117条、令120条、令125条
規制を受ける建築物 ・階数3以上の建築物　・特殊建築物（共同住宅・寄宿舎）
・令116条の2第1項一号の無窓居室（採光無窓）がある建築物

火災が発生した場合、速やかに居室から廊下・階段を通って屋外に避難する必要があります。そこで、居室から直通階段（後述）までの歩行距離を定めています。

規制内容

居室の各部分から直通階段までの距離を以下の表の数値以下にすること※（令120条1項、2項）

居室の種類	主要構造部が準耐火構造又は不燃材料で造られている建築物の場合		その他
	居室及び階段・廊下の壁（床から1.2m以下の部分を除く）と天井を準不燃材料以上とした場合	その他	
採光無窓（令116条の2第1項一号）	40m	30m	30m
法別表1（2）の特殊建築物の居室（本書では共同住宅、寄宿舎）	60m	50m	30m
上記以外の居室	60m	50m	40m

※避難階においては、階段から出口までの距離を表の数値以下とし、居室の各部分から出口までの距離をその数値の2倍以下とすること（令125条1項）

適用除外

メゾネット型の共同住宅の住戸の場合、主要構造部が準耐火構造であり、その階数が2又は3で、住戸内の各居室から直通階段まで40m以下の場合には規制を受けない（後述）（令120条4項）

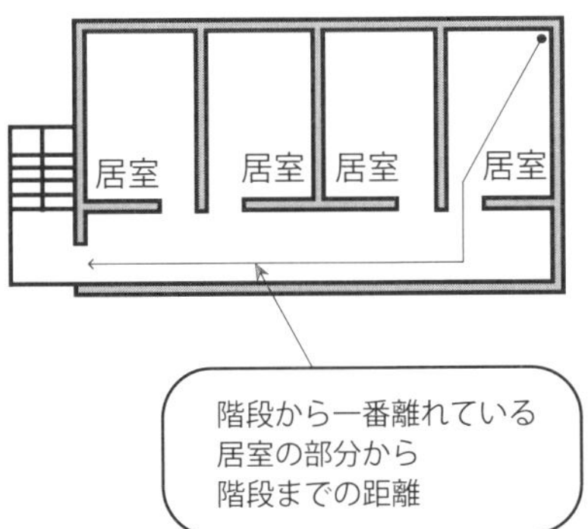

図4-1-1 歩行距離の例

どんなに短くても、各居室から階段まで30m以下なら、そんなに難しくなさそう！よかった〜！

確かに、歩行距離を適合させることは難しくないかもしれません。それより難しいのは、**直通階段に該当させること**です。

直通階段は、一般的な階段と同じではありません。直通階段とは、「**各階で次の階段まで誤りなく通じ、避難階や地上まで直通する階段**」です。したがって、次の階段までの経路が不明確なもの、間に扉などの障害物があるものは、直通階段にはなりません。

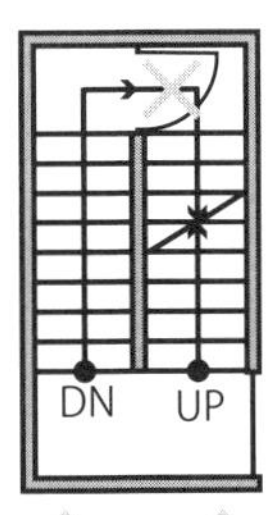

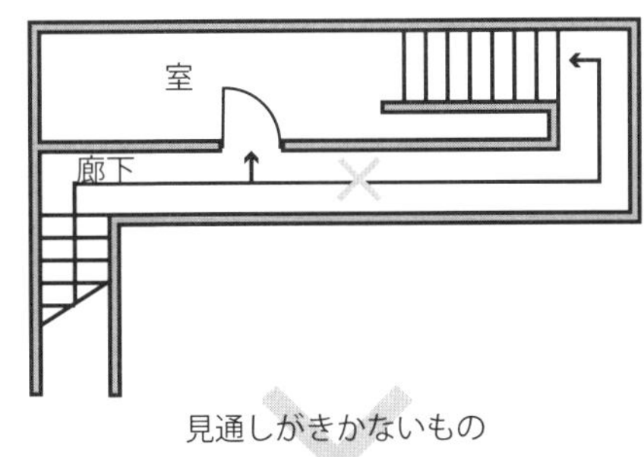

図4-1-2 直通階段に該当しない例　（『建築物の防火避難規定の解説 2016（第2版）』p.42より）

いやいや、僕が今計画しようとしているのは一戸建て住宅だから、次の経路はわかるに決まってるし、扉くらいついてても問題なく避難できると思うんだけど…。

確かに、一戸建て住宅には厳しすぎるかもしれません…。だから、一戸建て住宅に限り、特例があります。

一戸建て住宅であれば、利用者が特定されているので、多少の経路の曲折があっても順路が明らかなものは、直通階段とみなされます（『建築物の防火避難規定の解説 2016（第2版）』p.42)。

共同住宅のメゾネット住戸の適用除外

ところで、メゾネット型の共同住宅の住戸って適合させるの不可能じゃない？だって、階段と次の経路との間に絶対に扉があるよね？

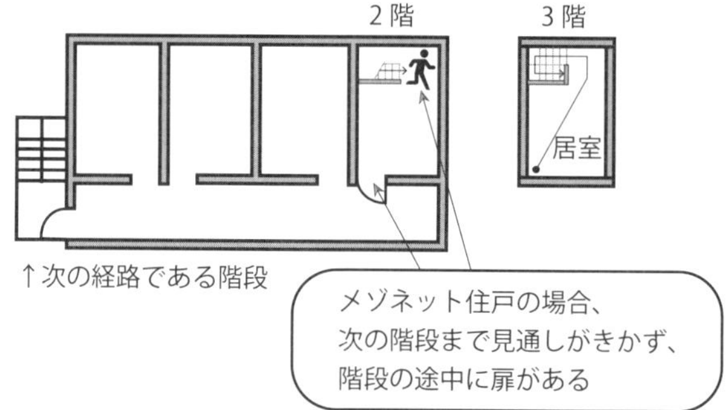

図4-1-3 メゾネット住戸の直通階段−1

鋭いですね！その通りです。だから、メゾネット型の共同住宅の住戸の場合、直通階段にすることは難しいので、除外規定があるんです。

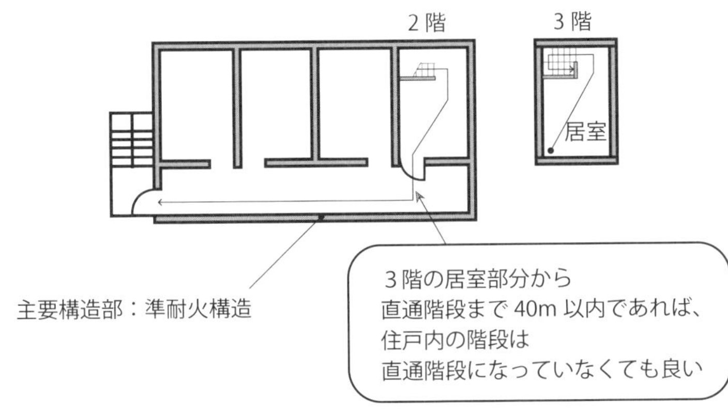
2階
3階
居室
主要構造部：準耐火構造
3階の居室部分から
直通階段まで40m以内であれば、
住戸内の階段は
直通階段になっていなくても良い

図4-1-4 メゾネット住戸の直通階段−2

メゾネット型の共同住宅の住戸の「住戸内階段」の場合、次の経路までの見通しはきかず、扉もあるので、直通階段に該当しません。そこで、厳しい歩行距離（p.168、適用除外欄）を満たせば、直通階段の規定が適用除外されます。

まとめ 本書で扱う建築物は、比較的小規模なので、直通階段の歩行距離の条件を満たせなくなることは少ない。
また、直通階段に該当させるには条件があるが、一戸建て住宅の場合は特例の扱いがあるため、そこまで苦労することはない。

参考ページ

建築物の防火避難規定の解説 2016（第2版）

42　直通階段の要件
44　歩行距離の緩和における内装不燃化の範囲
45　メゾネット型共同住宅の住戸の直通階段までの歩行距離
181、182、202
質問と回答（番号35、36、37、150）

2 屋外階段

屋外階段は原則として木造にできない

関連 法35条、令117条、令121条の2
規制を受ける建築物 ・階数３以上の建築物　・特殊建築物（共同住宅・寄宿舎）
・令116条の２第１項一号の無窓居室（採光無窓）がある建築物

屋外階段は原則として、木造にできません。木造だと腐朽することによって崩落する危険性があるからです。ただし、例外もあります。

規制内容

屋外階段は木造としてはならない（令121条の2）

適用除外

以下**2つどちらにも**該当させること
①階段を準耐火構造とすること
②階段に防腐措置をすること

今回の規制は「屋外階段」に対しての規制です（屋外階段の定義はp.142）。屋外階段は、木造で計画することも可能ですが、準耐火構造とし、防腐措置をしなくてはなりません。

防腐措置の方法については国交省の「木造の屋外階段等の防腐措置等ガイドライン」で定められています。こちらを確認の上、計画してください。

参考ページ	建築物の防火避難規定の解説 2016（第2版）	115　屋外階段と屋外避難階段の取扱い

3 手すり高さ

手すりの高さの規制は全ての建築物に適用されるわけではない

関連 法 35 条、令 117 条、令 126 条

規制を受ける建築物 ・階数 3 以上の建築物　・特殊建築物（共同住宅・寄宿舎）
・令 116 条の 2 第 1 項一号の無窓居室（採光無窓）がある建築物

建築物から落下などをしないように、建築基準法では屋上広場やバルコニーの手すりに対して高さの規制があります。

規制内容

以下の部分に安全上必要な高さが1.1m以上の手すり壁、さく又は金網を設けること（令126条1項）

・2階以上の階にあるバルコニー　・屋上広場
・その他これに類するもの…（例）ー避難施設及び避難経路の部分である階段の踊場
ー吹抜けに面した廊下等
（『建築物の防火避難規定の解説 2016（第2版）』p.65）

手すりの高さの規制があるのは知っていたけど、これって2階建ての一戸建て住宅とかは守らなくていいってこと？

法文上は、2階建ての一戸建て住宅であれば、無窓居室がある場合を除き、確かにこの規制は受けません。もちろん、安全対策として、守った方が良いですが…。

手すりの高さの規制を受ける建築物は令117条に記されている建築物です。3階建ての建築物や、特殊建築物（共同住宅・寄宿舎など）は規制対象ですが、2階建ての一戸建て住宅や長屋は採光上の無窓居室がない限り、規制対象ではありません。もちろん落下防止のため、2階建ての一戸建て住宅などでも手すりの高さは1.1m以上にした方が安全ですが、法的には規制されていません。

参考ページ	建築物の防火避難規定の解説 2016（第2版）	65	階段の踊場等における手すりの設置

4 代替進入口

消防隊員が安全に建物内に進入できるか

関連 法35条、令126条の6
規制を受ける建築物 階数3以上の建築物

法文では、階数3以上の建築物には**非常用進入口を設けるのが原則**です。しかし、バルコニーの設置などが必要な非常用進入口は、住宅に設けることは現実的ではないので、ほぼ100%**ただし書き二号の「代替進入口」**を設けます（令126条の6第二号）。よって、今回は代替進入口をメインとして説明します。

規制内容

代替進入口は以下**3つ全て**に適合させること（令126条の6）
①3階以上の階には、道又は道に通ずる幅員4m以上の通路に面する壁面に、長さ10m以内ごとに所定の開口部を設けること
②所定の開口部は、「直径1m以上の円」又は「75cm以上×1.2m以上」の大きさにすること
③所定の開口部は、進入を妨げる構造にしないこと

代替進入口は、火災時にはしご車を用いて消防隊員が建築物内に入り、救助活動をするための開口部です。よって、消防隊員が建築物内に入れる計画になっているか？を意識すると、規制内容がわかりやすくなります。それぞれの基準を確認してみましょう。

①道又は道に通ずる幅員4m以上の通路に面する壁面に、長さ10m以内ごとに所定の開口部を設けること

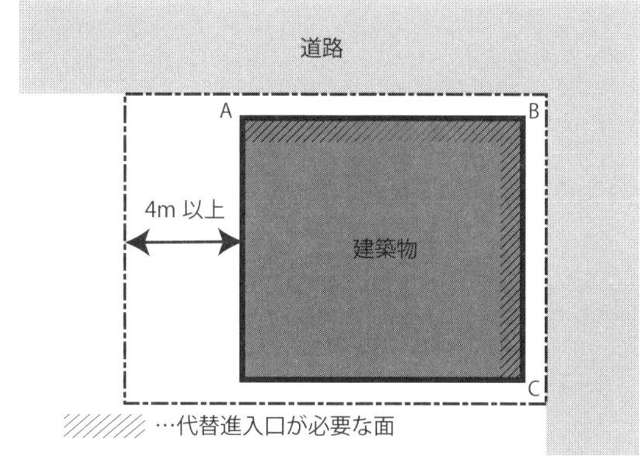

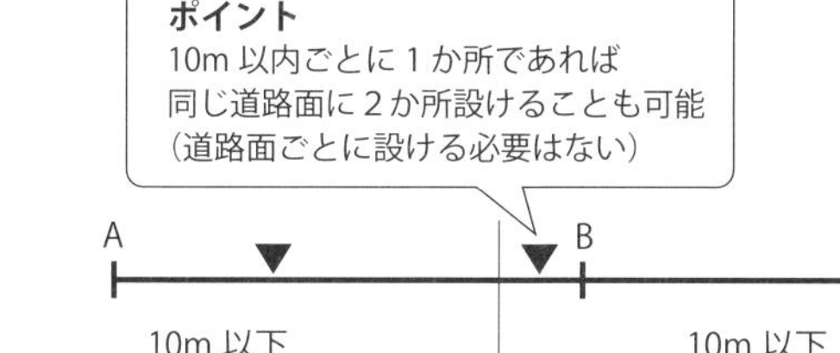

図4-4-1 長さ10m以内ごとの考え方

ちょっと待って！道だけじゃなくて、4m以上の通路に面する部分にも開口部を設けるんだよね？だったら、**左側の壁面にも追加**で所定の開口部を設けなきゃいけないんじゃないの？

それはよくある勘違いです！代替進入口は道に面する部分に設けるか、4m以上の通路に面する部分に設けるか**任意に選択**できるので、両方に設ける必要はありません。

法文を読むと、「道又は道に通ずる幅員4m以上の通路」と書かれています。「又は」なので、どちらか任意で選択できます。図4-4-1の計画の場合、「道に面する作戦」か「4m以上の通路に面する作戦」どちらを選ぶかで代替進入口の設置箇所が変わります。

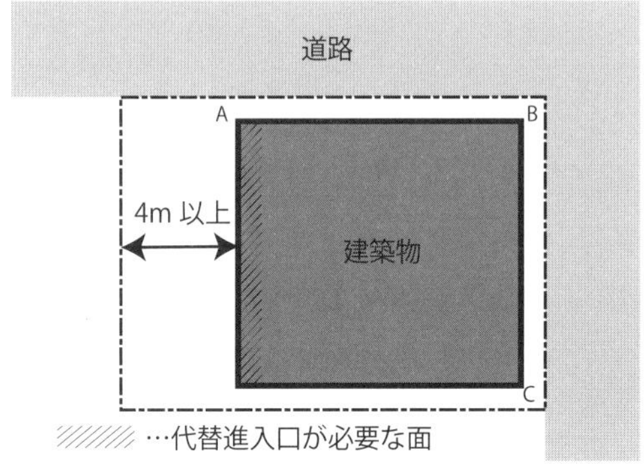

図4-4-2 4m以上の通路に面すると考えた場合の代替進入口が必要な面

さっきの計画だと「4m以上の通路に面する作戦」を選択した方が、代替進入口を設置する面が減るね！

もし「4m以上の通路に面する作戦」を選択した場合は、その通路部分には障害となる建築物や外構、段差などを設けることが難しいです。理由は、はしご車が通れなくなるからです。その他、注意すべきポイントを図解したので合わせて確認してください。

▼バルコニーが道又は通路に面していれば、バルコニーを経由した位置に所定の開口部を設けてもよい。

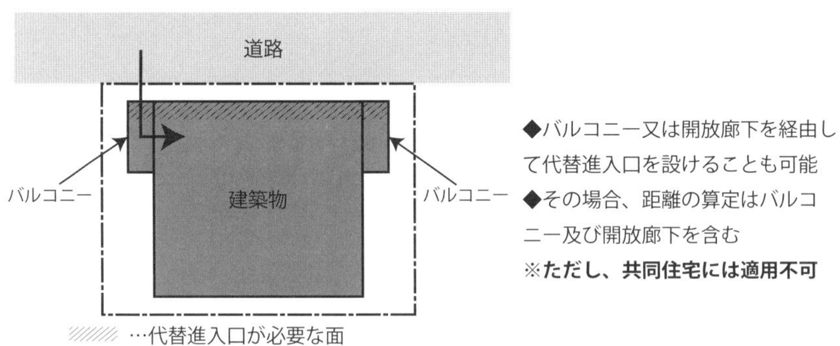

図4-4-3 バルコニーを経由した場合の代替進入口が必要な面

（『建築物の防火避難規定の解説 2016（第2版）』p.94より）

▼路地状敷地のような4m以上の接道をしていない敷地も所定の条件を満たせば、適合させることができる。

以下の**5つ全て**に適合させること
①道から非常用の進入口等までの延長が20m以下であること
②路地状部分の幅員が2m以上であること
③地階を除く階数が3であること
④特殊建築物の用途に供するものでないこと（**共同住宅、寄宿舎は適用不可**）
⑤非常用の進入口等が、道から直接確認できる位置に消火活動上有効に設置されていること

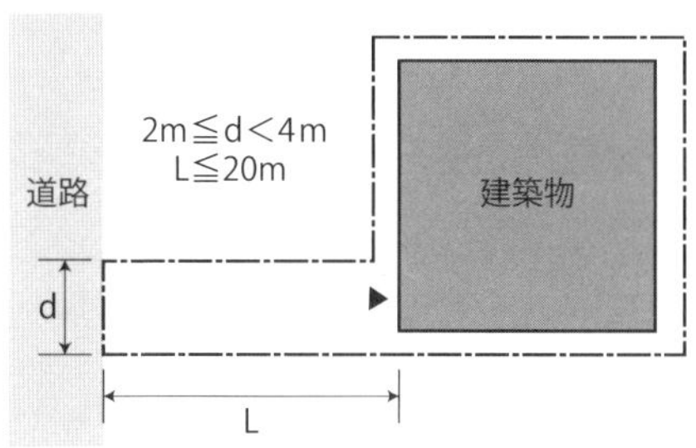

図4-4-4 路地状敷地の場合の取扱い　（『建築物の防火避難規定の解説 2016（第2版）』p.144より）

内容はわかったけど、**共同住宅（特殊建築物）はどちらも適用できない**なんて厳しくない？

そうなんです。その代わり**共同住宅なら「共同住宅の特例」（後述）が設けられている**ので、そちらを使えば適合させやすいかもしれません！

②所定の開口部は、「直径1m以上の円」又は「75cm以上×1.2m以上」の大きさにすること

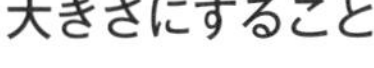

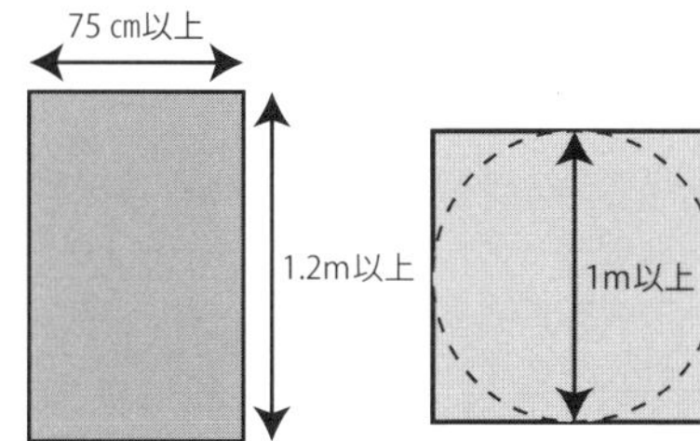

図4-4-5 代替進入口に必要な寸法

代替進入口は建物内に進入できるように、一定以上の開口部の大きさが必要です。基本的に、引違い窓や開き窓の場合は開けた部分、はめ殺し窓の場合は破壊可能なガラス部分で図4-4-5に示す寸法が最低限必要です。

③所定の開口部は、進入を妨げる構造にしないこと

以下の開口部は「進入を妨げるもの」として代替進入口とは認められない

- 外部から開放不能なドア
- 金属製格子・手すり（破壊の容易な木製のものは可）がついたもの
- ルーバーがついたもの
- 窓等を覆う看板・広告板・ネオン管等がついたもの

※1 網入りガラス入りの引違い窓及び開き窓は、進入を妨げる構造には該当しないとして取り扱うこととする

※2 代替進入口の下端から床面までの高さは、1.2m以下が望ましい

（『建築物の防火避難規定の解説 2016（第2版）』p.98より）

※1の部分が気になるんだけど、網入りガラスは引違い窓と開き窓なら認められているけど、はめ殺し窓とかはダメってこと？

いいところに気がつきましたね！その通りです。網入りガラスのはめ殺し窓は原則、進入を妨げる構造なので代替進入口とは認められません。理由は、足場がない不安定な状態だと、消防隊員が網入りガラスのはめ殺し窓を破壊できないからです。

共同住宅の場合の特例

代替進入口（非常用進入口）には、共同住宅だけに使える特例があります。もちろん、特例を使わずに通常の方法で代替進入口を設置しても構いませんが、共同住宅の場合は特例を使った方が適合しやすい場合が多いです。

共同住宅の代替進入口の位置は以下の**いずれか**に適合させればよい（住建発85号）

- 共用廊下又は共用階段の踊り場部分へ進入可能で、全住戸に歩行距離20m以内で到達可能
- 各住戸のバルコニーへ進入可能

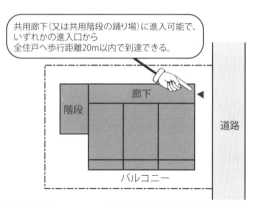

共用廊下（又は共用階段の踊り場）に進入可能で、
いずれかの進入口から
全住戸へ歩行距離20m以内で到達できる。

廊下

階段

道路

バルコニー

図4-4-6 共同住宅の特例−1　（『建築物の防火避難規定の解説 2016（第2版）』p.95より）

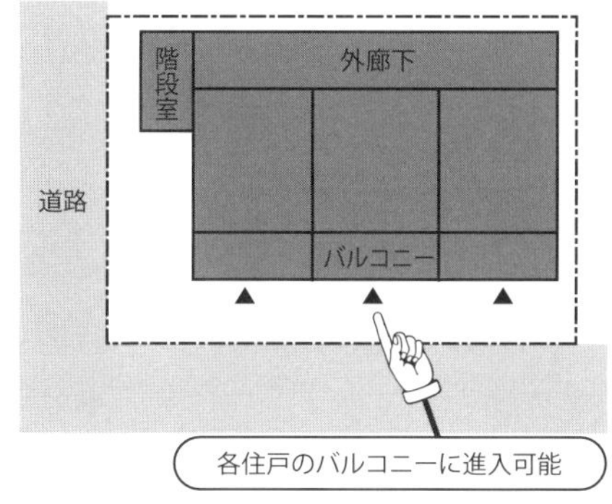

図4-4-7 共同住宅の特例−2　（『建築物の防火避難規定の解説 2016（第2版）』p.95より）

まとめ　代替進入口は、消防隊員が建物内に進入するための開口。はしご車を使った消防隊員が建物内に進入できるかどうかを意識するとよい。

参考ページ	建築物の防火避難規定の解説 2016（第2版）	**94**　**非常用の進入口又は代替進入口を設置すべき外壁面** **95**　**共同住宅に設ける代替進入口の特例** 96　屋窓・ドーマー等の開口部に係る代替進入口 **97**　**非常用の進入口又は代替進入口の配置** **98**　**代替進入口の「進入を妨げる構造」の取扱い** **144**　**非常用の進入口の設置路地状敷地の非常用の進入口の取扱い** 188～190　質問と回答（番号76～83）

5 敷地内通路

延べ面積によって確保すべき寸法が異なる

関連 法35条、令125条の2、令128条

規制を受ける建築物
- 階数3以上の建築物
- 特殊建築物（共同住宅・寄宿舎）
- 令116条の2第1項一号の無窓居室（採光無窓）がある建築物
- 令116条の2第1項二号の無窓居室（排煙無窓）がある建築物

建築物の敷地内には、避難上の観点から所定の通路を設ける必要があります。

規制内容

以下**2つ全て**に適合させること

①屋外への出口から道（公園、広場その他の空地を含む）に通ずる通路を確保すること（令128条）
通路の幅員については以下の表の通りとする

階数及び面積	通路の幅員
階数が3以下で延べ面積が200㎡未満	90cm以上
上記以外	1.5m以上

②屋外への出口の戸に設ける施錠設備は、屋内からかぎを用いることなく解錠できるものとすること（令125条の2）

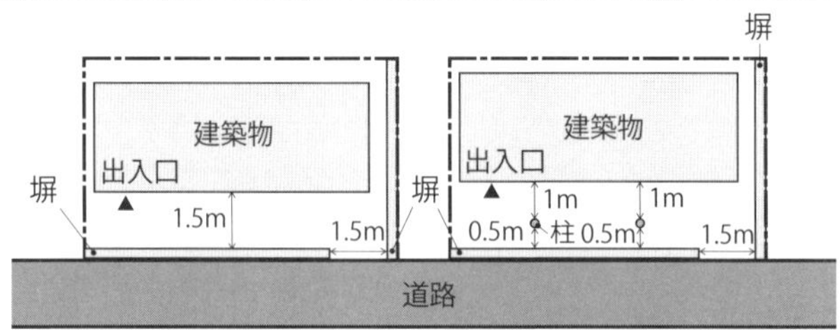

図4-5-1 敷地内通路の寸法の考え方 （『建築物の防火避難規定の解説 2016（第2版）』p.99より）

通路に塀や柱等が計画されている場合、避難の支障となるので、有効幅員に含めたり、合算した幅員とすることはできません。敷地内の外構計画も合わせて確認しましょう。

まとめ 規模が小さい場合は幅員90cm以上でよいが、塀や柱などの支障がないか注意すること

point 合わせて確認すべき「地方公共団体の条例」

地方公共団体の条例により、長屋・共同住宅・寄宿舎は主要な出入口を道路に面して計画することや、1.5mより大きな通路幅が必要になることもあります。（例えば、東京都建築安全条例17条では、共同住宅の主要な出入口は、道路に面した位置に設けるか、道路に面して設けられない場合、最大3mの通路が必要になるとされています）

参考ページ	建築物の防火避難規定の解説 2016（第2版）	**99　敷地内の通路の取扱い** 190、191、203 質問と回答（番号84 ～ 89、153）

6 竪穴区画

一戸建て住宅であっても規制を受ける可能性がある防火区画

関連 法36条、令112条11項～17項

規制を受ける建築物
- 主要構造部が準耐火構造で、地階又は3階以上の階に居室を有する建築物
- 令136条の2第一号ロ、第二号ロの建築物で、地階又は3階以上の階に居室を有する建築物
- 3階建てで、200㎡未満の共同住宅、寄宿舎

防火区画（令112条）には、面積区画、高層区画、竪穴区画、異種用途区画の4つがあり、規模が大きい建築物に対して適用になることが多いです。しかし、竪穴区画は比較的小規模な建築物に対しても適用になります。場合によっては、一戸建て住宅でも適用されるので、注意が必要です。

規制内容

竪穴部分とその他の部分を以下の方法で区画すること（令112条11項～13項）

対象建築物	方法
・主要構造部が準耐火構造で、地階又は3階以上の階に居室を有する建築物 ・令136条の2第一号ロ、第二号ロに該当し、地階又は3階以上の階に居室を有する建築物（令112条11項）	・準耐火構造の床、壁※1 ・20分防火設備＋「閉鎖性能＋遮煙性能」※2,3
・上記以外の建築物のうち、3階建てで、200㎡未満の共同住宅、寄宿舎（令112条13項）	・間仕切壁 ・ふすま、障子以外の戸＋「閉鎖性能＋遮煙性能」※2

※1　スパンドレルを設けること（令112条16項）
※2　配管などが防火区画を貫通する場合、所定の構造に適合させること（令112条20項、21条）
※3　鉄製網入りガラス入り等のはめ殺し戸であれば、常時閉鎖状態を保持することができる開口部として認められる（『建築物の防火避難規定の解説 2016（第2版）』p.132）

適用除外

以下の**いずれかに**該当する建築物、建築物の部分

- 階数が3以下で延べ面積が200㎡以内の**一戸建て住宅**の竪穴部分（令112条11項二号）
- 階数が3以下で床面積の合計が200㎡以内の**長屋・共同住宅のメゾネット住戸**内の竪穴部分（令112条11項二号）
- 店舗等を兼用する3階建ての一戸建て住宅で、店舗と住宅部分（200㎡以下）を有効に区画したもの（『建築物の防火避難規定の解説 2016（第2版）』p.127）
- 所定の条件を満たした2層の竪穴部分（令112条11項一号）
- 直接外気に開放された廊下、バルコニーと竪穴部分との区画（令112条11項本文かっこ書）

そもそも、「竪穴部分」って何？

竪穴部分とは、吹抜け部分、階段部分、昇降機の昇降路部分、長屋・共同住宅のメゾネット住戸部分など、他の階と上下方向に繋がっている部分です。

竪穴区画は、火災発生時に煙を広げないための区画です。煙は、水平方向への移動は遅いですが、鉛直方向への移動は早いです。よって、階段室などの他の階と繋がっている空間では、あっという間に煙が広がってしまいます。

そこで、階段室などの竪穴部分とその他の部分を区画し、煙を特定の階に留めるようにします。

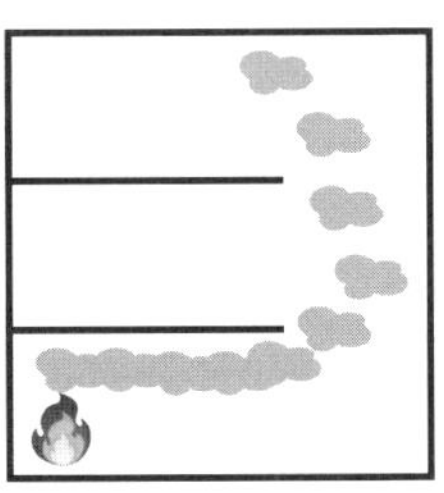

竪穴区画しない場合

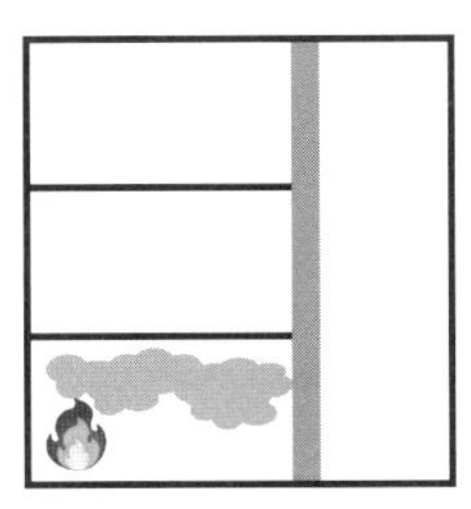

竪穴区画した場合

図4-6-1 竪穴区画をした場合としない場合

では、細かい内容について解説していきます。

スパンドレルとは？

スパンドレル（令112条16項）とは、建築物内部からではなく、建築物外部からの回りこみによる延焼を防止するための壁です。竪穴区画をする場合、スパンドレルも必要になります。

防火区画（竪穴区画）とぶつかる外壁は、そこを含む90cm以上の外壁（又は、50cm以上突出した庇、袖壁）を準耐火構造とし、開口部があった場合は20分防火設備としなければなりません。これを満たす部分がスパンドレルです。

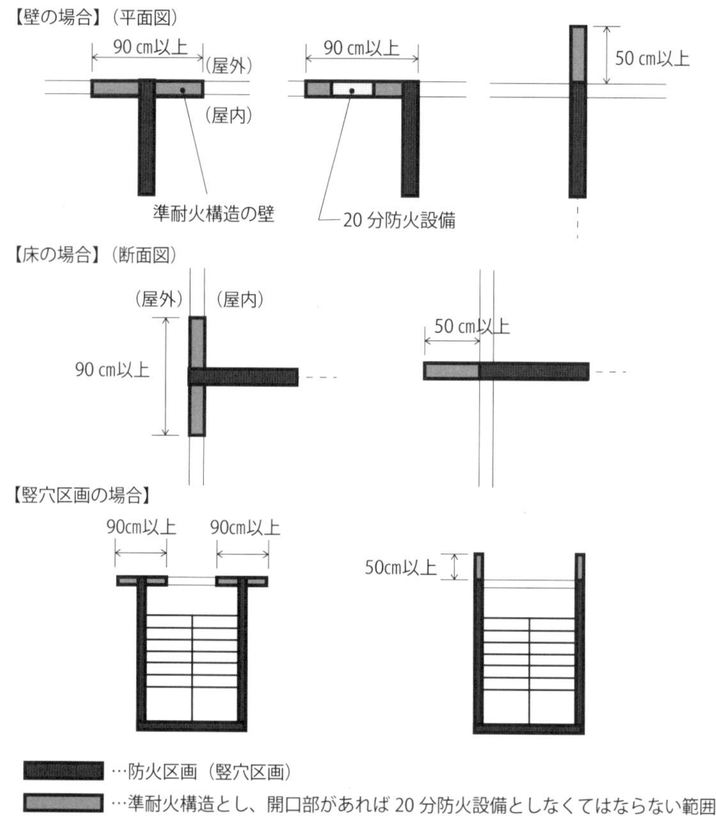

図4-6-2 スパンドレルの条件

　竪穴区画が必要になる建築物は、そもそも外壁を準耐火構造にしていたり、開口部も20分防火設備にしていることが多いので、特に注意していなくとも、スパンドレルの規制に適合していることもあるでしょう。しかし、敷地に余裕があり延焼のおそれのある部分から外れている開口部など20分防火設備にしていない開口部を有する建築物は適合していない可能性もあります。

　これらの建築物は、うっかりスパンドレルを忘れてしまうことが非常に多いので、特に注意しましょう。

階数が3以下で延べ面積が200m²以内の一戸建て住宅、床面積の合計が200m²以内の長屋の住戸、共同住宅の住戸内の竪穴部分は適用除外

　小規模な一戸建て住宅、長屋の住戸、共同住宅の住戸であれば、竪穴区画は適用除外です。もし、所定の規模を超えてしまった場合はたとえ住戸内であったとしても、竪穴区画が必要です。

一戸建て住宅ならわかるけど、長屋・共同住宅の「階数3以下の床面積の合計200㎡以内」って条件は建築物全体の話？

違います！長屋・共同住宅の場合は建築物全体ではなく、住戸部分が「階数3以下の床面積の合計200㎡以内」かどうかです。

　例えば、3階建て、延べ面積500㎡、主要構造部を準耐火構造とした共同住宅があったとします。この場合、竪穴区画の規制を受ける「建築物」です。したがって、原則としては、全ての竪穴部分とその他の部分を区画しなければなりません。この場合、2層分の竪穴部分であっても関係なく竪穴区画が必要です。しかし、住戸の床面積の合計が200㎡以内のメゾネット住戸内の階段や吹抜け等に限り、竪穴区画が不要となります。

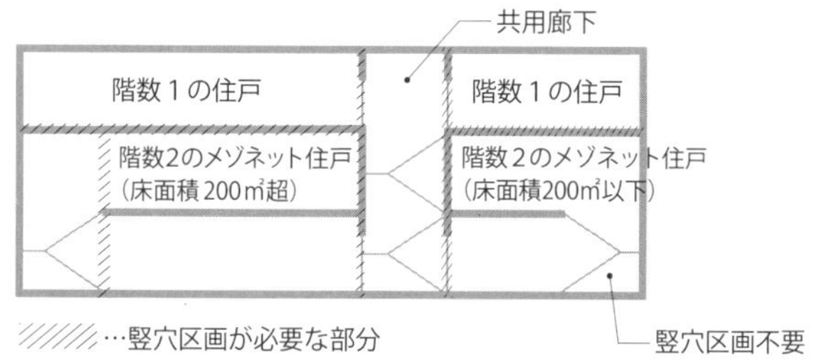

図4-6-3 メゾネット住戸の竪穴区画

ただし、メゾネット住戸内の階段は竪穴区画が不要になりますが、メゾネット住戸自体は竪穴部分となり、竪穴区画をしなければなりません。

店舗等を兼用する3階建ての一戸建て住宅で、店舗と住宅部分を有効に区画したもの

店舗や事務所を兼用する3階建ての一戸建て住宅で、延べ面積が200㎡を超えた場合、原則として竪穴区画が必要になります。ただし、店舗と住宅部分を有効に防火区画※した場合、住宅部分が200㎡以下であれば、住宅部分の竪穴区画が不要になります（図4-6-4）。

これは、店舗や事務所だけでなく車庫も同様と考えることができます。（『建築物の防火避難規定の解説 2016（第2版）』p.195、108番）

※耐火構造又は準耐火構造の床・壁・常時閉鎖式・煙感知器連動等の特定防火設備又は20分防火設備で区画

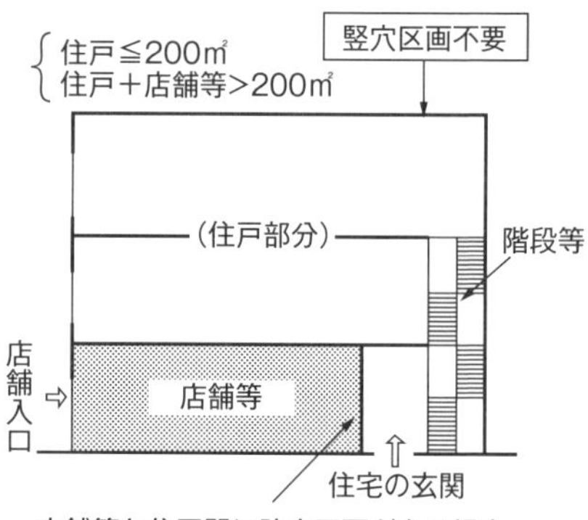

図4-6-4 店舗等を兼用した場合の竪穴区画
（出典：『建築物の防火避難規定の解説 2016（第2版）』p.127）

2層竪穴部分で、所定の条件を満たす場合は適用除外

先ほど解説した通り、竪穴区画の規制を受ける「建築物」の場合、2層竪穴

部分であっても原則としては竪穴区画は必要です。ただし、所定の基準を満たした場合、竪穴区画が不要になります。

〈2層竪穴部分の竪穴区画の緩和条件〉
以下**2つどちらにも**適合させること
①避難階とその直上階又は直下階のみの2層竪穴部分であること
②上記竪穴部分の壁と天井の仕上を不燃材料とし、下地を不燃材料で造ること

意外とネックになるのは②の条件です。下地を「不燃材料」で造らなければいけません。要するに、木造建築物など下地を不燃材料にできない建築物にこちらの適用除外は使えません。

直接外気に開放された廊下、バルコニーと竪穴部分との区画

直接外気に開放された廊下、バルコニーと竪穴部分との区画は、煙を十分に外部に逃すことができるので、竪穴区画は不要です。

注意していただきたいのは、開放させなくてはならないのは、「廊下、バルコニー」だということです。階段室がいくら開放されていたとしても、廊下、バルコニーが開放されていない場合は、竪穴区画が必要です。

あれ？そうなると、階段室型の共同住宅って階段と廊下部分を区画しなきゃいけないの？

それは計画によりますが、小規模な廊下であれば、階段と廊下の間ではなく、住戸と廊下の間を区画する計画と考えることも可能です（図4-6-5）。

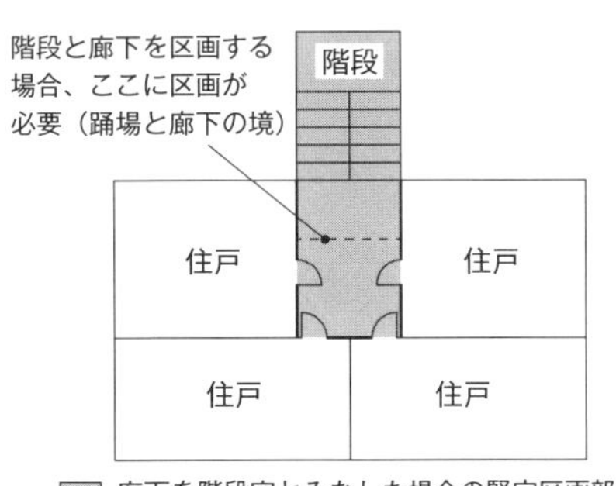

図4-6-5 階段室とみなされる小規模な廊下

（出典：『建築物の防火避難規定の解説 2016（第2版）』p.124を一部修正）

直接外気に開放された廊下、バルコニーとみなされるには条件があります(図4-6-6)。床面積の算定等での開放性の要件と若干異なっているので注意が必要です。

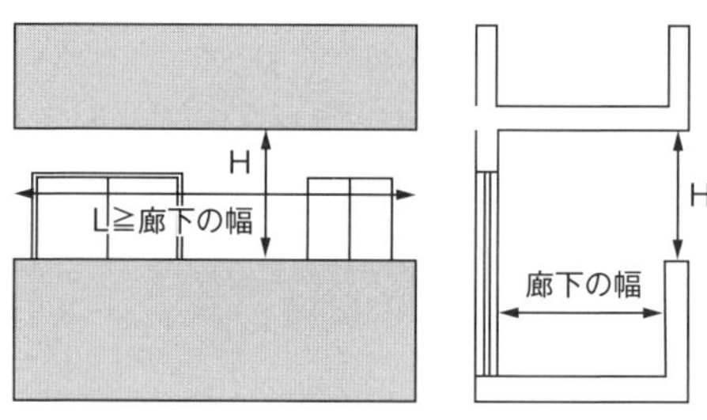

直接外気に開放されている廊下等とは、開放されている部分が、左図Hが天井高の1/2以上、かつ1.1m以上、長さ（L）が廊下の幅以上の開放面を有する場合である。しかし、天井高の1/2又は1.1m以上の数値に満たない場合であっても、直接外気に開放されている部分の幅を広げれば有効と考えられる。

図4-6-6 直接外気に開放された廊下とバルコニーの条件

（出典：『建築物の防火避難規定の解説 2016（第2版）』p.155）

ロ準耐火建築物は竪穴区画が必要？

結論として、ロ準耐火建築物は3階以上の部分に居室があったとしても、竪穴区画は不要です。

「主要構造部を準耐火構造にした建築物」は竪穴区画が必要だよね？
どうして、同等級のロ準耐火建築物は竪穴区画が不要になるの？

それは、ロ準耐火建築物は確かに準耐火建築物と同等級ですが、
主要構造部が準耐火構造になっていないからです。

竪穴区画が必要になる要件は、「主要構造部が準耐火構造であること」です。ロ準耐火建築物は、主要構造部が準耐火構造ではありません。だから、竪穴区画の要件に該当しないので、竪穴区画が不要になるのです。

任意で主要構造部を準耐火構造にした場合は竪穴区画が必要？

任意で主要構造部を準耐火構造にした場合であっても、竪穴区画は必要です。

主要構造部を準耐火構造にするのは、何かしら法的な規制によることが多いです。代表的なものだと、法27条（特殊建築物に対する耐火要件）や法61

条（防火・準防火地域に対する耐火要件）の規制を受けて、主要構造部を準耐火構造にすることがあります。

しかし、消防法による緩和を受けるためなど、建築基準法以外の理由などで主要構造部を準耐火構造にすることもあるでしょう。

そういった場合であっても、主要構造部を準耐火構造にしているので、竪穴区画が必要です（『建築物の防火避難規定の解説2016（第2版）』p.123）。

そうだね、主要構造部を準耐火構造にしているんだから、当然のことだよね。

そうですね。ただし、防火区画の中でも、面積区画を検討する場合、「任意かどうか？」ということが非常に大事になってきます（p.221）。頭の片隅に置いておいてください。

まとめ 主要構造部が準耐火構造で、3階部分に居室がある建築物は竪穴区画が必要。ただし、200㎡以内の一戸建て住宅や長屋・共同住宅の住戸内の竪穴部分は、区画が不要になる。

参考ページ	建築物の防火避難規定の解説2016（第2版）	**123　自主的に主要構造部を耐火構造等とした建築物の取扱い** **124　小規模な廊下・通路等と一体となった階段室の取扱い** 126　避難階からその直上階又は直下階のみに通じる吹抜けの範囲 **127　店舗等3階建て兼用住宅の竪穴区画** 131　パイプスペース等における点検・検針用の戸の取扱い **132　はめごろし戸を常時閉鎖式防火戸とみなす取扱い** **155　昇降路防火区画参考図集** 181、193 ～ 197 質問と回答（番号32、100 ～ 111、114、115）

コラム⑥ どうして、3階建ての一戸建て住宅に該当すると、適用される規制が増えるのか？

本章では、3階建ての一戸建て住宅が適用を受ける規制の内容を説明しました。

2階建ての一戸建て住宅に比べると、階数が1つ増えただけで、多くの規制が追加されましたよね。

この理由は、3階建ての一戸建て住宅には「避難規定」が追加で適用されるからです。

非常時、特に火災発生時に、建築物内の在館者が迅速かつ安全に建築物を脱出することは、何よりも重要なことです。

これを達成するために、建築基準法では避難規定を定めています。

しかし、避難規定は全ての建築物が適用を受けるわけではありません。

小規模な建築物、利用者が特定されている建築物には、避難規定は適用されません。

避難規定の適用を受ける建築物は、以下の通りです（法35条）。

- 法別表1（い）欄（一）項から（四）項までに掲げる用途に供する特殊建築物（本書では共同住宅・寄宿舎）
- **階数が3以上である建築物**
- 政令で定める窓その他の開口部を有しない居室を有する建築物（採光無窓・排煙無窓）
- 延べ面積（同一敷地内に二以上の建築物がある場合においては、その延べ面積の合計）が1000㎡を超える建築物（本書の対象外）

この中に、3階建ての建築物が含まれます。だから、3階建ての一戸建て住宅は2階建てと比べて適用を受ける規制が一気に増えるのです。

避難規定は以下の規制です。

・直通階段（p.168）
・屋外階段（p.172）
・手すり高さ（p.173）
・代替進入口（p.174）
・敷地内通路（p.180）
・**廊下の幅**（p.204）
・**2以上の階段**（p.206）
・**排煙設備**（p.208）
・**非常用の照明装置**（p.215）

ここで、3階建ての一戸建て住宅の規制を確認するときに、本章で登場していない、後半の4つの規制は確認しなくても良いのか？と疑問に思うかもしれません。

後半の4つの規制は一戸建て住宅の適用除外の規定があったり、居室の床面積が大きくないと適用を受けない規制なので、結果的に、一般的な一戸建て住宅であれば、適用を受けません（巻頭の逆引き表でも確認できます）。

しかし、共同住宅や寄宿舎は、一戸建て住宅で使えていた除外規定が使えなくなり、さらに居室の床面積も増えてくるので、後半4つの規制の確認が必要になるのです。次章でご説明します。

第5章

長屋・共同住宅・寄宿舎に適用される法規

特殊建築物になると、建築基準法の規制が厳しくなるって聞いたことがあるけど、具体的にどんな規制が追加されるのかな？

特殊建築物だと規模も大きくなるので、様々な規制を受けることになります…。この章でご説明します。
この章では、「どの規制を受けるのか？」が物件の規模などにより大きく分かれてくるので、逆引き表を活用しながら確認することをオススメします！

［長屋・共同住宅に適用される法規］

1 界壁

界壁には「遮音に関する規制」と「防火に関する規制」の2つの法文がある

関連 法 30 条、令 22 条の 3、令 114 条 1 項
規制を受ける建築物 全ての長屋、共同住宅

界壁とは、住戸間を仕切る壁のことです。界壁には、遮音性能に関する規制（法30条）と、防火性能に関する規制（令114条1項）の2つがあります。2つの規制内容は若干異なりますので、それぞれの規制内容に分けて確認していきましょう。

規制内容

遮音性能（法30条）	防火性能（令114条1項）
告示（第1827号第1、第2）**又は大臣認定**※**に適合した構造の界壁にする**	**準耐火構造（主要構造部が耐火構造なら耐火構造）に適合した界壁にする**
–	界壁等を貫通する配管、ダクトは防火区画に準じたものとする（p.47）
界壁を小屋裏又は天井裏まで達せしめる	界壁を小屋裏又は天井裏まで達せしめる

※認定番号はSOI-###

似たような規制だね。

そうですね！違うのは、壁の構造くらいですね。

遮音性能については、告示で特別に決められた基準に適合させ、防火性能については、準耐火構造（又は耐火構造）に適合させる必要があります。どちらにも適合させる必要があるので、それぞれ必ず確認するようにしましょう。

緩和規定

●緩和①

以下の条件を満たすことで、界壁を小屋裏又は天井裏まで達せしめる必要がなくなります（図5-1-1）。

遮音性能（法30条）	防火性能（令114条１項）
天井を告示（第1827号第３）又は大臣認定に適合した構造にする	天井を強化天井※にする

※強化天井 天井のうち、その下方からの通常の火災時の加熱に対してその上方への延焼を有効に防止することができるものとして、国土交通大臣が定めた構造方法を用いるもの（告示694号）又は国土交通大臣の認定を受けたもの（令112条4項一号）

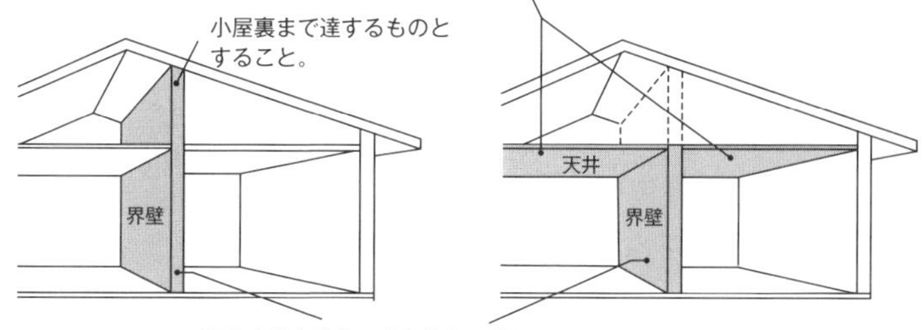

図5-1-1 小屋裏まで達せしめなくてもよい例

（出典：国土交通省資料「平成30年　改正建築基準法に関する説明会（第1弾）」（https://jutakusetsumeikai-file.jp/kaisei_2018/text/kaisei_siryou1.pdf、p.14）を一部修正）

●緩和②

以下の条件を満たすことで、界壁の防火性能が不要になります。

遮音性能（法30条）	防火性能（令114条１項）
緩和なし	床面積200㎡以内ごとに準耐火構造の壁及び20分防火設備で区画し、自動式スプリンクラーを設置する

あれ？遮音性能は緩和②がないんだけど、どういうこと？

ないんです！界壁をなくせるのは、防火性能のみで、遮音性能の界壁は必要です…。

規制内容が似ていることもあり、混乱しがちですが、2つの規制の目的は全く異なります。防火性能は、スプリンクラーを設置すれば、界壁がなくとも火災延焼の防止ができるので、目的が達成できそうです。しかし、遮音性能は「音」に関する規制です。いくら、スプリンクラーを設置したとしても、意味がありません。だから、界壁をなくすことはできません。

似ているようで違う規制なので、しっかり区別して考えたいですね。

まとめ 界壁は原則として遮音・防火性能を有する壁として小屋裏又は天井裏まで達せしめること。ただし、同等の性能の天井とする場合は、その必要はない。

参考ページ	建築物の防火避難規定の解説 2016（第2版）	134　界壁の範囲及び構造 197　質問と回答（番号117、118）

[共同住宅・寄宿舎に適用される法規]

2-1 耐火建築物等の要求

3階建て共同住宅は耐火建築物にしなくても計画できる

関連 法27条、令110条、令110条の2～5

規制を受ける建築物
・3階を共同住宅又は寄宿舎の用途に供する建築物
・共同住宅又は寄宿舎の用途で2階の床面積が300㎡以上の建築物

所定以上の規模の特殊建築物は、耐火建築物等としなくてはなりません。この規制を受ける建築物は、「3階を共同住宅又は寄宿舎の用途に供する建築物」と「共同住宅又は寄宿舎の用途で2階の床面積が300㎡以上の建築物」の2つに分かれます。規制内容が異なるので、それぞれ確認していきましょう。

3階を共同住宅又は寄宿舎の用途に供する建築物

規制内容

以下の**2つ全て**に適合させること（法27条1項一号）

①主要構造部を以下2つの**いずれか**に適合させる
・耐火構造（令110条二号）
・1時間準耐火構造（令110条一号、告示255号第1第三号）＋「**避難計画を選択して適合させる**」（告示255号第1第三号）

②延焼のおそれのある部分に20分片面防火設備（告示255号第2）を設置する（令110条の2第一号）

適用除外

以下の**3つ全て**の条件を満たせば適用除外（法27条1項一号かっこ書）
①階数が3
②延べ面積200㎡未満
③以下2つのどちらかの警報設備を設ける（令110条の5、告示198号）
- 自動火災報知設備
- 特定小規模施設用自動火災報知設備

あくまで、3階以上を共同住宅又は寄宿舎の用途に供する場合、規制を受けます。よって、3階以上が一戸建て住宅や長屋のみの場合は、規制を受けない建築物となります。

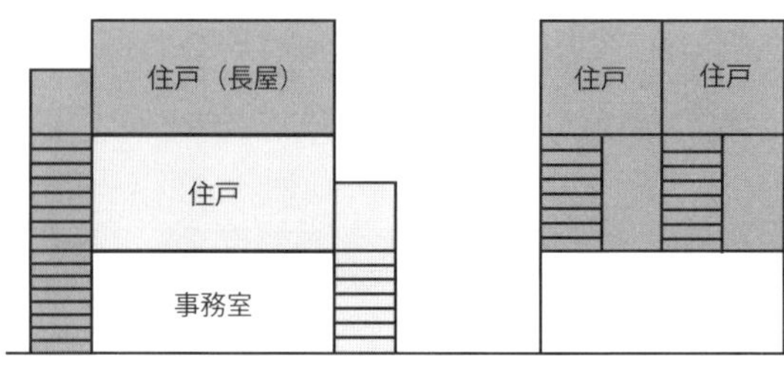

3階部分が長屋で、共同住宅ではないので法27条の適用を受けない

2階の廊下部分を共有しているので2階と3階がメゾネット住戸となっている。3階部分に出入口・廊下はないが、共同住宅に該当するため、法27条の適用を受ける

図5-2-1-1 法27条の適用を受ける例

（『建築物の防火避難規定の解説 2016（第2版）』p.27より）

ざっくり言うと、耐火建築物又は準耐火建築物（1時間）に近いものにするということです。

しかし、通常の耐火建築物・準耐火建築物とは、規制内容②の防火設備の考え方が異なり、防火設備が20分片面防火設備であっても適合します。

今回計画しているのが木造で、主要構造部を耐火構造にするのは難しいから準耐火構造（1時間）にしたいんだけど、**「避難計画を選択して適合させる」**って何？

適合させる方法がたくさんあるので、以下から**自由に選択**して適合させてください！

以下**2つどちら**の条件も満たすこと
①以下3つ**いずれか**の条件を満たすこと
- ◆－共同住宅の各住戸又は寄宿舎の各寝室に避難上有効なバルコニーを設けること
  －周囲3m空地を設けること
- ◆－主たる廊下、階段が直接外気に開放されたものであること
  －共同住宅の各住戸又は寄宿舎の各寝室等の当該通路に面する開口部に、20分防火設備を設けること
  －周囲3m空地を設けること
- ◆－主たる廊下、階段が直接外気に開放されたものであること
  －共同住宅の各住戸又は寄宿舎の各寝室に避難上有効なバルコニーを設けること
  －共同住宅の各住戸又は寄宿舎の各寝室等の当該通路に面する開口部に、20分防火設備を設けること
  －上階延焼防止庇を設けること

②準防火地域の場合、3階の共同住宅の各住戸又は寄宿舎の各寝室の開口部に防火設備又はスパンドレルを設けること

例えば、①の一番上の計画を選択した場合、共同住宅の各住戸又は寄宿舎の各寝室に避難上有効なバルコニーを設け、さらに周囲3m空地を設けます。さらに、建築地が準耐火地域だった場合は3階の共同住宅の各住戸又は寄宿舎の各寝室の開口部に防火設備又はスパンドレルを設ける必要があります。

また、上記に出てくる「避難上有効なバルコニー」と「廊下、階段が直接外気に開放されたもの」と「周囲3m空地」と「上階延焼防止庇」の定義について解説します（図5-2-1-2～5-2-1-5）。

●避難上有効なバルコニーの定義

イ　バルコニーから容易に地上の安全な場所に到達することができるよう、次に掲げる基準に適合していること。

1）屋内からバルコニーに通じる出入口の幅、高さ及び下端の床面からの高さが、それぞれ、75cm以上、1.2m以上及び15cm以下であること。

2）バルコニーの奥行きが75cm以上であること。

3）階段、斜路、避難はしご等が設置されているか、又は連続したバルコニーで他の直通階段等へ安全に避難できるものであること。

ロ　屋内の在館者が有効に滞留し得る大きさとして、各宿泊室等の床面積の100分の3以上、かつ、2m^{2}以上の面積を有すること。

ハ　床が耐火構造又は準耐火構造であること。

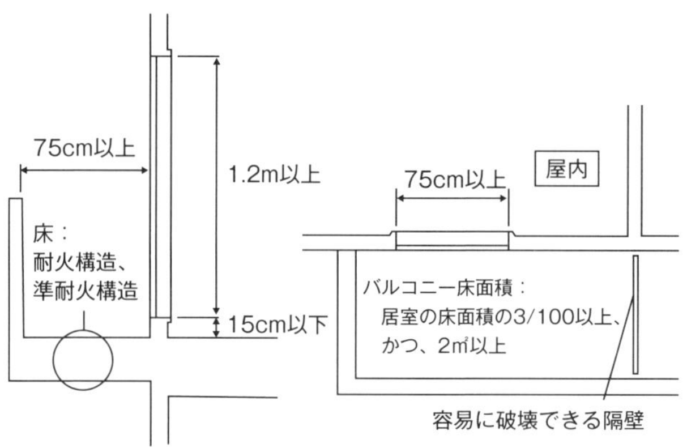

図5-2-1-2 避難上有効なバルコニーの基準

（出典：建築研究所監修『木造建築物の防・耐火設計マニュアル（第2版）』日本建築センター、2022、p.62）

●廊下が直接外気に開放されたもの

外壁面に直接外気が流通する高さ1m以上の開口部が火災時の煙を有効に排出できるように適切に設けられているもの

●階段が直接外気に開放されたもの

階段の各階の中間部分に設ける直接外気に開放された排煙上有効な開口部で、次に掲げる基準に適合するもの

1）開口面積が$2m^2$以上であること。

2）開口部の上端が、当該階段の部分の天井の高さの位置にあること。ただし、階段の部分の最上部における当該階段の天井の高さの位置に$500cm^2$以上の直接外気に開放された排煙上有効な換気口がある場合は、この限りでない。

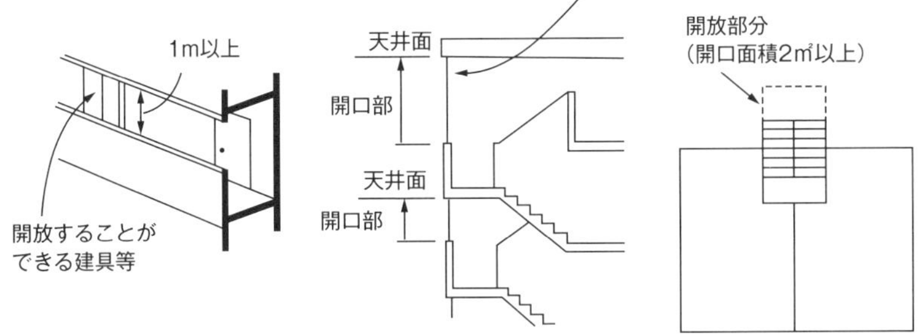

図5-2-1-3 直接外気に開放された廊下と階段の基準

（出典：建設省住宅局建築指導課監修『準耐火建築物の防火設計指針』日本建築センター、1994、p.20に加筆）

階段や廊下が開放されていると聞くと、面積（p.22）の定義と勘違いする方が多いですが、ご覧の通り全く異なる定義になっています。これらは法文ではなく、住指発225号に定義されている内容です！

●周囲3m空地

周囲3m空地と聞くと、単純に建築物の周囲に3mを確保しなければならないように感じます。しかし、実際に3m空地が必要になるのは「**居室に設けられた開口部がある外壁面（道路に面する部分を除く）**」です（告示255号第1第三号ロ、同告示第1第一号ニ）。ただし、3m空地は道路まで達するものとしなければなりません。

つまり、道路に面する部分はもちろん、居室の開口部がない外壁面も、3m空地を確保する必要はありません。

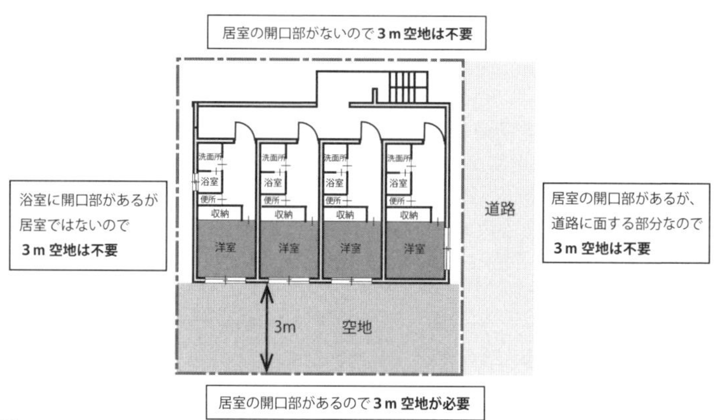

図5-2-1-4 周囲3m空地の基準

●上階延焼防止庇

この庇は、外壁面から40cm以上突出していることが必要で、幅は最低限開口部を覆っていれば良いとされています。

ただし、全ての開口部に必要なわけではなく、開口部から高さ2m、幅は0.5m以上隣の開口部が離れている場合は、上階への延焼の危険性が少ないため、庇は不要となります。

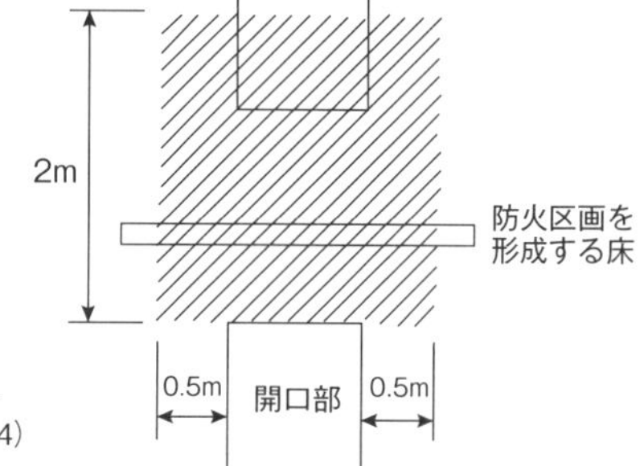

図5-2-1-5 上階延焼防止庇の基準

（出典：建築研究所監修『木造建築物の防・耐火設計マニュアル（第2版）』日本建築センター、2022、p.64）

いろいろな項目があって結構大変そう。他に方法はないかな？

ありますよ！小規模建築物に限りますが、近年の法改正によって、これらの規制が適用除外にできるようになりました。なんと、この適用除外にしてしまえば、主要構造部の規制も防火設備の規制も除外なので、**耐火・準耐火建築物以外で計画することが可能**です。

階数3かつ延べ面積200㎡未満の小規模建築物に限りますが、警報設備を設けるだけで適合させることが可能です。なおこの場合は、主要構造部が準耐火構造でなくても「竪穴区画」の規制がかかってきますのでご注意ください(p.182)。

共同住宅又は寄宿舎の用途で2階の床面積が300㎡以上の建築物

さて、もう1つ規制を受ける建築物がありました。続けてご説明します。

規制内容

以下の**2つ全て**に適合させること

①主要構造部を以下2つの**いずれか**に適合させる（法27条1項二号）
- 耐火構造にする（令110条二号）
- 準耐火構造又はロ準耐にする（令110条一号、告示255号第1第二号）

②延焼のおそれのある部分に20分片面防火設備（告示255号第2）を設置する（令110条の2第一号）

こちらの要件で規制を受けた場合は、そんなに難しくありません。主要構造部を1時間準耐火構造にする必要はありません。主要構造部が45分準耐火構造や、ロ準耐であっても適合します。

まとめ 3階建て共同住宅の主要構造部を準耐火構造として適合させるためには、適切な避難計画にしなければならないが、その避難計画は任意で選択が可能。
敷地や建築物の条件に合わせて、適切な避難計画を選択すべし。

参考ページ	建築物の防火避難規定の解説2016（第2版）	27	法27条の対象となる3階建の共同住宅の取扱い

[共同住宅・寄宿舎に適用される法規]

2-2 廊下の幅

片側居室か、両側居室かで規制が異なる

関連 法35条、令117条、令119条

規制を受ける建築物 避難規定の適用を受ける建築物で
- 共同住宅：住戸の床面積の合計が100㎡を超える階
- その他の用途：居室の床面積の合計が200㎡を超える階（地階の場合、100㎡）

廊下の幅は、特に共同住宅で適用されやすい規制です。共同住宅の条件は「**住戸**の床面積の合計が100㎡」ですが、他の用途は「**居室**の床面積の合計が200㎡（地階：100㎡）」です。床面積のカウント対象が共同住宅とその他の用途で異なるので注意してください。

規制内容

以下の廊下を表に掲げる数値以上の幅とする（令119条）
- 共同住宅：共用廊下
- その他の用途：全ての廊下

両側に居室がある廊下	その他の廊下（片側居室等）
1.6m	1.2m

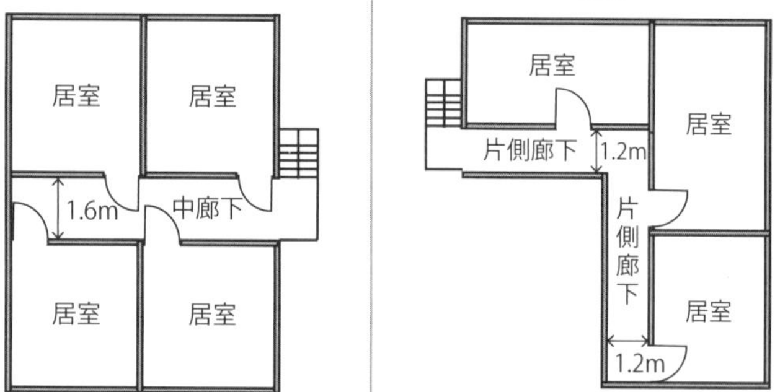

適用除外

3室以下の室専用の廊下は適用除外
（共同住宅の共用廊下は緩和対象とならない）

3室以下の室専用の廊下であれば、廊下の幅の規制は除外となります。こちらの適用除外は、共同住宅の共用廊下には使えません。よって、本書で扱う建築物の中だと、「寄宿舎」などで使える緩和です。

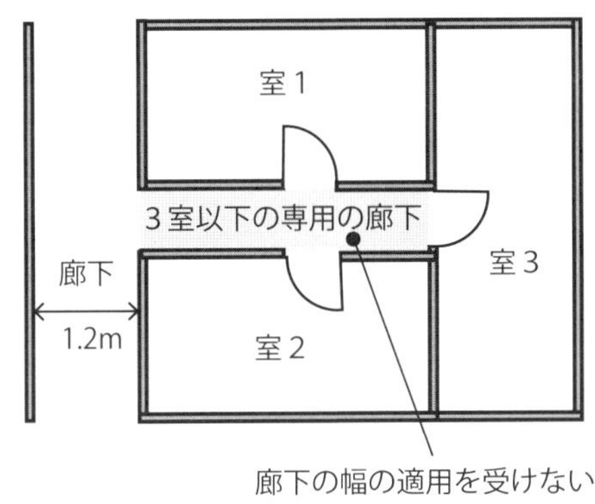

図5-2-2-1 3室以下の室専用の廊下の例

まとめ 共同住宅の共用廊下には適用されやすく、緩和の対象にもならない

参考ページ	建築物の防火避難規定の解説 2016（第2版）	181　質問と回答（番号34）

第5章　長屋・共同住宅・寄宿舎に適用される法規

［共同住宅・寄宿舎に適用される法規］

2-3 2以上の直通階段

計画に影響が大きいため、絶対に見落としてはいけない規制

関連 法35条、令117条、令121条

規制を受ける建築物 避難規定の適用を受ける建築物で以下の階を有する建築物（ただし、避難階を除く）

・共同住宅の場合：居室の床面積が100㎡を超える階
・寄宿舎の場合：寝室の床面積が100㎡を超える階
・一戸建て住宅・長屋・寄宿舎の場合：2階の居室の床面積が200㎡を超える又は3階の居室の床面積が100㎡を超える場合

（主要構造部が準耐火構造か又は不燃材料で造られている建築物は床面積を倍読み）

2以上の直通階段は、避難の動線を増やすための非常に重要な規制内容です。共同住宅の場合は居室の床面積、寄宿舎の場合は寝室の床面積が100㎡を超える（避難階以外の）階がある場合に適用を受けます（令121条1項五号）。

規制内容

以下**2つ全て**に適合させること（令121条1項、3項）

①直通階段を2つ以上設けること

②居室の各部分から各直通階段に至る経路の重複距離を歩行距離制限（令120条1項）の1/2以下とすること

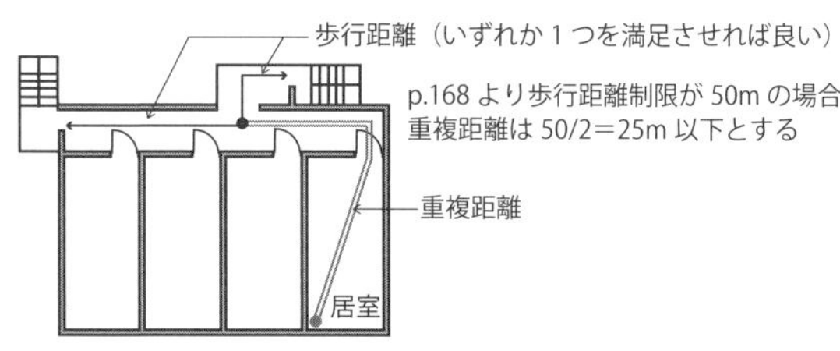
歩行距離（いずれか１つを満足させれば良い）
p.168より歩行距離制限が50mの場合
重複距離は50/2＝25m以下とする
重複距離
居室

図5-2-3-1 階段を2つ設けた場合の歩行距離と重複距離の考え方

これだけ？緩和とかないの？

規制内容としてはこれだけです！本書では3階建て以下の建築物が対象なので、2以上の直通階段の緩和がありません※。よって、規制を受ける場合は必ず階段を2つ以上設置してください。

※6階建て以上の場合、緩和があります。

2以上の直通階段の設置が必要になった場合のポイントを2つ紹介します。

①廊下から他の室を経由するものは認められない

原則として、避難経路は「居室→廊下→階段」として繋がっていくべきものです。したがって、「居室→廊下→**居室**→階段」といった経路は避難者の動線の混乱や避難施設の部分からの逆行になってしまう可能性があるので原則として認められません。

②階段と廊下の幅の兼用は認められない

階段を2つ設置する目的は、1つの階段の使用ができなくなった場合に、もう1つの階段で避難ができるようにするためです。したがって、階段と廊下部分を兼用することはできません。

ここで、踊場部分も廊下と兼用できないということに注意が必要です。そのような計画は2以上の直通階段の規制に注意しましょう。

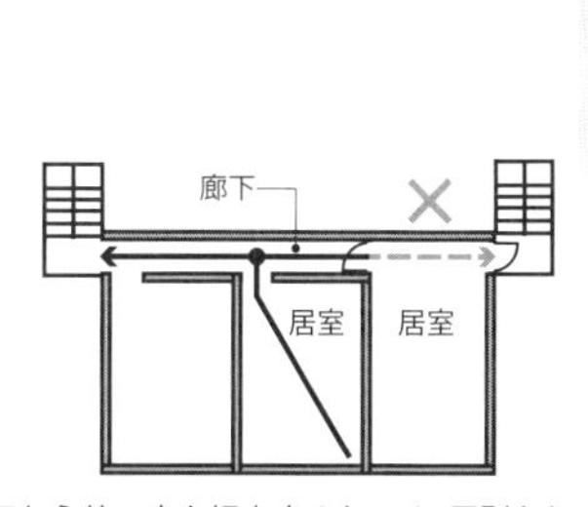

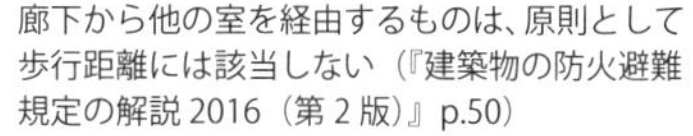
廊下から他の室を経由するものは、原則として歩行距離には該当しない（『建築物の防火避難規定の解説 2016（第2版）』p.50）

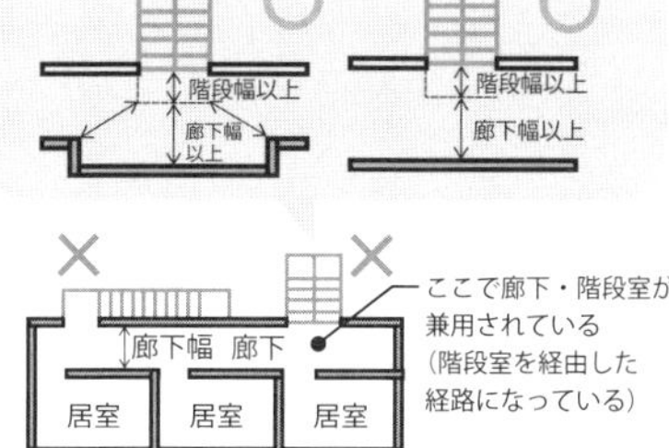

2以上の直通階段に至る歩行経路は、階段の階段室を経由できないものとする（『建築物の防火避難規定の解説 2016（第2版）』p.51）

図5-2-3-2 2以上の直通階段が認められない例

参考ページ　建築物の防火避難規定の解説 2016（第2版）

48　ホテル・旅館等の宿泊室及び寄宿舎の寝室の範囲
50　令第121条第3項に規定する通常の歩行経路
51　階段の踊場を経由する場合の2方向避難の取扱い
183　質問と回答（番号40～45）

[共同住宅・寄宿舎に適用される法規]

2-4 排煙設備

共同住宅は適合させるのが簡単。一方、寄宿舎は鬼門。

関連 法35条、令126条の2、令126条の3

規制を受ける建築物
・特殊建築物（共同住宅・寄宿舎）で延べ面積500㎡を超えるもの
・階数が3以上で延べ面積500㎡を超えるもの
・令116条の2第1項二号の無窓居室（排煙無窓）がある建築物

排煙設備は、火災時の煙を建築物から外に出すための設備で、非常に大事な規制です。それなのに、この排煙設備は、本書で扱う規制の中でも間違いなく最難関です。法文も複雑で、理解しにくいです。そこで、排煙設備の確認の手順を作成しましたので、そちらに沿って解説していきます。

手順①
排煙設備がどこに必要か確認する
→
手順②
排煙設備が免除・緩和できないか検討する
→
手順③
免除・緩和ができないなら素直に排煙設備を設置する

図5-2-4-1 排煙設備の確認の手順

手順① 排煙設備がどこに必要か確認する

排煙設備が必要なケースには大きく分けて、「建築物全体」に排煙設備を設置するか、「一室のみ」に排煙設備を設置するかの2パターンがあります。

「建築物全体」と「一室のみ」って、具体的に何が違うの？

「建築物全体」は、居室はもちろん、非居室（物置・廊下など）も含めて排煙設備を設置しなければなりません。一方、「一室のみ」だと、排煙設備が必要なのは一室のみです。もちろん、建築物全体の方が、適合させにくいです。

「建築物全体」と「一室のみ」のどちらに排煙設備が必要になるかの判断は、どの条件で排煙設備の規制が適用になったかで決まります。

建築物全体に排煙設備が必要	一室のみに排煙設備が必要
・特殊建築物（共同住宅・寄宿舎）で、延べ面積500㎡を超えるもの※ ・階数が3以上で延べ面積500㎡を超えるもの	・排煙無窓居室

※特殊建築物とそれ以外の用途が混在する建築物の場合であっても、建築物全体で500㎡を超えている場合は排煙設備が必要（『建築物の防火避難規定の解説 2016（第2版）』p.67）

本書で解説する規模では、**建築物全体に排煙設備が必要なケースが圧倒的に多い**です。先ほどご説明した通り、建築物全体に排煙設備を設置するとなると、検討が複雑です。できれば排煙設備の規制を受けないように、延べ面積を500㎡以下にしようと考える方もいるでしょう。

そこで、注意していただきたいのは、その面積のカウント方法です。※で補足した通り、複合用途の場合であっても、建築物全体で500㎡を超えていた場合は排煙設備の設置が必要です。例えば、共同住宅（450㎡）＋事務所（100㎡）のようなケースでも、延べ面積が500㎡を超えているので、建築物全体で排煙設備は必要です。

手順② 排煙設備が免除・緩和できないか検討する

さて、冒頭で説明した通り、排煙設備の規制は、本書で扱う規制の中でも最難関です。したがって、排煙設備が必要な建築物に該当してしまったとしても、諦めずに免除・緩和規定が使えないか検討しましょう。

そんなにただならない規制なんだね…。免除・緩和を使えるように計画しよう。でも、そんな簡単に免除・緩和なんてできるの？

実は、排煙設備の免除・緩和規定は、住宅に関しては充実しているんです！

用途ごとに、排煙設備を免除・緩和する方法を解説していきます。

●一戸建て住宅・長屋の場合

一戸建て住宅・長屋で排煙設備が必要になるケースは、排煙無窓になった場合が多いでしょう（一室のみに排煙設備が必要）。一戸建て住宅・長屋の排煙設備の免除は、「告示1436号四号イ」が使いやすいです。

一戸建て住宅・長屋で排煙設備を免除する方法
以下の**4つ全て**の条件を満たすこと（令126条の2第1項五号、告示1436号四号イ）
①用途が一戸建て住宅又は長屋であること
②住戸の階数が2以下であること
③住戸の床面積が200㎡以下であること
④居室の床面積の1/20以上の換気上有効な窓を有すること

④については、換気無窓にならない条件（p.133）と全く同じです。階数が2以下であれば、かなり使いやすい緩和ですね。

●共同住宅・寄宿舎の場合

共同住宅・寄宿舎は、特殊建築物なので延べ面積500㎡超えの場合に排煙設備が必要になることが多いです。だから、「建築物全体」に排煙設備が必要ということになります。つまり、居室や住戸はもちろん、廊下やトイレなどの居室以外の部分にも原則として排煙設備が必要です。

よって、排煙設備を設置しないようにするためには、居室や住戸だけでなく、廊下、トイレなどにも排煙設備の緩和・免除を適用しなくてはなりません。

緩和・免除する方法は、「共同住宅・寄宿舎の用途のみに適用できるもの」と「全ての用途に適用できるもの」があります。

計画によって、最適な組み合わせを用いましょう。

排煙設備を緩和・免除する方法
〈共同住宅・寄宿舎（法別表1（2）項）の用途のみに適用できるもの〉
以下**2つ全て**に適合させること（令126条の2第1項一号）
①用途が共同住宅又は寄宿舎であること
②床面積100㎡（共同住宅の住戸の場合200㎡）以内に準耐火構造の床、壁、20分防火設備で区画すること

〈全ての用途に適用できるもの〉

以下の4ついずれかに適合している建築物の部分（特殊建築物の主たる用途に供する地階部分を除く。）は適用除外（告示1436号第4ニ）

	面積	区画方法	内装制限（仕上/下地）	法文
非居室	－	居室又は避難経路に面する部分は20分防火設備＋「閉鎖性能」 それ以外は戸又は扉	準不燃材料/（規制なし）	告示1436号四号ニ（1）
	100㎡以下	防煙壁	（規制なし）/（規制なし）	告示1436号四号ニ（2）
居室	100㎡以内ごと	準耐火構造の壁、床、20分防火設備＋「閉鎖性能」	準不燃材料/（規制なし）	告示1436号四号ニ（3）
	100㎡以下	防煙壁	不燃材料/不燃材料	告示1436号四号ニ（4）

・閉鎖性能については1章5（p.46）を参照

したがって、共同住宅の住戸の場合は200㎡以内ごと、廊下などの共用部は100㎡以内ごとに区画をすれば、それだけで緩和が使えます。

ただし、寄宿舎は共同住宅と違い、区画が成立しにくいので、緩和・免除が使えず、排煙設備の設置が必要になることが多いです。

緩和・免除が使えればそれで良しですが、使えない場合はこれから説明する排煙設備の設置をするしかありません。

▼談話室以外は、令126条の2第1項一号、告知1436号四号ニにより緩和・免除されている

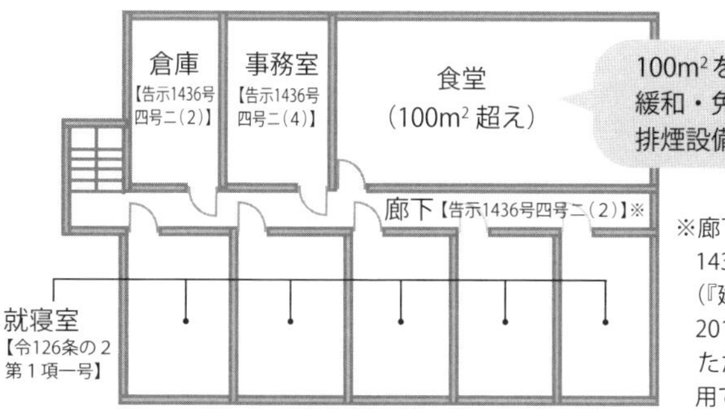

※廊下は原則として、室として告示1436号の適用ができます。（『建築物の防火避難規定の解説2016（第2版）』p.83より）ただし、行政の取り扱いにより適用できないこともあります。

図5-2-4-2 寄宿舎に設ける排煙設備の例

第1章 第2章 第3章 第4章 第5章 第6章 第7章

手順③ 素直に排煙設備を設置する

では肝心の排煙設備の設置基準を確認してみましょう。排煙設備には、大きく自然排煙と機械排煙がありますが、本書の規模だとダクト・排煙機の設置などでコストがかかるので、機械排煙を設置することはほぼないでしょう。よって「自然排煙」に絞って解説します。

規制内容

以下**6つ全て**に該当させること（令126条の3一部抜粋）

①床面積500㎡以内ごとに防煙壁で防煙区画すること
②排煙口、風道その他煙に接する部分を不燃材料で造ること
③防煙壁で区画された部分のそれぞれの部分から排煙口までの水平距離を30m以下とすること
④排煙口には、床面から0.8m以上1.5 m以下の高さの位置に手動開放装置（オペレーター）を設けること
⑤排煙口は常時開放できる構造とすること
⑥排煙口は、防煙区画部分の床面積の1/50以上の「排煙上有効な開口面積」を有すること

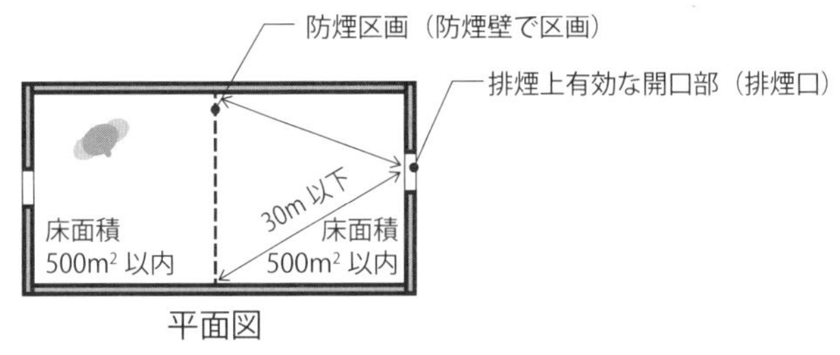

図5-2-4-3 排煙設備の基準

項目が多くて大変そうなのはわかったけど、なんとなく排煙無窓と内容が似ているような…。

確かに、計算に用いる係数が1/50で同一だったりするので、排煙設備と排煙無窓の検討方法は似ていますね。ただし、実際には明確な違いがあります。

排煙設備の検討方法に加え、排煙無窓の検討方法との違いをご説明します。

1. 防煙壁の計画によっては、排煙の有効部分が天井から80cm未満になる

①の要件にある通り、排煙設備を設置する場合500㎡以内ごとに防煙壁で区画をしなくてはなりません（これを防煙区画といいます）。

防煙区間には図5-2-4-4のように3つの種類があります。この防煙区画の計画は、⑥の「排煙上有効な開口面積」の計画に大きく関わります。

防煙壁で計画する場合は、開口部を設ける場合でも、天井から80cmまで有効として計算することができます（A・C）。

一方、防煙垂れ壁にした場合、防煙垂れ壁の寸法までしか、有効として計算できません（B）。

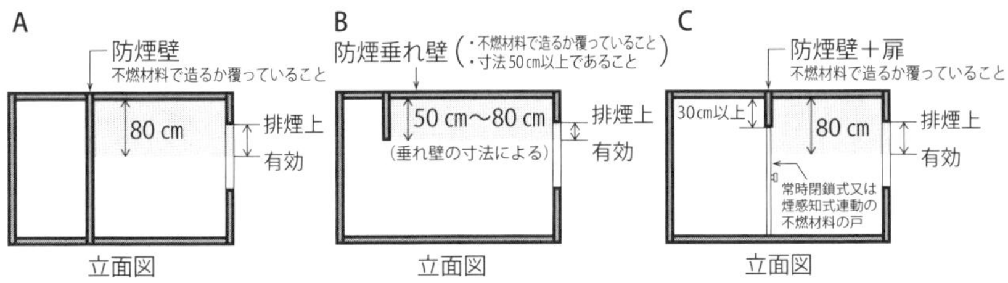

図5-2-4-4 防煙区画と排煙の有効部分の関係

（『建築物の防火避難規定の解説 2016（第2版）』p.75より）

排煙無窓の場合、防煙壁で区画する必要がありません。また、特別なことをしなくとも、天井から80cmまでを排煙上有効な開口部として計算できます。

2. オペレーターの設置が必要になる

④の要件にある通り、排煙設備の開口部を操作するために、開放装置の位置も細かい規定があります。

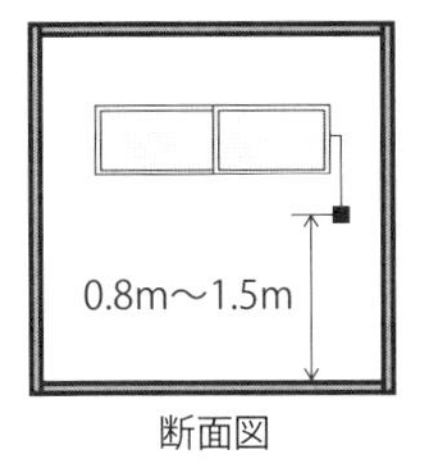

手動開放装置（オペレーター）の位置を床から0.8m以上1.5m以下とする

図5-2-4-5 手動開放装置の例

排煙無窓の場合、開放装置の位置の細かい規定などはないので、常識的に開口部が開けられる計画になっていれば良いです。

3. 平均天井高さ3m以上の場合、排煙の有効部分が天井から80cmよりも大きくなる

これは、排煙設備の緩和のひとつです。平均天井高さ（p.140）3m以上の場合、床面から2.1m以上かつ平均天井高さの1/2以上の位置までを排煙上の有効な開口部とすることができます（告示1436号三号）。

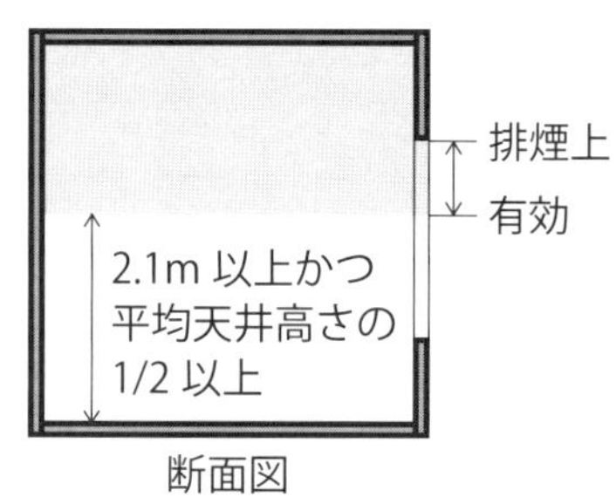

図5-2-4-6 平均天井高さ3m以上ある場合の排煙の有効部分の考え方

排煙無窓の場合、平均天井高さが3m以上だったとしても、排煙上有効な開口部は天井から80cmまでです。

このように、「排煙無窓」と「排煙設備」の検討は似ているようで異なります。区別できるようにしましょう。

まとめ 排煙設備は超難関。一戸建て住宅･長屋･共同住宅は、免除･緩和を。免除・緩和できない寄宿舎は、排煙設備の計画が必要になる。心してかかりましょう。

参考ページ	建築物の防火避難規定の解説 2016（第2版）	67～83 排煙設備 186～188、202 質問と回答（番号57～73、147、148）

［共同住宅・寄宿舎に適用される法規］

2-5 非常用の照明装置

共用部分のみ設置が必要となる

関連 法35条、令126条の4、令126条の5

規制を受ける建築物
・特殊建築物（共同住宅・寄宿舎）
・階数が3階かつ延べ面積が500㎡を超える建築物
・令116条の2第1項一号の無窓居室（採光無窓）がある建築物

非常用の照明装置とは、非常時に避難経路を明かりで照らし、在館者のパニックを抑制する重要な設備です。非常用の照明装置は住宅に使える除外規定が手厚いです。よって、適合させるのは難しくありません。

規制内容

以下**2つ全て**に非常用の照明装置を設置すること（令126条の4）
①特殊建築物（共同住宅・寄宿舎）の**居室**、採光無窓**居室**、階数が3階かつ延べ面積が500㎡を超える建築物の**居室**
②上記の居室から地上に通ずる**避難経路**（廊下・階段等）

非常用の照明装置は以下の所定の基準**5つ全て**に適合させること（令126条の5）
①直接照明とし床面照度で1lx以上確保すること（蛍光灯、LEDランプの場合は2lx以上）
②照明カバー等を含む主要な部分は難燃材料で造り、又は覆うこと
③蓄電池又は蓄電池と自家発電装置を組み合わせたもので、充電なく、30分継続して点灯できる予備電源を設けること
④配線は600V2種ビニール電線等、耐熱性を有するもの等とすること
⑤その他、告示1830号の規制に適合させること

適用除外

以下の6つ**いずれか**に該当する建築物の部分（令126条の4）
①一戸建て住宅
②長屋の住戸

③共同住宅の住戸
④寄宿舎の寝室
⑤採光上有効に直接外気に開放された**廊下、階段**（後述）
⑥令126条の4第四号を適用した**居室**（後述）

本書で取扱う住宅用途の場合、住戸は除外規定の対象です。つまり、採光無窓になってしまっても、住戸内で非常用の照明装置は不要ということです。

住宅はほとんど除外規定が使えるなら、必要になるのはどこなの？

非常用の照明装置が必要になるとしたら、
・共同住宅の共用部（階段、廊下）
・寄宿舎の共用部（階段、廊下、共用食堂）　などです！

これらの部分は素直に非常用の照明装置をつけるか、除外規定⑤⑥を適用するか、どちらかです。⑤は廊下、階段などの避難経路に対して使える緩和、⑥は寄宿舎の共用食堂などの居室に対して使える緩和です。状況によって使い分けてください。

採光上有効に直接外気に開放された廊下、階段

非常用の照明装置は、非常時に停電などが発生した場合でも、最低限の照度を確保することを目的としています。よって、直接外気に開放されている場合、ある程度の照度はそもそも確保できているので、非常用の照明装置は不要となります。

ただし、所定の条件を満たす必要があります。

以下の2つ**いずれか**の条件を満たすこと
・廊下、階段の床部分の採光補正係数がマイナス（0以下）になっていないこと
・共同住宅の開放廊下、屋外階段の場合、以下**2つどちら**にも適合させること
　1　隣地から50cm以上、敷地内の建築物から2m以上離れていること
　2　手すりの上方において天井高さの1/2かつ1.1m以上開放されていること

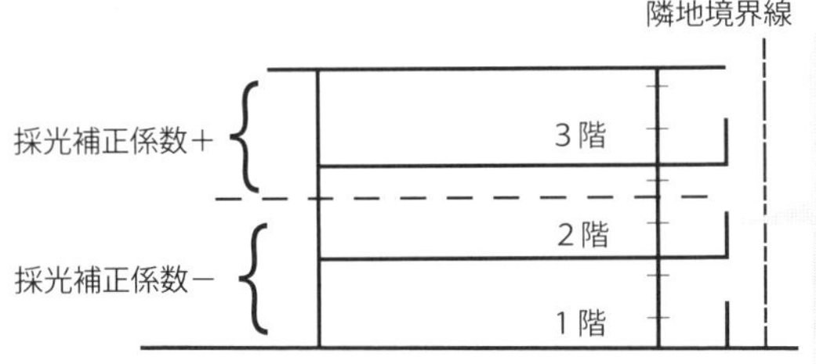
隣地境界線
採光補正係数＋
3階
採光補正係数－
2階
1階
1階と2階は非常用照明が必要
3階は採光が確保されているので
非常用照明は不要

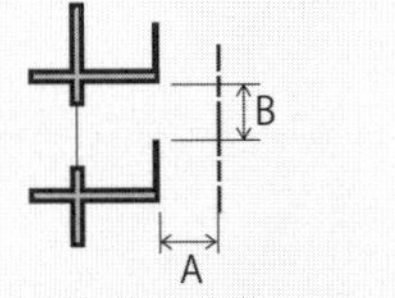
B
A
A：隣地境界線から50㎝以上
他の建築物から2m以上
B：天井の高さの1/2かつ
1.1m以上
採光が確保されていなくとも上記
に該当した場合、避難上支障が
ないので非常用照明は不要

図5-2-5-1 採光上有効に直接外気に開放された廊下の例

（『建築物の防火避難規定の解説 2016（第2版）』p.89より）

令126条の4第四号を適用した居室

詳細な内容については、告示1411号に記載されています。居室に対して使える緩和です。廊下などの非居室は使えないので、注意してください。告示は一号と二号の2つです。それぞれ確認していきましょう。

1. 歩行距離を短く計画して緩和する方法

以下2つ全てに適合させること（告示1411号一号）
①採光無窓ではないこと
②避難階（p.38）と直上階、直下階において、以下の歩行距離の基準に適合させること

避難階	居室等の各部分から屋外への出口までの歩行距離**30m以下**であり、かつ避難上支障がないこと
避難階の直下階、直上階	居室等の各部分から避難階における屋外への出口に至る歩行距離**20m以下**であり、かつ、避難上支障がないこと

2. 居室の面積を小さくして緩和する方法

以下**2つ全て**に適合させること（告示1411号二号）
①居室の面積が30㎡以下であること（ふすま、障子その他随時開放できるもので仕切られた2室は1室とみなす）
②廊下、階段の避難経路は非常用の照明装置を設けるか、採光上有効に直接外気に開放させること

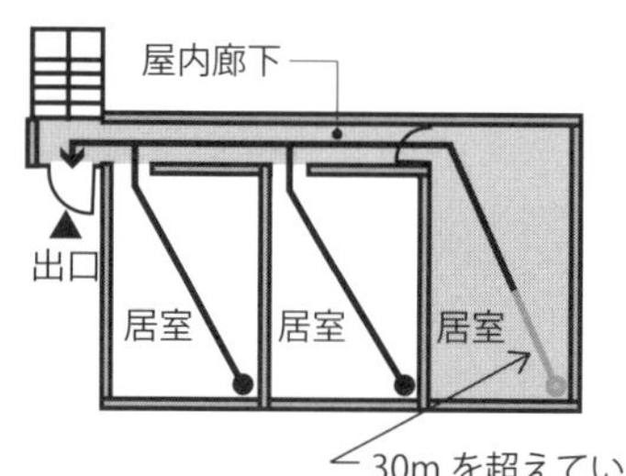

［歩行距離を短く計画して緩和する方法］

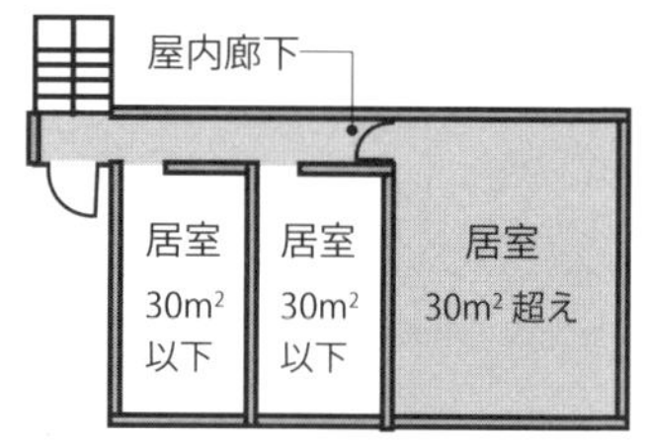

［居室の面積を小さくして緩和する方法］

…非常用照明が必要になる部分

図5-2-5-2 非常用の照明装置をなくすことができる条件

まとめ 非常用の照明装置は、住戸内や寝室には不要なので、共同住宅・寄宿舎の共用部分にのみ必要となる。
設置が必要になる部分には、素直に非常用の照明装置を設けるか、除外規定を適用すること。

参考ページ	建築物の防火避難規定の解説 2016（第2版）

89	**開放廊下・開放階段の取扱い**
91	小規模な店舗兼用住宅の取扱い
92	歩行距離が30mを超える大部屋の取扱い
188	質問と回答（番号74～75）

[共同住宅・寄宿舎に適用される法規]

2-6 小屋裏の隔壁

建築面積300㎡超という微妙な数値で規制を受けるマイナー法文

関連 法36条、令114条3項
規制を受ける建築物 小屋組が木造で建築面積300㎡を超える建築物

小屋裏部分で延焼しないように、小屋裏部分に隔壁を設ける規定です。

小屋組が木造で、しかも建築面積300㎡超えという条件はなかなか揃わないので、うっかり見落としてしまう規制です。規制内容自体はそんなに難しくないので、安心してください。

規制内容

小屋組が木造で建築面積300㎡を超える場合、以下**2ついずれか**に適合させること（令114条3項）

- 小屋裏の直下の天井を強化天井（p.195）にすること
- 桁行間隔12m以内ごとに小屋裏に準耐火構造の隔壁を設けること

適用除外

以下の3つ**いずれか**に適合させること（令114条3項）

- 主要構造部を耐火構造にすること
- 全ての室の壁及び天井に面する部分の仕上を難燃材料にすること
- 以下2つ全てを設置すること
  - ①スプリンクラー設備、水噴霧消火設備、泡消火設備その他これらに類するもので自動式のもの
  - ②排煙設備

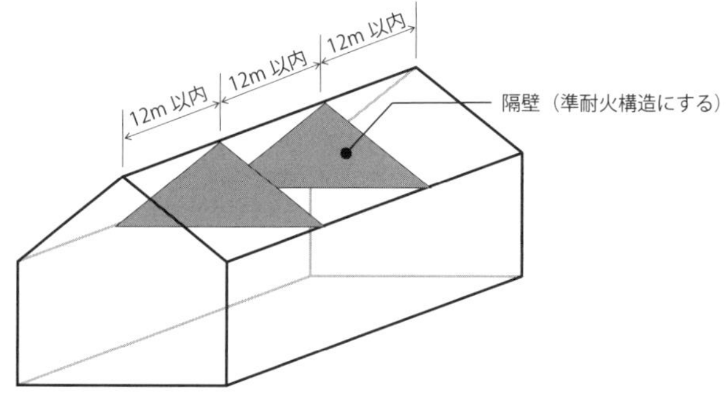

図5-2-6-1 隔壁の例

内容はわかったけど、界壁との違いがよくわかんないんだよね…

界壁とは、明確に違います。なぜなら、界壁は小屋裏を含む壁を対象としていますが、隔壁は小屋裏だけを対象としています。

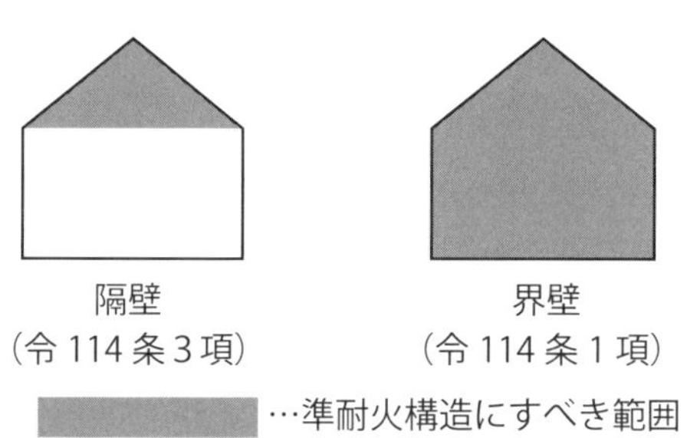

図5-2-6-2 隔壁と界壁の比較

［共同住宅・寄宿舎に適用される法規］

2-7 面積区画

特定の規制で準耐火構造にした場合にかかる規制

関連 法36条、令112条4項

規制を受ける建築物 ・法61条または法27条により主要構造部を準耐火構造※又はロ-1準耐火構造とした、延べ面積500㎡を超える建築物

※1時間準耐火建築物を除く

火災が発生した場合、被害を最小限にとどめるためには、火災を局部にとどめ、その拡大を防止することが重要です。そのために、延べ面積が大きい建築物には、防火区画をします。

規制内容

床面積500㎡以内ごとに、1時間準耐火基準に適合する準耐火構造の床・壁※、特定防火設備＋「閉鎖性能」で区画し、防火上主要な間仕切壁を準耐火構造として小屋裏又は天井裏まで達せしめること（令112条4項）

※スパンドレルが必要（p.184）

本書で扱っている建築物の規模は1000㎡以下と小さいので、**ごく一部の建築物**のみ面積区画の規制を受ける可能性があります。

どうして、ごく一部なの？

それは、本当に特定の条件が揃わないと面積区画の規制が適用されないからです。

面積区画が必要となる特定の条件とは？

以下**2つ全て**に該当すること
・法27条（p.197）・法61条（p.116）の規制により、以下にする場合
　－主要構造部を準耐火構造とした建築物（1時間を除く）
　－ロ-1準耐火構造
・延べ面積が500㎡を超える建築物

すでに解説した、竪穴区画（p.182）では、任意で主要構造部を準耐火構造にする場合であっても、規制を受けました。しかし、面積区画は法27条、法61条により主要構造部を準耐火構造にした場合にのみ、規制を受けます。

じゃあ、面積区画は、任意で準耐火構造にした場合は規制を受けないってことだね！

はい！その通りです！

[共同住宅・寄宿舎に適用される法規]

2-8 異種用途区画

建築物内に住宅以外の用途があった場合に必要になる防火区画

関連 法36条、令112条18項

規制を受ける建築物 法27条の適用を受ける特殊建築物で、他の用途がある建築物

異種用途区画は、「特殊建築物」と「その他の用途」を防火区画するための規制です。危険性の高い特殊建築物を区画し、安全性を高めるものです。

本書で扱う建築物だと、「特殊建築物（＝共同住宅・寄宿舎）」と「他の用途（＝事務所・店舗・車庫等）」の間に異種用途区画が必要です。

ただし、特殊建築物があったら、全て異種用途区画が必要なわけではありません。法27条（p.197）の適用を受ける所定の規模以上の特殊建築物のみ、規制を受けるものです。

規制内容

特殊建築物（共同住宅又は寄宿舎）とその他の部分を、1時間準耐火基準に適合する準耐火構造の床、壁、特定防火設備＋「閉鎖性能」＋「遮煙性能」で区画すること

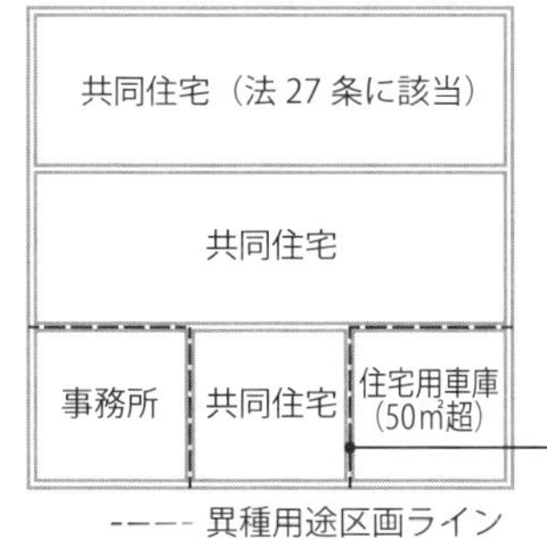

図5-2-8-1 異種用途区画の例

同じ防火区画でも、竪穴区画（p.182）とは区画方法などが異なります。大きな違いは、スパンドレルが不要ということです。

店舗兼用住宅や店舗併用住宅は「一戸建て住宅」と「住宅以外の用途（店舗）」があるけど、その間に異種用途区画は要らないってこと？

そうです！なぜなら、一戸建て住宅・長屋は特殊建築物ではないので、法27条の適用を受けないからです。

ただし、一戸建て住宅・長屋は法27条の対象になりませんが、「その他の用途（車庫等）」が法27条に該当する場合は、異種用途区画が必要です。

例えば、車庫は特殊建築物です（火災の危険性が高いため）。そちらが法27条の規模（車庫の場合、床面積150m²以上）に達した場合は、「その他の用途（一戸建て住宅）」と「特殊建築物（車庫）」として、異種用途区画が必要です。

まとめ　5章2-6～2-8は、本書で扱う建築物の場合はかなり限られた条件で適用される規制。ただし、しっかり確認しておきましょう。

参考ページ	建築物の防火避難規定の解説 2016（第2版）	129　店舗等付共同住宅における異種用途区画の取扱い 196、197、203　質問と回答（番号112、113、154、155）

[寄宿舎に適用される法規]

3 防火上主要な間仕切壁

寄宿舎のみ特定の間仕切壁を準耐火構造にしなくてはならない

関連 法36条、令114条2項
規制を受ける建築物 寄宿舎の用途の建築物

防火上主要な間仕切壁は、就寝等の用途に供する建築物に対して火災時に在館者が安全に避難できること、火災の急激な拡大を抑えることを目的とした間仕切壁です。寄宿舎は就寝の用途があるため、どんなに小さな建築物でも設置が必要になります。

以下**2つ全て**に適合させること（令114条2項）
①以下に該当する壁を準耐火構造※にすること
- 就寝室等を3室以下かつ100㎡以下ごとに区画する壁
- 就寝室等と避難通路を区画する壁
- 火気使用室とその他の部分を区画する壁

②小屋裏の措置について以下の**2ついずれか**に適合させること
- 壁を小屋裏又は天井裏まで達せしめること
- 天井を強化天井にすること

※建築物の構造種別によって間仕切壁の種別が異なることがある
（『建築物の防火避難規定の解説 2016（第2版）』p.135）

建築物の構造種別	間仕切壁の構造種別
耐火構造	耐火
1時間準耐火構造	準耐火（1時間）
45分準耐火構造	準耐火（45分）
準耐火ロ-1	準耐火（45分）
準耐火ロ-2	準耐火（45分）・準不燃材料

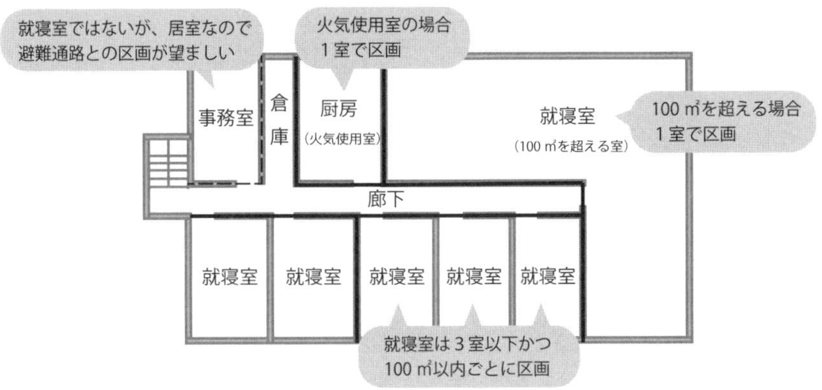

図5-3-1 防火上主要な間仕切壁の例

防火上主要な間仕切壁は、就寝室と避難経路の間を区画する壁のみ準耐火構造の壁にすれば適合します。しかし、火災の急激な拡大を防止する観点から、就寝室以外の室と避難経路の間にも設置することが望ましいです。

なんか、界壁と似ているようだけど、何が違うの？

界壁との大きな違いは、開口部の考え方です。界壁には開口部を設けることはできません。しかし、防火上主要な間仕切壁は、開口部を設けてもよく、開口部を防火設備などにする必要もありません。

ただし、除外規定もあります。除外規定は、「スプリンクラー」を設置できるかどうかで使える規定が異なります。スプリンクラーを設置しない場合は①、スプリンクラーを設置する場合は②の除外規定を適用できます。

適用除外①

以下**3つ全て**の条件を満たすこと（令114条2項かっこ書、告示860号）
①居室の面積を以下の2つ**いずれか**に該当させること

・当該階の居室の床面積の合計が100㎡以下であること
・居室の床面積100㎡以内ごとに準耐火構造の壁、20分防火設備で区画すること
②各居室に以下の3つ**いずれか**の煙感知式の消防設備を設置すること
・住宅用防災報知設備
・自動火災報知設備
・連動型住宅用防災警報機
③各居室から屋外へ容易に避難できる計画にすること（後述）

適用除外②

以下**2つ全て**の条件を満たすこと（令112条4項）
①床面積を以下2つの**いずれか**に該当させること
・当該階の床面積の合計が200㎡以下であること
・床面積200㎡以内ごとに準耐火構造の壁、20分防火設備で区画すること
②各室に自動スプリンクラー設備等を設けること

各居室から屋外へ容易に避難できる計画

除外規定①を適用するにあたって、屋外へ容易に避難できる計画とする必要があります。その要件をまとめました（図5-3-2）。

〈各居室から屋外へ容易に避難できる計画とは〉
以下の**3つ全て**に適合させること
①各居室に「屋外への出口」又は「避難上有効なバルコニー（避難器具設置）」があるか、②を満たす出口があり、下記のいずれかに避難可能であること
・道
・道に通じる幅員50㎝以上の通路
・準耐火構造の壁、20分防火設備で区画されている部分
②各居室の出口から「屋外への出口」または「避難上有効なバルコニー」まで歩行距離8m※以下であること
③各居室と通路は間仕切壁および戸（ふすま、障子を除き、常時閉鎖した状態にあるか、火災により煙が発生した場合に自動的に閉鎖するものに限る）で区画すること（ただし、全ての居室から直接屋外等に避難可能な場合は不要）

※各居室及び通路の壁（床面からの高さ1.2m以上の部分）・天井が難燃材料の仕上であれば、歩行距離16mとする

1階　　　　　　　　　　　　　　2階

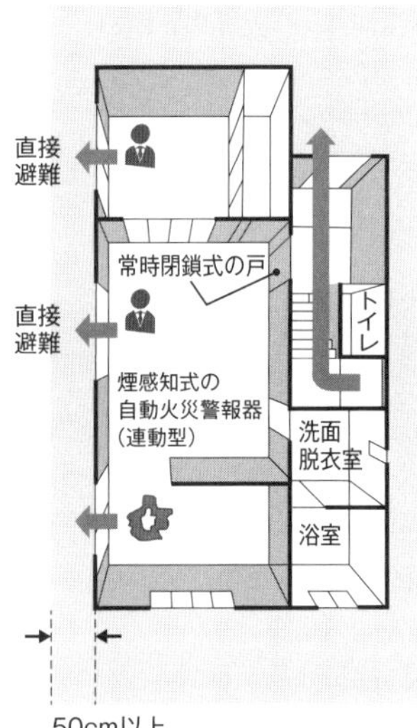

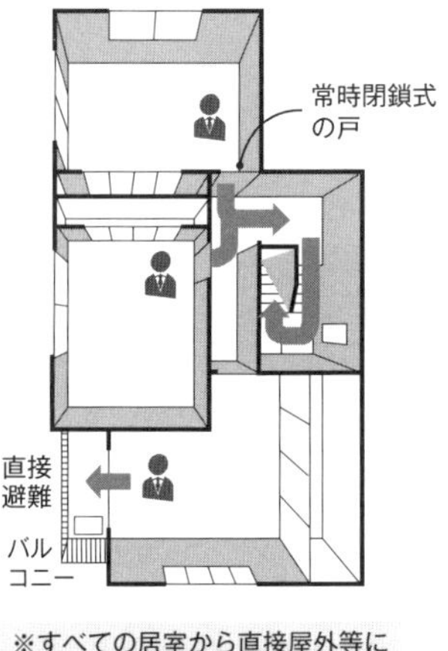

 居室から直接屋外等に避難、又は居室の出口から歩行距離8m※以内に屋外等に避難
※各居室及び通路の内装を不燃化した場合は16m

図5-3-2 各居室から屋外へ容易に避難できる計画

（出典：国土交通省資料「寄宿舎等における間仕切壁の防火対策の規制の合理化」
https://www.mlit.go.jp/common/001054685.pdf、一部修正）

まとめ　界壁と異なり、開口部を設けてもよい。また、いくつかの除外規定もある。

参考ページ	建築物の防火避難規定の解説 2016（第2版）	**135　防火上主要な間仕切壁** 197～199 質問と回答（番号119 ～ 127）

第6章

特殊な設備や店舗に適用される法規

住宅の用途についてはわかったけど、事務所や店舗を兼ねたり、附属建築物を計画する場合ってなんか不安だなぁ…。やっぱり住宅と受ける規制が違うのかな？

事務所や店舗を兼用する場合や、附属建築物を計画する場合などは、同じ法律でも、少し条件や、適合のさせ方が異なります。この章で解説していきます。

1 店舗や事務所を兼ねる住宅

追加検討しなければならない規制がある

関連 法28条、法31条、法35条、法35条の2、法35条の3、法48条

実は建築基準法において、住宅用途は特別です。その理由は、住宅用途は使える緩和が他の用途よりも多いからです。

よって、店舗や事務所を兼ねる住宅の場合、メインが住宅であっても、改めて注意しなくてはならない規制がいくつかあります。

そこで、店舗や事務所を兼ねる住宅の場合に注意すべき点をまとめます。

店舗や事務所を兼ねる住宅を計画する上での注意点

- ・**用途地域**の規制に適合しているか確認すること
- ・**無窓検討**の採光・換気・排煙を改めて確認すること
- ・**浄化槽**の人槽算定は住宅部分と事務所や店舗部分の合算とすること
- ・店舗部分が特殊建築物になる場合、**避難規定**を一通り確認すること
- ・**バリアフリー法**の適用を受けるか条例をチェックすること
- ・**省エネ適合性判定**が必要になるか、事務所や店舗の床面積をチェックすること

●用途地域の規制に適合しているか確認すること（法48条）

こちらの内容はすでに第3章1-2（p.92）で解説した通りです。店舗や事務所を兼ねる住宅は、住宅単独で計画する場合より、厳しい規制を受けることとなります。

また、兼用ではなく、併用扱いになると、規制はさらに厳しくなります。

第一種低層住居専用地域などでは、場合によっては計画できないこともありますのでよく確認しましょう。

●無窓検討の採光・換気・排煙を改めて確認すること

（法28条、法35条、法35条の2、法35条の3）

住宅用途と異なり、店舗や事務所には採光義務（p.129）がありません。しかし、無窓居室（p.132）の確認はしなければなりません。住宅では、採光義務があるので採光計算の係数が1/7でしたが、店舗や事務所の場合は1/20でも良いなど、違いがあります。店舗や事務所の用途の場合、改めてこれらの内容を見直しましょう。

●浄化槽の人槽算定は住宅部分と事務所や店舗部分の合算とすること（法31条）

こちらの内容はすでに「便所」（p.144）で解説した通りです。住宅部分の人槽に加えて、店舗・事務所部分の人槽を合算させます。浄化槽の人槽が多くなることが考えられますので、注意してください。

●店舗部分が特殊建築物になる場合、避難規定を一通り確認すること（法35条）

店舗は、避難規定（p.190）の適用を受ける可能性があります。

特殊建築物は、建築基準法の規制が強化される用途を有する建築物のことです。第1章1（p.18）より、住宅用途の場合は共同住宅や寄宿舎が特殊建築物に該当します。

特殊建築物として、店舗部分が該当することも十分あり得ます。その場合、店舗部分は特殊建築物として避難規定の適用を受けることとなります。

以下、一般的にどのような店舗が特殊建築物に該当するのかを示します（利用形態などによる場合があるので、最終的には申請先に確認しましょう）。

特殊建築物に該当する	特殊建築物に該当しない
・日用品の販売を主たる目的とする店舗 **・飲食店**	・事務所 ・以下に該当するサービス店舗 ー理髪店、美容院、クリーニング取次店、質屋、貸衣装屋、貸本屋等のサービス店舗 ー洋服店、畳屋、建具店、自転車店、家庭電気器具店等のサービス店舗（作業場床面積≦50m²、原動機出力≦0.75kW） ー自家販売のパン屋、米屋、豆腐屋、菓子屋等の食品製造業（作業場床面積≦50m²、原動機出力≦0.75kW） ・学習塾、華道教室、囲碁教室等

でも、僕が今回計画しているのは、小さい飲食店を兼ねる住宅なんだけど、それでも店舗部分は避難規定に適合させなくちゃだめ？

はい！避難規定に適合させてください！法35条により、特殊建築物に該当する条件には面積の記載がありません。つまり、**1㎡でも飲食店があったら、避難規定の適用を受ける**ことになってしまうんです。

●バリアフリー法の適用を受けるか条例をチェックすること

第2章5（p.78）でも解説したバリアフリー法は、原則として、特別特定建築物で、床面積2000㎡以上から適用されます。床面積2000㎡以上なので、本書の建築物には全く縁がないように見えるかもしれません。

しかし、条例で、特別特定建築物の追加と、適用される床面積の引き下げが行われている場合があります。この床面積の引き下げで、店舗部分がバリアフリー法の対象となる可能性があるのです。

例えば、東京都のバリアフリー条例では、適用となる飲食店の床面積が2000㎡ではなく、500㎡まで引き下げられています。

店舗などの計画があった場合、バリアフリー法に関する条例を確認しておいた方が良さそうですね。

●省エネ適合性判定が必要になるかどうか、事務所や店舗の床面積をチェックすること

省エネ適合性判定が必要になる建築物は、非住宅の床面積が300㎡以上の建築物です。つまり、店舗や事務所の面積が300㎡以上の場合、省エネ適合性判定が必要になります。

省エネ適合性判定は、建築基準関係規定なので、確認申請に大きく影響します。該当するかどうかをしっかり確認しましょう。

まとめ 用途が変わると、異なる規制を受ける。また、同じ規制であっても適合のさせ方が異なる。店舗や事務所の用途がある場合、少なくとも上記の内容は注意深く確認をすること。

2 附属棟（住宅用車庫、住宅用物置等）の扱い

附属棟も全て建築基準法の適用を受けるのか？

関連 法２条一号

敷地内に住宅以外の附属棟（住宅用車庫、住宅用物置等）を計画することは、所定の基準に適合していれば可能です。注意すべき点がいくつかあるので、まとめました。

附属建築物（附属棟）を計画する上での注意点

・建築基準法が適用される**建築物**かどうか確認すること
・**用途地域**の規定における附属建築物の要件に適合する規模とすること
・**確認申請が必要**かどうか確認すること
・**車庫の面積が150㎡を超える場合**、準耐火建築物とすること

それぞれ内容を確認していきましょう。

●建築基準法が適用される建築物かどうか確認すること

附属建築物は**原則として建築物**です。その場合、当たり前ですが建築基準法に全て適合させなくてはいけません。

よく、床面積が10㎡以内であれば、建築基準法の適用を受けないなどと考える方がいますが、これは間違っています（おそらく、防火指定のない10㎡以内の増築は確認申請が不要ということから結びついているのだと思います）。

しかし、倉庫で、所定の条件を満たせば建築物扱いにならないこともあります。土地に自立して設置する小規模な倉庫（物置等を含む）のうち、奥行きが1m以内のもの又は高さが1.4m以下のものは、建築物に該当しないとされています（『建築確認のための基準総則・集団規定の適用事例 2017年度版』p.27より）。

上記の要件を満たした場合、建築物ではないので、建築基準法に適合させ

る必要はありません。ただし、建築地によって独自の基準を定めている可能性もありますので、念のために申請先に確認した方が良いでしょう。

●用途地域の規定における附属建築物の要件に適合する規模とすること

こちらの内容はすでに第3章1-2（p.92）で解説した通りです。

住宅の大きさに対して極端に面積が大きい車庫や物置は、場合によっては附属すると判断されないこともあります。住宅以外の用途に使われるのではないか？という疑義が出るからです。もし、こういった計画がある場合は、事前に申請先に確認しましょう。

●確認申請が必要かどうか確認すること

こちらの内容はすでに第2章1（p.56）で解説した通りです。

防火・準防火地域の指定がない区域に10㎡以内の附属建築物を増築した場合は、確認申請は不要です。増築の定義はp.240で詳しく解説します。

●車庫の面積が150㎡以上の場合、準耐火建築物とし、住宅部分と異種用途区画をすること

車庫は特殊建築物ですので、法27条3項により、防火性能の強化を求められることがあります。その規模は、150㎡以上の場合です。

さらに、法27条に該当すると異種用途区画（p.223）の適用を受けることとなります。住宅部分との区画が必要です。合わせて確認しましょう。

参考ページ

建築確認のための基準総則・集団規定の適用事例 2017年度版

12　屋根及び柱・壁を有する工作物の類する構造
15　テント工作物
17　コンテナ
21　開閉できる屋根を持つ工作物
27　小規模な倉庫

point　合わせて確認すべき「地方公共団体の条例」

車庫は、比較的小規模な50㎡であっても条例の適用を受けることがあります。

車庫の条例には、道路の幅員に関する規制が設けられることもあり、非常に重要なので、注意しましょう。

3 ホームエレベーターの設置

住宅用エレベーターでも原則、確認申請が必要

関連 法34条、法87条の4、令129条の3～13の3、令146条

エレベーターでも、建築物に設けるものは、建築基準法の適用を受けます。規制は大きく分けて2つです。

内容	対象
①昇降機の構造や防火等の基準	全ての昇降機
②確認申請の有無等の手続き	所定の要件に該当する昇降機

②の所定の要件に該当する昇降機となる場合は、建築物と同様に確認申請が必要になるのでしっかり確認しておきましょう。

①昇降機の構造や防火等の基準

法34条1項により、昇降機は令129条の3～13の3までの規定に適合させなくてはなりません。これらの規定は、昇降機の構造の安全性、防火性などの一般的な基準です。

住宅用エレベーターの場合は、「型式認定」（法68条の10）や「製造者認証」（法68条の11）などにより基準への適合を確認している場合が多いです。その場合、認定書などを確認しましょう。

②確認申請の有無等の手続き

昇降機であっても、所定の要件に該当した場合は確認申請や完了検査などの手続きが必要になります（法87条の4）。

〈所定の要件に該当する昇降機とは？〉
以下**2つ全て**の要件に該当する昇降機
①**法6条1項一号～三号の建築物**に設置する昇降機であること（建築基準法87条の4）
②以下のいずれかに該当する昇降機であること
・エレベーター（令146条1項一号）
・**小荷物専用昇降機**※（令146条1項二号）
・エスカレーター（令146条1項一号）
・特定行政庁が指定した昇降機（令146条1項三号）

※全ての出し入れ口の下端が、出し入れ口が設けられる室の床面よりも50cm以上高いものを除く。（令129条の3第1項三号及び告示239号）

上記の要件に該当した昇降機は、確認申請や完了検査などが必要になります。

じゃあ、四号建築物に設置する昇降機は、全て確認申請不要なの？

そうとも言えません。原則確認申請が必要です。ただし、単独申請はできず、四号建築物の建築の確認申請の併願として申請します。

四号建築物の建築と同時に設置する場合、建築物の申請に合わせて昇降機の併願申請をします。一方ですでに完了検査を受け、建築基準法の手続きが完了している四号建築物に対して、昇降機を単独で設置する場合は確認申請が不要です。理由は、四号建築物に設ける昇降機は、単独で確認申請を行うことに法的根拠がないからです。ただし、四号建築物であっても、外部に増設する場合などは「増築」扱いとなり、確認申請が必要になることもあるので注意は必要です。

	一号～三号建築物に設置する場合	四号建築物に設置する場合
建築物の建築と同時に設置する昇降機	○（必要）	○（必要） （ただし、単独申請は不可）
上記以外の昇降機 （昇降機単独の設置等）	○（必要）	×（不要）（ただし、特定行政庁によっては法12条5項※の報告を求められる）

※法12条5項 特定行政庁、建築主事又は建築監視員は、建築主・設計者・工事監理者・その建築物の処分をした指定確認検査機関等に対して、建築物の状況、建築物に関する工事の計画、施工の状況又は建築物に関する調査の状況に関する報告を求めることができる。

4 塀

敷地内の塀は、建築基準法に適合させなくてはならない

関連 令61条、令62条の8

高い塀などは地震で倒れた場合、非常に危険です。そのため、塀についても建築基準法に規制があります。敷地内に塀の計画がある場合はしっかり確認しましょう。

規制内容

以下の基準に適合させること（令61条、令62条の8）

		コンクリートブロック塀	組積造
高さ（H）		H≦2.2m	H≦1.2m
壁の厚さ（d）		d≧15cm	d≧（壁頂までの垂直距離）×1/10
控壁	間隔（L）	L≦3.4m※	L≦4m
	突出（W）	W≧H/5※	W≧1.5d
	鉄筋の直径	9mm以上※	—
基礎	根入り深さ	≧30cm※	≧20cm
	丈	≧35cm※	—
鉄筋	壁頂・基礎	横筋　直径9mm以上	—
	壁端・隅角部	縦筋　直径9mm以上	—
	壁内	横筋・縦筋　直径9mm以上　間隔80cm以下	—
	末端・定着	末端はかぎ状に曲げ、縦筋は横筋に、横筋は縦筋にかぎかけする。ただし、横筋をその径の40倍以上基礎に定着する場合は末端を基礎の横筋にかぎかけしなくてよい	—
備考		・構造計算によって安全を確かめられた場合には、上表によらなくてもよい（告示1355号） ・**高さ1.2m以下の場合、※の規定を適用しない**	・控壁は、壁の厚さ（D、d）が最小必要厚の1.5倍以上ある場合は不要（ただし木造の控壁は不可）。 ・目地は芋目地としないこと

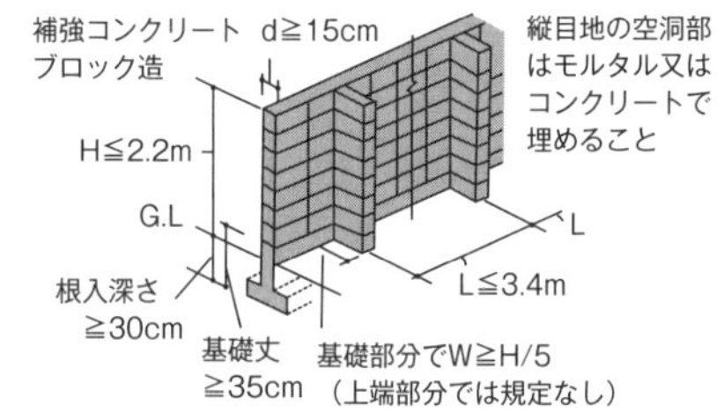

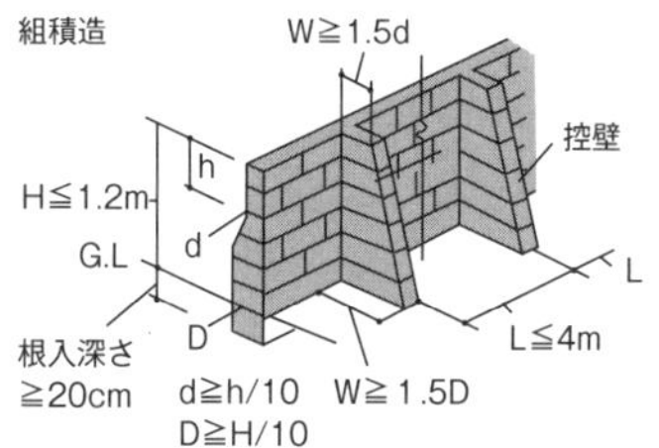

図6-4-1 塀の基準　（出典：『建築申請memo』40-25）

つまり、高さ1.2mを超える場合はコンクリートブロック塀にすることが必要となります（図6-4-1）。コンクリートブロック塀は1.2m以下の場合、控壁などは不要になりますが、もし、1.2mを超える場合に控壁をなくしたいのであれば、構造計算をして、安全性を確かめなくてはなりません。

そもそも、塀って建築物じゃなさそうだし、本当に建築基準法の適用を受けるの？

目のつけ所が素晴らしい！確かに、建築物でないなら、建築基準法の適用を受けません。でも、建築物の定義を確認するとわかりますが、塀は「建築物」扱いになります。

「**附属する**門若しくは塀」は建築物の定義に含まれています（法2条一号）。つまり、建築物の敷地にある塀は建築物なので、建築基準法の適用を受けるということです。

逆に、建築物が建っていない敷地の塀は、建築物ではないので建築基準法の適用を受けないともいえるでしょう。

じゃあ、ちゃんと適合させなくちゃ。ところで、コンクリートブロック塀と組積造しか書いてないけど、他の構造の塀はどうなるの？

基準法で定められているのは、以上の2つのみです。しかし、これ以外の構造の塀であっても、安全性に考慮した計画とすべきでしょう。

第7章

増改築等に適用される法規

既存の建築物に増築をしたいんだけど…。増築ってよくわからないなぁ…。

確かに、増築・改築・移転・大規模の修繕・大規模の模様替えは新築とは全く別物です…。この章で簡単ですが概要をご説明しますので、こちらを確認してから法文を確認すると、わかりやすくなると思いますよ！

1 増築、改築、移転

「新築」と「増築、改築、移転」の違いについて

関連 法２条十三号、法６条２項

法2条十三号により、「建築」の定義には①新築、②増築、③改築、④移転の4つがあります。

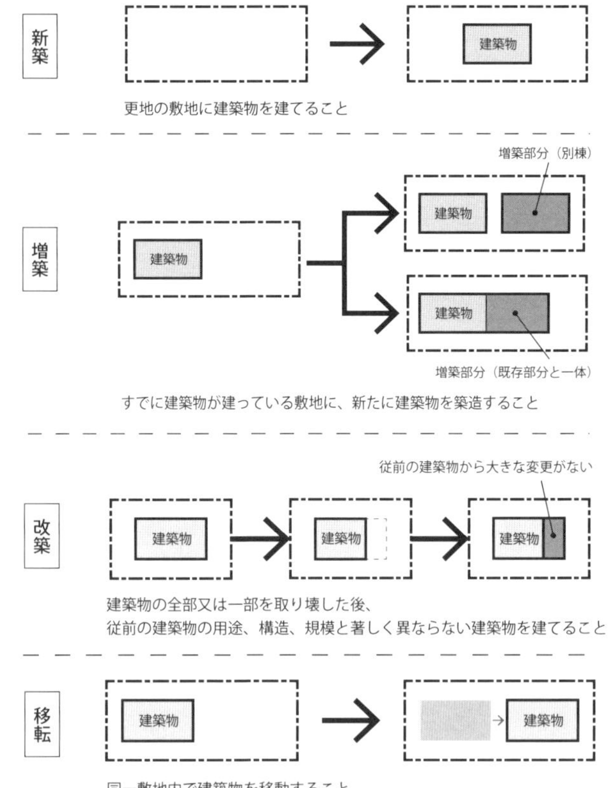

図7-1-1 新築、増築、改築、移転の違い

建築基準法の中でも、増築、改築、移転は「新築」とは異なる規制を受けます。実体規定（集団規定・単体規定）はもちろんのこと、手続き関連（確認申請等）も新築とは異なります。新築では確認申請が必要であっても、増築、改築、移転であれば不要になる場合もあります。確認していきましょう。

確認申請が不要になる建築等

都市計画区域または準都市計画区域内であっても以下**3つ全て**に該当すれば確認申請不要（法6条2項）
・敷地が防火地域及び準防火地域以外であること
・床面積が10㎡以内であること
・増築、改築、移転であること

じゃあ、いくら10㎡以内の小さな建築物でも、「新築」だったら確認申請が必要。でも、増築、改築、移転だったら、10㎡までは確認申請不要ってことだね！

その通りです！ただし、防火地域及び準防火地域以外の建築物に限ります。もし、防火指定がある敷地の場合は10㎡以内の増築等であったとしても、確認申請が必要です。

まとめ 防火指定がない地域で、床面積10㎡以内の増築、改築、移転は確認申請不要

参考ページ	建築確認のための基準総則・集団規定の適用事例 2017年度版	46　改築

2 大規模の修繕、大規模の模様替

該当した場合、修繕や模様替であっても原則、確認申請が必要となる

関連 法2条十四号、十五号

大規模の修繕、大規模の模様替の違いは以下の通りです。

大規模の修繕

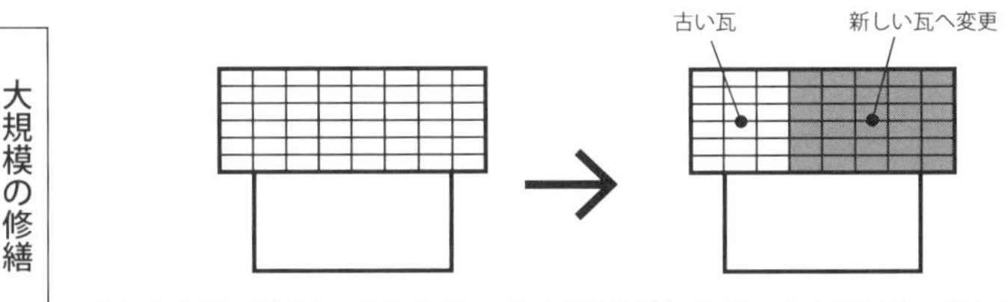

主要構造部の過半を、同じ位置に、概ね同じ材料、形状、寸法で造り替えること

大規模の模様替

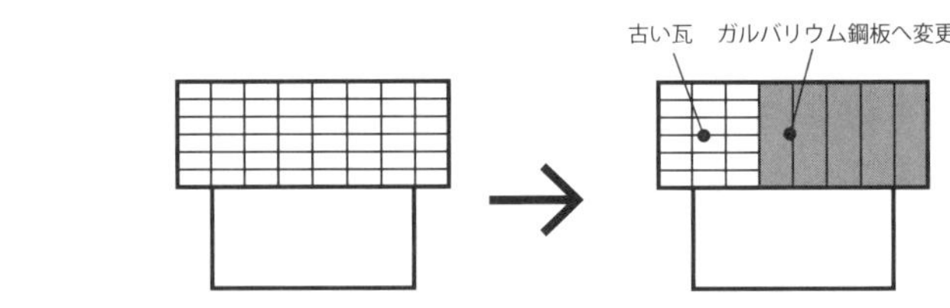

主要構造部の過半を、同じ位置に、異なる材料、異なる形状で造り替えること

図7-2-1 大規模の修繕、大規模の模様替の違い

主要構造部の過半ってどうやって確認するの？

過半の判定は主要構造部の部位ごとに行います。

部位	過半の判定
柱・はり	それぞれの総本数に占める割合
壁	その総面積に占める割合
床・屋根	それぞれの総水平投影面積に占める割合
階段	その階ごとの総数に占める割合

もし上記のいずれかに該当してしまった場合、大規模の修繕、大規模の模様替に該当し、「確認申請」が原則として必要です。ただし、四号建築物の大規模の修繕、大規模の模様替は確認申請が不要になります。

まとめ 「主要構造部の過半」かどうか、よく確認すること

参考ページ	建築確認のための基準総則・集団規定の適用事例 2017年度版	47 大規模の修繕、大規模の模様替

3 既存不適格建築物

違反建築物とは意味合いが全く異なる

関連 法３条

建築物の法適合の状態は、以下の3つに分類されます。

適合建築物	現行の法律に適合しているもの
既存不適格建築物	**法改正**によって、**改正後の法律に適合しなくなった**もの
違反建築物	法改正に関わらず、法律に適合していないもの（元から違反しているか、手続き無しの増改築等により違反状態になったもの）

既存不適格建築物は、建築当時は法律に適合していても、その後の法改正の規制強化によって、現行法に適合しなくなってしまった建築物です。

それに対して違反建築物は、建築当時から違反している建築物、又は手続きなしの増改築により違反状態になったものです。よって、既存不適格建築物と違反建築物は、どちらも現行の建築基準法に適合していないのは同じでも、意味合いが全くの別物です。

違うと言われても、現行法に適合していないなら、一緒のような気がするんだけど…。

いえ！既存不適格建築物は、建築基準法の適用除外を受けることができるので、現行法に適合していなくても、原則として違反指導等の対象になることはありません。しかし、違反建築物は違反指導の対象になります。

法3条には、建築基準法の適用除外についての記載があります。この中に、既存不適格建築物も含まれています（法3条2項）。

よって、既存不適格建築物は、現行の法律に適合していなくても良いのです。

一方、違反建築物の場合は通常通り建築基準法の適用を受け、違反指導を受けることもあります（法9条）。

確かに、法改正って予期できないことだから、それで違反建築物として指導されてしまうのは理不尽だよね。

まとめ 既存不適格建築物は、法改正により不適合となったために、建築基準法の適用除外を受けることができる建築物

4 既存不適格建築物の緩和

増築等をした場合、原則として現行法に適合させる。ただし、一部緩和もある

関連 法3条2項、3項、法86条の7

既存不適格建築物は、建築基準法の適用除外を受けるので、現行法に適合していなくても構いません。

しかし、既存不適格建築物に対して「**増築、改築、移転、大規模の修繕、大規模の模様替**」をした場合、既存不適格建築物は原則として**全体を全ての現行法に適合させなくてはなりません**（法3条3項三、四号）。

え！現行法？それって厳しすぎない？

そうですよね。でも、安心してください。所定の条件を満たせば、一部の規制においては緩和を受けることが可能です。

既存不適格建築物に対して増築等を行う場合、所定の条件に適合させることで、既存部分を現行法に適合させなくてもいいという緩和を受けることが可能です（法86条の7）。

中でも、**同一敷地内の移転**、**認可を受けた移転**は、特別に**適用除外が継続**されます（法86条の7第4項）。

緩和を受ける方法は大きく以下の3つに分類されます。

- 政令で定める範囲内の工事に対して、緩和を受ける方法（法86条の7第1項）
- 独立部分を2以上作ることによって、緩和を受ける方法（法86条の7第2項）
- 増築等をする以外の部分（既存部分）に対して、緩和を受ける方法（法86条の7第3項）

本書で扱う建築物は、2つ目の独立部分を作ることによる緩和を適用する場合※はほとんどないので、「政令で定める範囲内の工事に対して、緩和を受ける方法」と「増築等をする以外の部分（既存部分）に対して、緩和を受ける方法」について解説します。

※既存建築物でエキスパンションジョイントや防火区画による独立部分が2つ以上ある場合、増築する独立部分のみ現行法に適合させる必要があり、増築しない独立部分は既存不適格状態が継続するというもの。

●政令で定める範囲内の工事の緩和

政令で定める範囲内の増築等だった場合、既存不適格建築物の緩和を受け、現行法への適合を免除されることが可能です。まずは、緩和可能な項目の内容と法文を整理します。

法で定める規制（緩和可能な項目）			政令で定める範囲（緩和条件）（×は緩和されない）	
法	項・号	内容	増築・改築	大規模の修繕 大規模の模様替
法20条		**構造耐力**	**令137条の2**	令137条の12第1項
法26条		防火壁等	令137条の3	令137条の12第2項
法27条		耐火建築物等としなければならない特殊建築物	令137条の4	令137条の12第2項
法28条の2	一号 二号	**石綿その他の物質の飛散又は発散に対する衛生上の措置（シックハウス）**	**令137条の4の2 令137条の4の3**	令137条の12第3項
法30条		長屋又は共同住宅の各戸の界壁	令137条の5	令137条の12第2項
法34条	2項	昇降機（非常用の昇降機）	令137条の6	令137条の12第2項
法47条		壁面線による建築制限	×	令137条の12第2項
法48条	1項～ 14項	用途地域等	令137条の7	令137条の12第4項
法51条		卸売市場等の用途に供する特殊建築物の位置	×	令137条の12第2項
法52条	1項 2項 7項	容積率	令137条の8	
法53条	1項 2項	建ぺい率	×	
法54条	1項	第一種低層住居専用地域等内における外壁の後退距離	×	
法55条	1項	第一種低層住居専用地域等内における建築物の高さの限度	×	

→次のページに続きます

法で定める規制（緩和可能な項目）			政令で定める範囲（緩和条件） （×は緩和されない）	
法	項・号	内容	増築・改築	大規模の修繕 大規模の模様替
法56条	1項	建築物の各部分の高さ	×	令137条の12第2項
法56条の2	1項	日影による中高層の建築物の高さの制限	×	
法57条の4	1項	特例容積率適用地区内における建築物の高さの限度	×	
法57条の5	1項	高層住居誘導地区	×	
法58条		高度地区	×	
法59条	1項	高度利用地区	令137条の9	
	2項		×	
法60条	1項	特定街区	令137条の8	
	2項		×	
法60条の2	1項	都市再生特別地区	令137条の9	
	2項		×	
法60条の2の2	1項～3項	居住環境向上用途誘導地区	×	
法60条の3	1項	特定用途誘導地区	令137条の9	
	2項		×	
法61条		防火地域及び準防火地域内の建築物	令137条の10 令137条の11	令137条の12第5項
法67条	1項	特定防災街区整備地区	令137条の10	令137条の12第2項
	5項～7項		×	
法68条	1項 2項	景観地区	×	

例えば、構造耐力（法20条）が現行法に適合していない既存不適格建築物に増築の工事をする場合、「令137条の2」の内容を見て、既存不適格を継続させるための条件を確認するってこと？

そうです！基本的には、現行法に適合していないものを1つ1つ確認していく形になります。

●増築等をする以外の部分（既存部分）の緩和

いくつかの基準については、増築等をする部分だけ現行法に適合させることで、増築等をする以外の部分（既存部分）については既存不適格を継続させることができます。

法で定める規制（緩和可能な項目）			政令で定める範囲（緩和条件）
法	項・号	内容	増築・改築・大規模の修繕・大規模の模様替
法28条		居室の採光及び換気	法86条の7第3項（増築等をする部分以外は適用しない）
法28条の2	**三号**	**石綿その他の物質の飛散又は発散に対する衛生上の措置（シックハウス）**	
法29条		地階における住宅等の居室	
法30条		長屋又は共同住宅の各戸の界壁	
法31条		便所	
法32条		電気設備	
法34条	1項	昇降機	
法35条の3		無窓の居室等の主要構造部	
法36条※		必要な技術的基準	

※防火壁、防火床、防火区画、消火設備及び避雷設備の設置及び構造に係る部分を除く。

例えば、採光（法28条1項）が現行法に適合していない既存不適格建築物に増築をする場合、増築部分は適合させる必要があるけど、増築をする以外の部分（既存部分）は現行法の適用を受けないってことかな？

その通りです！

また、表に記載がない規制は、増築等を行ったら全て現行法に適合させなくてはなりません。以下では、よく使われるもののみ紹介しますので、他のものも法文を参照して確認ください。

法20条：構造耐力

構造は、既存部分と増改築部分の面積や接続方法により細かく条件が分かれているので、以下のルートに沿って確認してください（令137条の2）。

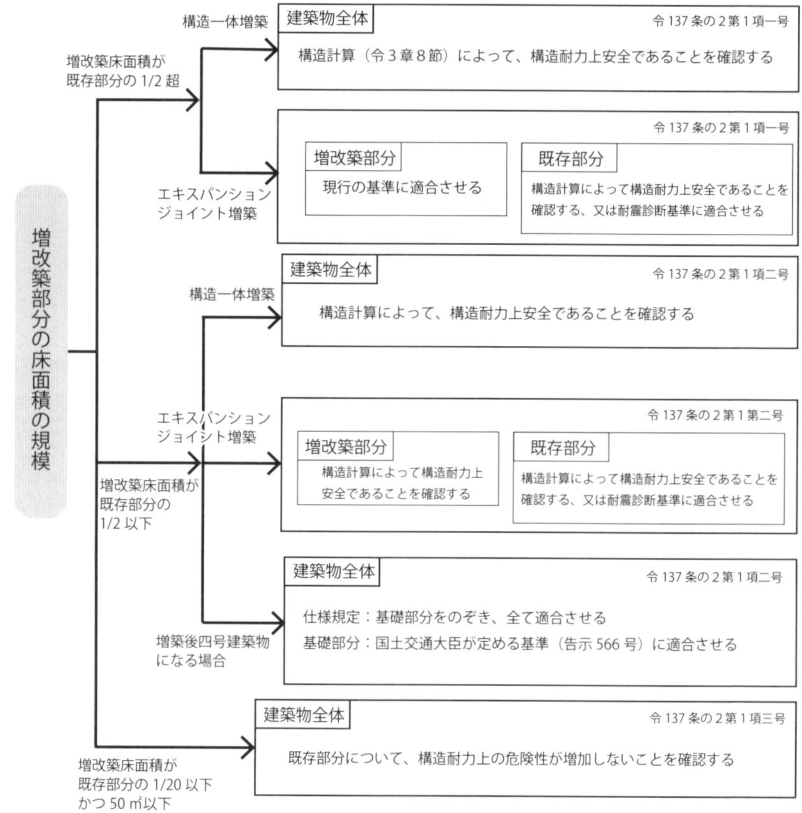

増改築部分の床面積の規模

- 増改築床面積が既存部分の1/2超
  - 構造一体増築 → **建築物全体**（令137条の2第1項一号）：構造計算（令3章8節）によって、構造耐力上安全であることを確認する
  - エキスパンションジョイント増築 →（令137条の2第1項一号）
    - **増改築部分**：現行の基準に適合させる
    - **既存部分**：構造計算によって構造耐力上安全であることを確認する、又は耐震診断基準に適合させる
- 増改築床面積が既存部分の1/2以下
  - 構造一体増築 → **建築物全体**（令137条の2第1項二号）：構造計算によって、構造耐力上安全であることを確認する
  - エキスパンションジョイント増築 →（令137条の2第1第二号）
    - **増改築部分**：構造計算によって構造耐力上安全であることを確認する
    - **既存部分**：構造計算によって構造耐力上安全であることを確認する、又は耐震診断基準に適合させる
  - 増築後四号建築物になる場合 → **建築物全体**（令137条の2第1項二号）
    - 仕様規定：基礎部分をのぞき、全て適合させる
    - 基礎部分：国土交通大臣が定める基準（告示566号）に適合させる
- 増改築床面積が既存部分の1/20以下かつ50㎡以下 → **建築物全体**（令137条の2第1項三号）：既存部分について、構造耐力上の危険性が増加しないことを確認する

図7-4-1 構造耐力の既存不適格の緩和ルート（一部）

既存部分もある程度は現行法に適合させなくちゃいけないってことだね。

そうです！唯一、増改築の床面積が、既存部分の延べ面積の1/20以下かつ50㎡以下のとき「既存部分の危険性が増大しないこと」が確認された場合だけは、既存部分をそのままにして残すことができる可能性があります。

「危険性が増大しないこと」の基準は、法的には定められていないので、申請先に確認しましょう。

法28条の2：シックハウス

シックハウスの原因には、①石綿、②クロルピリホス、③ホルムアルデヒドの3つの物質がありますが、それぞれ扱いが異なります。

まず、①石綿については、所定の条件を満たした場合、緩和を受けることができます。

石綿について以下3つの全てに該当する場合は緩和される（令137条の4の3）
①増築又は改築に係る部分の床面積の合計が基準時※における延べ面積の1/2を超えないこと
②増築又は改築に係る部分は現行法の規制に適合していること
③増築又は改築に係る部分以外の部分（既存部分）を以下2ついずれかに適合させること（告示1173号）
・石綿が添加された建築材料を被覆すること
・添加された石綿を建築材料に固着すること
※基準時とは、各規定に適合しなくなった時点のことをいう（令137条）

②クロルピリホスについては、緩和を受けることができず、既存部分も現行法の適用を受けることとなります。

最後に、③ホルムアルデヒドについては、増築等をする部分は適用を受けますが、増築等をする以外の部分（既存部分）は緩和の対象となります（法86条の8第3項、令137条の16）。つまり、既存部分は換気設備などの設置は不要ということです。しかし、増築等をする部分には換気設備が必要なので、換気経路が増築等をする部分だけで完結していれば問題ありませんが、既存部分を経由する場合は換気設備等の設置が必要になります。

まとめ　既存不適格建築物であっても、増築等をした場合は原則として現行法の適用を受ける。ただし、所定の条件を満たせば、既存不適格のままでも良いという緩和がある。

法文一覧索引
+本書で省略されている規制の根拠

・本書はできるだけ読みやすい構成とするために、法文の順番を入れ替えて説明をしています。
もし、法文の順番通りに確認したい場合は下記の表の並びに読み進めるようにしてください。
・本書は用途と規模を絞り、規制内容等を解説しています。
解説していない規制について、「なぜ適用を受けないのか？」、その根拠を下記にまとめます。
（○：適用を受ける　／：適用を受けない）

	法	令	名称		適用／不適用	該当項目or不適用の根拠	本書のページ
単体規定	19		敷地の衛生及び安全		○	第3章2-1	p.123
	20		構造耐力		○	第3章2-2	p.125
	21		大規模の建築物の主要構造部等		／	主要構造部が木造で、階数4階以上又は高さ16mを超える建築物のため、不適用	―
	22、23		屋根、外壁		○	第3章1-6	p.116
	25		大規模の木造建築物等の外壁等		／	延べ面積が1000㎡を超える場合なので不適用	―
	26		防火壁等		／	延べ面積が1000㎡を超える場合なので不適用	―
	27		耐火建築物等としなければならない特殊建築物		○	第5章2-1	p.197
	28		居室の採光及び換気	採光義務	○	第3章2-3	p.129
				無窓居室	○	第3章2-4	p.132
				火気使用室の換気検討	○	第3章2-9	p.147
	28の2		石綿その他の物質の飛散又は発散に対する衛生上の措置		○	第3章2-5	p.136
	29		地階における住宅等の居室		○	第3章2-11	p.155
	30		長屋又は共同住宅の各戸の界壁		○	第5章1	p.194
	31		便所		○	第3章2-8	p.144
	33		避雷設備		／	高さ20mを超える場合なので不適用	―
	34		昇降機		／	高さ31mを超える場合なので不適用	―
	35	118	客席からの出口の戸		／	用途により、不適用	―
		119	廊下の幅		○	第5章2-2	p.204
		120	直通階段の設置		○	第4章1	p.168
		121	2以上の直通階段を設ける場合		○	第5章2-3	p.206
		121の2	屋外階段の構造		○	第4章2	p.172
		122、123	避難階段の設置		／	階数が5階以上、又は地下2階以上なので不適用	―
		123の2	共同住宅の住戸の床面積の算定等		○	第1章2	p.22
		124	物品販売業を営む店舗における避難階段等の幅		／	用途により、不適用	―

	法	令	名称		適用／不適用	該当項目or不適用の根拠	本書のページ
単体規定	35	125	屋外への出口		○	第4章1	p.168
		125の2	屋外への出口等の施錠装置の構造等		○	第4章5	p.180
		126	屋上広場等		○	第4章3	p.173
		126の2、126の3	排煙設備		○	第5章2-4	p.208
		126の4、126の5	非常用の照明装置		○	第5章2-5	p.215
		126の6、126の7	非常用の進入口		○	第4章4	p.174
		128	敷地内の通路		○	第4章5	p.180
		128の2	大規模な木造等の建築物の敷地内における通路		／	延べ面積が1000㎡を超える場合なので不適用	―
		128の3	地下街		／	用途により、不適用	―
	35の2		特殊建築物等の内装		○	第3章2-10	p.149
	35の3		無窓の居室等の主要構造部		○	第3章2-4	p.132
	36	21	居室の天井の高さ		○	第3章2-6	p.140
		22	居室の床の高さ及び防湿方法		○	第3章2-6	p.140
		22の2	地階における住宅等の居室の技術的基準		○	第3章2-11	p.155
		23～27	階段及びその踊場の幅並びに階段の蹴上げ及び踏面の寸法		○	第3章2-7	p.141
		112	防火区画	面積区画	○	第5章2-7	p.221
				高層区画	／	階数が11以上の場合なので不適用	―
				竪穴区画	○	第4章6	p.182
				異種用途区画	○	第5章2-8	p.223
		114	建築物の界壁、間仕切壁及び隔壁	界壁	○	第5章1	p.194
				防火上主要な間仕切り壁	○	第5章3	p.225
				隔壁	○	第5章2-6	p.219
	40		地方公共団体の条例による制限の附加		○	第3章1-1、第3章2-1、第4章5、第6章2	p.89, p.124, p.181, p.234
集団規定	43		敷地等と道路との関係		○	第3章1-1	p.86
	48		用途地域等		○	第3章1-2	p.92
	52		容積率		○	第3章1-3	p.96
	53		建ぺい率		○	第3章1-4	p.99
	53の2		最低敷地面積		○	第3章1-7	p.119
	54		外壁の後退距離		○	第3章1-8	p.121
	55		高さの限度		○	第3章1-5	p.102
	56		各部分の高さ		○	第3章1-5	p.102
	56の2		日影		○	第3章1-5	p.102
	61		耐火建築物及び準防火地域内の建築物		○	第3章1-6	p.116

INDEX 索引

た行

な行

は行

ま行

や行

ら行

著者　そぞろ

指定確認検査機関にて、過去に5000件以上の物件の相談や審査業務を行っていた経験を生かし、ブログやSNSで建築法規に関する発信を行っている。2019年6月に立ち上げたブログ「建築基準法とらのまき。（https://kijunhou.com/）」が建築関係者の間で好評を博す。建築基準法が苦手だったが、「一周回って楽しく感じるようになってしまった」経験をもとに、難解な建築基準法をわかりやすく解説して「実は簡単なんじゃないの？」と多くの人に思ってもらうことを目指している。

Instagram、Twitter、LINE@などのSNSのフォロワーは延べ3万人以上（2022年7月現在）。

Twitter／Instagram：@sozooro

本文イラスト：古渡大

＊最新の正誤情報などは下記の学芸出版社ウェブサイトをご確認ください。
https://book.gakugei-pub.co.jp/gakugei-book/9784761528294/

用途と規模で逆引き！住宅設計のための建築法規

2022年 9月25日　第1版第1刷発行
2023年12月20日　第1版第4刷発行

著　者……そぞろ

発行者……井口夏実
発行所……株式会社学芸出版社
京都市下京区木津屋橋通西洞院東入
電話075-343-0811　〒600-8216
http://www.gakugei-pub.jp/　info@gakugei-pub.jp
編集担当……神谷彬大・森國洋行

装丁……美馬智　DTP……デザインスタジオ・クロップ　神原宏一
印刷……イチダ写真製版　製本……新生製本

ISBN 978-4-7615-2829-4